U0032631

思想

REFLEXION ④

台灣的七十年代

編輯委員會

總編輯:錢永祥

編輯委員:江宜樺、沈松僑、汪宏倫
　　　　　林載爵、陳宜中、單德興

聯絡信箱:reflexion.linking@gmail.com

網址:www.linkingbooks.com.tw/reflexion/

目次

思想采風

被思想扭曲的小說靈魂：

論果戈理

唐諾

　　《迪坎卡近鄉夜話》是尼古拉・果戈理最早的小說[1]。1832年，也就是他年輕得一塌糊塗的23歲之時，果戈理出版了《夜話》這部處女作；再兩年，也就是1834年不過25歲時，又寫成了《續篇》一書。我們讀小說時一定得記住這兩個書寫時間，時間帶給我們最大、最獨特的驚喜。

　　所謂23歲和25歲，我們較容易懂。那是每個人才剛剛從狂暴的、唯我的、身體裡奇特激情操控的青春時光中掙脫出來，開始面對社會乃至於廣大陌生世界的臨界年歲。心很大，想做的事野馬般特多，可是有點空蕩蕩的。具體的、硬碰硬的經驗材料跟不上來，猶能天使般飛翔，但很難如受咒詛般埋頭土地裡艱苦流汗耕作。因此就書寫一事來說，是比較合適寫詩的年紀。至於小說，一般只能是嘗試、努力「寫得像」的才開筆時日。而西元紀年的1832或1834又是什麼呢，就彼時所有有志寫小說的俄國人而言？簡單講，日後如E.M.佛斯特乃至於所有寫小說讀小說之人所浩歎那一大群「人類歷史上最會寫小說的俄國人」還沒出現，廣大的俄國仍沈睡著、冰封著，保持未開發的沃土模樣。西歐的人們如火如荼在做在想的那些事，才剛曙光一線般進入少數踮腳西望的舊俄知識分子眼裡。這是小說的雙重甦醒時刻，不論就果戈理本人的書寫，或就俄國的書寫，理應都是生嫩、幼稚、牙牙學語的初級階段。可《夜話》及其《續篇》這兩本小說所顯示的卻完完全全不這麼回事，彷彿誰把時間搞錯了，要不，就一定是時間這個亙古惡魔又捉弄了我們一個惡意的玩笑。

　　即便我們不顧一切，只從21世紀已是小說書寫夕陽傾頹時刻的

1　《迪坎卡近鄉夜話》，Н. В. Гоголь原著，王愛末譯注(台北：聯經出版公司，2005)。

標準和規格來看，果戈理的《夜話》及其《續篇》仍是驚人的。尤其它們奇異的世故，又奇異的技藝流暢圓熟這兩點，既自由的穿梭於各種年歲、各種高矮胖瘦賢智愚庸的不同之人心中，又毫無滯礙毫無猶豫的往復於現實和幻想。就像書中〈聖誕節前夜〉裡那個「長得像德國人」的魔鬼，毫無困難的就這麼出現，毫無困難的就飛上天，還伸手把個像大餅般燙手的月亮給偷摘下來揣入懷裡，帶來好一場風雪。我們曉得，人的世故理解和書寫技藝的圓熟，都不是靠聰明、靠天賜才華一步到位的，這是小說書寫一事最持重、最不僥倖的部分。一句話，它們需要時間，足夠長的時間，來緩緩煨熟。因此，它們怎麼會就這樣，在1832、1834年的俄國的23、25歲小小年紀果戈理身上出現？

快200年後的今天，我們不斷看到有著200年時間優勢的當代小說書寫者，猶在為處理幻想和現實的聯結傷透腦筋，猶費盡氣力才讓小說中笨重得快掉下來的某物飛上天空(如卡通〈科學小飛俠〉的歌詞：「在那天空邊緣拚命的飛翔」)。而且，藉助了這麼多其他學科如心理學的研究成果云云，又手術刀般可以毫無任何道德和美學顧忌的切割肢解人性，卻除了喃喃自剖之外，對同樣是人的他者仍一片茫然。對比於《夜話》及其《續篇》，真的很難不讓我們油然生出白活了、白寫了這200年的沮喪之感。

無論如何，尼古拉‧果戈理的小說書寫人生就是這麼個開始，如同在冰封的大地、未解凍的季節忽然開出一朵奇異的花。太過奇異的美麗和欣然，總帶著不祥。

尋找美麗俄羅斯的騙子之旅

結局先說，尼古拉‧果戈理的確有一個非常非常奇怪的書寫人

生，美麗而且快樂的開始，卻悲慘絕望的死亡。最後，他僅僅活了
43歲，留下了一堆疑問和誤解，一直到今天依然糾結盤繞，仍不易
說清楚，還有一本沒寫完或者說無力寫完的奇怪長篇小說，那就是
一般人所熟知或聽說過的《死魂靈》。果戈理的過早死亡，不像普
希金般冤枉死於一次決鬥，也不像契訶夫般不幸死於肺病。他的死
亡有自找的意味，是書寫的燈盡油枯情況下的文學之死。因此，說
死亡不當打斷了《死魂靈》一書的完成是不恰當的。比較正確的想
法應該是因果倒過來：是這本書不祥的召來死亡；這本書以某種不
尋常的方式害死了這個曾經如此快樂、如此筆下滿滿是笑聲的燦爛
書寫者。

　　事實上，《死魂靈》這本書，依我們對果戈理書寫企圖的了解，
不僅完成不到一半，而且果戈理真正打算要寫的那部分，根本就還
沒出現。奇怪的是，如此不完整的、可以說只寫了序曲部分的一本
書，居然不妨礙它成為小說史上的經典之作，可見果戈理的厲害；
而更奇怪的是，如果上天假年真的讓果戈理順利寫下去寫出來，最
可能的結果將是，《死魂靈》會被他毀掉而成為一本可笑的書，只
能扔進米蘭・昆德拉所言之「遺忘的墳場」。讀了《死魂靈》以遺
稿方式拼湊起來的第二部分(真的第二部分原稿被果戈理自己一把
火燒掉了，就在他死前10天)，很難不這麼合理的想；而讀過他「晚
年」自述思想那本聲名狼藉《與友人書簡選》一書的人，更是連懷
疑都不必了。

　　這裡，有個簡單的錯誤印象，非得先解決不可，那就是《死魂
靈》這個直譯書名所帶來的不當陰森幽黯意象。魂靈，或靈魂，在
俄語中和「農奴」同音，因此通用，經歷上千年農奴制度，已自然
到完全重合無需聯想做文章。果戈理用為書名，不能說沒有順帶的、
不費力的隱喻，就像赫爾岑讀後所說的，「果戈理感覺到、其他許

多人也同他一起感覺到，在死魂靈的背後有許多活魂靈。」但這些沈重的東西是稍後的衍生之物，原來在果戈理筆下它就直通通只是「已死的農奴」而已，具體的、輕快的，甚至還是戲謔的，是小說主人翁那位滿腦子想發財、想躋身上流地主階層的乞乞科夫一個狡詐且異想天開的點子。乞乞科夫想到，當時俄國農奴制7年才重新整理一次，而且行政作業怠惰疏漏，總有一大堆已經死去的農奴不得不仍活在官方記錄裡好一段時間，原來的地主也只能照繳稅金規費，極不划算，於是，乞乞科夫決定大量收購這些死農奴（不管是自然的或不自然的死亡）。在他極合邏輯的想像中，這些仍得為已死的、沒勞動力農奴付錢的地主，一定很樂意以極低價錢甚至扔燙手山芋般免費轉送給他，而他可以拿這些介於存在和不存在的大批農奴去抵押金錢，據此購買土地當地主云云（乞乞科夫連土地都看好了）。任何有小說書寫經驗的人聽到這裡，就曉得怎麼回事了不是嗎？長篇小說所需要的一趟旅程已舖設妥當，在眼前無盡的展開，接下來便是一身光鮮（騙子的必要行頭）的乞乞科夫，如何一個僕從、一名車夫、一輛漂亮舒服馬車走遍廣大而且各式各樣光怪陸離的老俄國。1836年的果戈理自己所看到的，正是這樣充滿潛能、充滿可能性和想像力只欠一寫的振奮光景。他在給友人茹科夫斯基的信裡面說：

> 我已著手寫在彼得堡就已經開筆的《死魂靈》了。我重新改寫了全部寫好的東西，更仔細的考慮了整個計畫，現在我像寫編年史一樣平平靜靜地寫著……這該是一個多麼重大、多麼具有獨特性的題目啊！一大堆各種各樣的人！整個俄國將在其中出現！

　　整個俄國將在其中出現！這麼一趟漫長，一定會有驚人大事發生的旅程，我們如果理解長篇小說的書寫本質的話，一定知道非得有某一個相襯的巨大悲劇才能收得了場，不在小說自身內容裡，也會出現在小說外；而如果我們更知道彼時已蓄滿風雷、一觸即發的沙皇俄國現實景況的話，更會知道這是葉公好龍式的召喚，會叫出來嚇壞你的可怕東西。果戈理不願乞乞科夫這趟帶著罪愆印記的旅程以悲劇告終，不願叫出來的俄國醜惡駭人，一定要僭越自己所能有的小說書寫者身分伸手拯救他，更硬要讓現身的俄國美好無匹而且神聖，於是這個巨大的悲劇遂只有轉嫁回他自己身上一途了。

　　43歲就死，而且係在心智狂亂又絕望的極不堪狀況下孤獨死於修道院裡，還從此帶著反動保守的過街老鼠惡名，一輩子最想寫還為它死的小說付諸一炬。從任何看得到的真實景象來說，果戈理的這場人生悲劇，是明白到全無一絲疑意。但真正的悲劇在哪裡呢？是文學成就嗎？即使破碎如《死魂靈》，不仍然是堪稱不朽的公認鉅著嗎？還是只因為死得早？既沒能像正常人活足正常歲數，又可惜沒能讓他把書寫才華給全部釋放出來？或更單純，只是小說家以外那一團歷史惡名？可這方面除了太簡化、太黑白二分之外，基本上並非冤屈，後來的果戈理的確倒向了老俄國的宗法制、東正教、農奴制以及維護沙皇至高無上的統治。這是他自己1847年著名的《與友人書簡選》所白紙黑字寫的，也是到他最後一刻猶認真相信的。否則他人之將死的《死魂靈》第二部分也不會是現在這個模樣，這麼的拙劣、死板而且一臉天真的笨相，和第一部分的原果戈理式敏銳、世故、幽默靈動相比，完全像是兩個人寫的。

　　我們這麼說吧，每一個書寫者身體裡都有兩座滴答作響的時鐘，有兩樣如春花如朝露必然留它不住的東西，一是生命本身，一是創作力，端看哪個先跑到終點而已。也許正因為這樣，書寫者總

顯得比一般人要脆弱。儘管理論上他們應該比較會想事情，比較有所謂的智慧，比我們多洞悉某些東西，但他們硬是多出來一種死亡，多一個致命之處。我們很難說哪個先找上門來比較糟糕。而果戈理的情況卻是，他只活43歲，但33歲寫完《死魂靈》第一部分之後，就再沒寫出什麼像樣的東西了，創作力彷彿提早10年就先一步離他而去。因此非常划不來的，他就連早逝者僅有的那種流星劃破天際、不許人間見白頭的嘎然美麗死亡都沒能得到；而且更加划不來的是，在這宛如身陷泥淖的整整10年時間，果戈理沒怠惰沒荒唐更沒像杜斯妥也夫斯基那樣咨意浪擲身體透支生命。相反的，這是他最用功最苦苦思索還費仆屢起的10年。他拚了命（這個說法對果戈理全無一分一毫誇張）召喚那個他彷彿瞥見曙光一角、令他兩眼發亮發直的一整個美麗俄國，但這個看似伸手可及的想像俄國，既像幻覺，卻又千鈞萬鈞般徹徹底底壓垮了他。

創作大神果然是難以取悅的，遑論馴服操控。

只寫到33歲為止？這豈不是意味著，果戈理所有可以傳世的作品，包括先後兩卷的《夜話》及其《續篇》、包括由〈狂人日記〉、〈鼻子〉、〈涅瓦大街〉、〈外套〉等短篇集成的《彼得堡故事》一書（沒錯，光是這本書就差不多夠構成了一個魯迅），包括〈欽差大臣〉這齣不弱於《死魂靈》的代表劇作，當然還包括《死魂靈》的第一部分，只用了10年左右的時間，而且是他比較年輕、理應不成熟未達創作高原期的10年時間完成？這兩種天堂與地獄的10年，如何可能這樣比鄰而且連續？

因此不是死得早；相反的，冷酷些來說，甚至該講的晚死了整整10年。今天，如果要重新描述果戈理的特殊人生悲劇，比較正確的說法應該是這樣：何以這麼一個快樂的人會變得如此陰黯？幽默會變成笨拙？世故會逆轉為天真？那麼充沛如泉好像自己會冒出來

的創作力量會一夕枯竭？所有這些果戈理的本質性東西，一直到《死魂靈》第一部分都還好端端在著，毫無消失的跡象，但卻在他最需要它們、也最認眞砥礪它們時蒸發不見了。這不僅奇怪，而且不公平。這個奪走了他全部的惡魔究竟是誰？

我們得努力描述對問題，才有機會得著比較對的答案。

簡單的答案是思想，某種吸引他卻和他書寫創作本質相斥的思想。對自己的創作太謙卑，又對變動中的俄羅斯祖國太熱切太有責任感的果戈理，忽略了某個常識性的事實，那就是好東西和好東西不見得相容，善和善的爭戰打起來照樣頭破血流殘酷無匹；而且有些致命性的排斥作用，更不是靠善念、靠人的認眞不悔就可以解消的。所有做過輸血和器官移植手術的醫生都曉得這個ABC。

而寫小說者本來是最懂此事的人；他們本來就是處理善與惡，乃至於善與善邊際曖昧事物的人。

這一切我們該從哪裡切入、從何說起呢？古老的笨方法，當一切糾成一團實在不知道怎麼解開時，我們就從頭來，從頭想起。

來自第二個世界的小說

《夜話》及其《續篇》的出現如天外飛來，別林斯基(那一代俄國最正直也最進步的評論者)正確地感覺到它們的不尋常，而不僅僅是好而已。但別林斯基一時還無法講清楚，只能如賈西亞‧馬奎茲說的伸手去指：「習慣於馬爾林斯基小說的語調和風格的俄國讀者，不知道該怎麼來看果戈理的《夜話》，這是一個嶄新的創作世界，過去根本沒有人料想到它可能出現。」請注意別林斯基的用詞，他說的不是一本書一部小說，而是「一個嶄新的創作世界」，他隱約察覺出這裡有根本性的不同。《夜話》及其《續篇》不只果戈理

個人之力，而是既由一個他不知道的異質世界所撐起，又極可能從此打開甚至把這個新世界帶進來。這是別林斯基最敏銳也講得最好的部分。

感受是正確的，但我們仍然得說，別林斯基的解說以及他對此的真正理解卻對不到一半。這的確是一個嶄新的創作世界，但極可能遠比別林斯基認知的還要更新更遠，只因為它並不是依循著現代小說這條偏知識性、文學專業性的坦坦大路而來。它不是某種突破、某種嘗試或者創新，毋寧更像某種「引進」，也因此從現代小說的知識位置看它，會顯得如此全無發展徵兆無可預測，而且一出現就已經是「完成品」；但它其實也是最古老的，它的真正書寫奧秘（從最核心的看世界位置到最末端的述說語調）根源於早現代小說百萬年之久、而且始終相對於正統文學自成一系的民間說故事傳統。現代小說為它所做的其實並沒想像的多，基本上只賦予它一部分的表現形式，並用文字書寫從而把它給吸納進來而已。其中最大也最重要的改變是，原來那些因為不夠傳奇、不夠戲劇性、不夠英雄將相云云，因此不足以構成完整故事、從而只能散落的以街語巷談，以俗語俗諺和民間掌故等「半成品」形式保存下來的東西，因為尤其合適於現代小說的獨特關懷（下層社會的發現和意義的思索云云），得以釋放出過去被民間故事所摒棄所閑置禁錮的潛力，上浮到正式的書寫檯面來。日後，正是這個部分開發得最劇烈亦最持續，成為現代小說和古老民間故事的接壤流通之地，成為這兩個王國的最繁榮轉運站，既開拓了（或說補充了）現代小說消耗甚快的書寫土地和原料，也回頭豐富了一部分民間故事的形貌。

果戈理的《夜話》及《續篇》，不論從故事的基本形式、說故事的方式和其滑稽狂歡的語調，乃至於那種特有的既是實體人物又面具性、臉譜性素樸類化傾向的人物造型，基本上仍都屬於素人性

甚至匿名說故事人的民間故事（所以這兩本書原來標示的作者，並不是小說家尼古拉・果戈理，而是有了相當年紀的紅頭髮養蜂人潘柯），但卻是現代小說侵入後那種有著豐碩新形貌的老民間故事。除了更多小人小物而外，比起原來那種高速運行縱跳於戲劇情節的民間故事，多了停逗，多了特寫和思索，從而也多了層次，多了些人文性的肌理血肉，以及更物理性的──故事變長變厚了。

別林斯基的驚異，可惜並沒真正帶給他視角的轉移。他仍回到現代小說的位置和線索來看果戈理的《夜話》，傾向於把它的民間性局限於素材和背景，一方面熱切的從某種意有所指的「進步性」去理解（小說書寫的拓展或知識分子向下扎根的特殊關懷云云），另一方面也只能把它廣大的民間特質窄化、特殊化、固著化、地域化於小說所在的烏克蘭一地，充其量只援引政治疆界延伸到所謂的俄國民間，因此遂隱隱召喚著國族主義。這兩種詮釋，從日後果戈理的書寫發展、變化和自我期許來看，都「指導」著對別林斯基甚為信服的果戈理，但最終也害慘了果戈理。一直要等到整整100年後的巴赫金，這才清清楚楚把民間文化和知識分子的思維傳統分開、對立起來，指出它自身獨立且平行於後者的不同觀看世界方式、運行方式和敘述表現方式（「它們顯示的完全是另一種，強調非官方、非教會、非國家的看待世界，人與人關係的觀點；它們似乎在整個官方世界的彼岸，建立了第二個世界和第二種生活。」）很遺憾，巴赫金來晚了100百年，否則也許救得了果戈理。

這事提醒我們，思想這東西並不總站在歷史的最前端。這只是普遍的錯覺，因為它謹慎的、合理的、言之有據的好習慣，讓它持重保守（當然相對於更笨或更重的權力結構和流俗意見，它可以顯得新鮮尖銳）。即便像別林斯基這樣已經是彼時最進步、最前瞻，且以此高度自覺的思想者身上，有時它還會落後了100年之久，得再認真

想個100年時間，才看得懂說得清此時此刻發生的事。思想的配備、排場和思考方式及習慣，皆不允許它成為發現者。

有關民間故事、民間文化的實體性、地域性特質所隱藏而且通常就會讓人不偏不倚一頭栽進去的民粹性國族主義陷阱，正是日後果戈理悲劇的核心；更糟糕的是，這個陷阱直到我們今天還在那裡，維修它等獵物上門的人，遠比想好心拆除它的人多，而且多很多。由此，果戈理一人的悲劇遂有著普遍性，也依然有啟示性甚或迫切性，和此時此刻的你我關係深濃，所以值得我們再往下追究下去。

用實物畫出來的小說

別林斯基的另一感慨則準確得不得了。他說果戈理的這些故事不是說出來的，而是「畫出來」的，如同盧梭講過，對眼睛說故事遠比對耳朵說故事強。

這無關乎所謂文字書寫技藝精湛靈巧什麼的，不是文字的好壞精粗程度之辨，而是根本性的不同。果戈理的文字所使用到、所顯現的全是實體，整個世界全由實體所構成，包括他穿透實人實物要講某些概念、情感、況味和氛圍風景之時，依然用實體來表述。因此，所有的東西，包括抽象的、原本不可能具有形體的東西都是有表情的，都確確實實牢牢靠靠的存在，就連罪惡和魔鬼都是這樣。果戈理對著我們的眼睛畫出故事，可我們得到的並非一幅靜態的圖畫，而是波赫士說的那樣，是經驗，確確實實的經驗，像過街邂逅一名女士談了一場戀愛那樣如假包換的實在經驗。這種全由實體構成的世界提供的不是幻覺，不是二維的擬真圖畫。你像是可以整個人進入其中，整個人帶著身體、帶著全部感官包括嗅覺、觸覺進去，而不僅僅是理智、情感和想像而已。日後那些讓人昏昏欲睡的自然

主義小說家，才畫那種擬真的、工筆的靜物畫；果戈理不描摹實物，
他直接提供實物。

　　這裡，我們來看果戈理怎麼講伊凡‧伊凡諾維奇和伊凡‧尼基
福羅維奇這兩個忽然鬧起彆扭，吵了場地老天荒大架的好鄰居、好
朋友。這只是其中一小段：

> 伊凡‧伊凡諾維奇具有說話娓娓動聽的非凡天賦。老天
> 爺，他真會說話啊！你聽他說話時的感覺，就像有人替你
> 捉頭上的蝨子，或有人輕輕的撓你腳後跟時那麼舒服。你
> 聽著，聽著，就會全身無力，好舒服啊！舒服極了！就像
> 洗完澡睡一覺一樣。伊凡‧尼基福羅維奇和他相反，沉默
> 寡言。可是，只要他硬梆梆的甩出一兩句話，就夠你受的。
> 他的話比任何剃刀都要鋒利。伊凡‧伊凡諾維奇長得又高
> 又瘦，伊凡‧尼基福羅維奇的個頭比他矮些，可是臃腫橫
> 闊，膀大腰圓。伊凡‧伊凡諾維奇的腦袋瓜像一隻尖頭向
> 下的蘿蔔，伊凡‧尼基福羅維奇的腦袋瓜卻像一隻尖頭朝
> 上的蘿蔔。

　　罵人的話通常是民間最響亮、最生動、最推陳出新源源不絕的
部分。它的創造力係由憎惡乃至於恨不得用話語罵死對方的過度期
盼所推動，也因此人學會異鄉的語言，往往從罵人的話開始。這是
趕集的風騷胖婦人雨點般潑灑向盯住她美麗繼女的一群年輕小伙子
流暢溜滑話語，一氣呵成：

> 吃東西噎死你這個不中用的奸夫！讓你爸爸的腦袋給瓦
> 罐撞個稀巴爛！叫他走在冰上狠狠滑一跤，該死的不信基

督的人！叫他死了到陰間去，鬼燒掉他的鬍子！

其實，這裡講的不過是「去死」和「×你爸」而已。我們欣賞的是它的實物版、創意版和威力加強版。

講女孩之美也沒虛字眼：

> 我想，你們恐怕從來沒見過長這麼美的美人兒哩。我的太姑婆說過（你們自己也知道，不怕玷辱你們的耳朵），女人寧願跟魔鬼接吻，也不願意講別的哪一個姑娘長得如何美麗。這個哥薩克姑娘豐滿的臉頰嬌嫩鮮艷，活像一朵沾著早晨露水、正展著瓣吐著蕊的淡粉紅色罌粟花，在剛升的太陽面前搔首弄姿，那才光采照人呢。那兩條黑黑的蛾眉，像兩條現在姑娘們從挑著擔子穿村走巷的大俄羅斯貨郎手裡買來的、用來穿十字架和古錢項飾的黑絨線似的，那麼勻稱的舞曲著，彷彿正在凝視著那一對明亮的眸子似的……咳，我要是見到這樣的姑娘不去熱烈的吻她一下，就讓老天爺懲罰我，不再讓我在唱詩班裡唱阿律路雅。儘管我腦門上的短髮已經染上白霜，我那老婆子總是像眼睛裡的一塊白內障似的盯著我。

就算到了皇宮裡，面對的是尊貴如神的葉卡捷琳娜女皇陛下，也還是這樣，實物之前人人平等：

> 「我的天啊，多好的裝飾啊！」他（鐵匠伐庫拉）把鞋子拿在手裡，快樂的喊道：「陛下！你那雙腳穿上這樣一雙鞋，再在冰上滑起冰來，您那雙腳會有多美啊！我想，至少會

像是用純白糖做成的。」

再來是偷情，滑稽而且扎實：

「看，這是給您的禮物，阿發納西‧伊凡諾維奇！」她一邊說，一邊把幾只罐兒放桌子上，裝模作樣把她那似乎並非故意解開的短上衣扣上，「一些甜餡餃子，凝乳麵卷，麵疙瘩，油煎餅，餡兒餅！」／「我敢打睹，這準是夏娃家族的那雙最靈巧的手做的！」神甫兒子說，一隻手拿起一張餡兒餅，另外一隻手拿起一張油煎餅，「可是，哈芙隆尼雅‧尼基福羅夫娜，我的這顆心可是渴望從您那兒吃到比這所有油煎餅、餡兒餅更甜蜜的東西啊。」／「我就不知道了，您還想吃些什麼東西，阿發納西‧伊凡諾維奇！」這粗壯的美人兒假裝不懂的回答。／「那還用說，是您的愛情啊，我美麗絕倫的哈芙隆尼雅‧尼基福羅夫娜！」神甫兒子低聲說道，一隻手拿起一只甜餡餃子，另外一隻手摟住她那粗壯的身子。／「天知道你都胡想些什麼，阿發納西‧伊凡諾維奇！」赫芙拉說，羞答答的把眼瞼低垂下去，「哎呀，說不定您還想親我呢！」

應該夠了，但我們何妨再多看一段，是那個在基督教義中理應沒太具體造型的魔鬼，出現在果戈理的民間，是這種經過和樣子：

如果索羅慶采的那位陪審官——他頭戴羊羔皮帽圈的槍騎兵式帽子，身穿黑羊皮裡子的深藍色皮襖，手裡揮著他通常用來催促馬車夫的像魔鬼所編的鞭子——這時候坐

著三匹馬拉的雪橇打這兒經過的話，那他一定會瞧見這妖
精的，因爲世上沒有一個妖精能夠逃得過索羅慶采的這位
陪審官的眼睛。他能夠屈指數出每一個農婦家裡的豬生了
幾口小豬，知道她的箱子裡藏著幾匹亞麻布，她的男人每
逢星期天都要拿她的什麼衣服和物件到酒店裡押酒
喝，……妖精這時候升到了那麼高的地方，成了一個小小
的黑點在高空裡隱約閃動著。可是只要是小黑點出現的地
方，那兒的星星立刻就一顆一顆的消失了……忽然，另一
邊又出現了另一個小黑點，接著變得愈來愈大，伸展開
來，已經不再是一個黑點了。眼睛近視的人，哪怕是把專
員老爺馬車上的車輪當眼鏡架在鼻梁上，也辨別不了這是
個什麼東西。從前面看，這是個地地道道的德國人：一張
狹長的臉，不斷地轉來轉去，碰到什麼東西都要嗅一嗅，
就像我們的那些個豬的臉似的，頂上拱起一個圓圓的鼻
尖；兩條腿又細又長，如果亞列斯科夫村的村長有兩條這
樣的腿的話，那麼，他一開始跳哥薩克舞，就一定會把它
們扭斷的。不過從背後看，他倒是一個穿制服的眞正的省
法院監察官，因爲他的屁股上翹起一條尾巴，那麼尖又那
麼長，活像是現在的制服的後襟。只是根據他臉上留著的
那絡山羊鬍子，他腦袋上聳起的那兩個小小的犄角，他整
個兒不比打掃煙囪的人白一些的那些情況，才可以推想到
他既不是德國人，也不是省法院監察官，而只不過是一個
魔鬼。

　就是這樣，都是實體，不管說的是人或魔鬼，是美是愛情是某
種冰山一樣隱藏著的心性念頭，都有具體可見的實物來表達它、指

稱它和譬喻它。這真是個朗朗乾坤歷歷分明的世界。

非國族性的小說

這樣的說故事方式，其實正是賈西亞・馬奎茲所說：「世界太新，很多東西還沒有名字，必須伸手指頭去指。」——儘管虱子、蘿蔔、黑絨線、白內障、甜餡餃子、油煎餅、陪審官、馬車車輪以及德國人云云，全都已命了名，但重點不是名稱，而是那些你知我知的實體。說故事的人手指著它，我們聞聲跟著轉頭看向它，我們就曉得他講的了。

但有個一定躲不掉的問題來了。此種近取乎身的熟稔實物之構成及溝通方式，一旦像果戈理小說般化為白紙黑字運送出來，到遠方甚或更遠的未來、比方說今天我們這些不在場的讀小說之人眼前，那又會發生什麼事？反而密碼化了？活生生的訊息被封存到我們沒見過的、無法想像其模樣的陌生實物裡，會不會出不來了？

簡單的答案是不會。這裡，有個牴觸著我們常識性錯覺的基本前提，或可以就講是基本事實，那就是人在生活第一現場所面對、所操持、所發明製造出來的種種實物，其實相同相似的程度遠遠比相異的多，多到會讓人屢屢嚇一跳的地步，以至於那些相異的部分只如小水窪般伸腳就可跨過。我們看著太陽月亮升起落下，我們採集、獵捕、種植並儲藏維生的食物，我們切割它、烹煮它，並吃下它、吸收它、排洩它，我們抵禦風霜雨雪，我們勞動、休憩、睡眠、我們結合、生育並撫養後代等等等等。李維史陀正確的告訴我們，大自然會的招數其實並不多，不同緯度不同高度或地形之處，說穿了也仍然大同小異，也因此人們用以應對它所需的實物亦大同小異而已，結果我們生活第一現場的人造實物，像房屋、衣服、家具、

食物，乃至於求偶談戀愛的程序招數，根本找不出也無需真的去追問，究竟是什麼地方哪個聰明人率先發明出來，寧可假託給某個神話人物或乾脆賴給鬼神不是？而且還像安博托・艾可所說，如針線刀匙等，一發明出來就完美無需改良。真正讓人分離、溝通困難的不是這些實物，而是生於人心的抽象概念。那才是咫尺天涯最難懂也最容易弄錯弄擰，而且一直還在變的東西，即使是家人、鄰居，或同一個城市大家都一住幾十年了的人。

其實看結果就一清二楚了：對於小說讀者來說，有著時間阻隔、而且來自伊比利半島的《唐吉訶德》、來自伊斯蘭國度的《一千零一夜》和來自愛琴海的《奧德賽》，遠比近在手邊甚至本土製造的現代主義小說，乃至於那種除了作者自己靈魂空蕩蕩一無異質實物的小說好讀好懂；事實上它們還能化為童話，再沒有更明白的佐證了，不是嗎？意思是說連記憶檔案中存物不多的兒童，都不構成困擾——你真相信，現在將來會有哪家的父母親瘋了，唸法國新小說給臨睡的小孩聽嗎？

這就是本雅明所說的共同面對同一個大自然；是席勒所說的素樸詩的時代(知識分子的席勒暗示著它的失落，如巴別塔故事)。在這裡，人們所講所聽的民間故事，彷彿共用著同一個「自然語言」，彼此不知卻說著驚人相似甚或雷同的故事，就像他們各自製成並使用相似雷同的房屋、家具、衣服乃至於杯盤刀匙生活什物一般，以此形成人們全體所共有的「故事之海」，也就是巴赫金指出的那一個「第二個世界」。

稍稍進一步的回答是，當這樣一堆來自異鄉的實物，經由小說和故事的運送，琳琅攤在我們面前，最醒目、最第一時間跳入我們眼睛裡的，總是那些個形狀、色澤、名稱最特殊最陌生的；相反的，愈熟悉則愈透明，愈容易視而不見。這種眼睛會率先被異質事物給

抓住的現象，是某種生物性本能（對各種生存威脅的警覺云云），也正是人認識和學習的途徑。原是好的、自然的，但容易誇張的一個錯覺，那就是果戈理這樣的小說，或民間故事，通常會因此被高度地域化，成為舉世滔滔某一地某一鄉某一國所獨有，而掩蓋了它部分「露出」的在地異物底下的真正普世性本質。至於一鄉一鎮的在地性，究竟如何跳到整國的政治疆域所獨有；如何忽然從明明限於烏克蘭當地，卻跑到一整個俄羅斯去（很明顯的，不論就距離、就地形氣候、就基本生活方式言，它離中國新疆都遠比同屬俄國的海參威或庫頁島近），那就只能說是某種國族意志的不當展現和篡奪了。

這樣由生活自然疆域偷渡成政治人造疆域的效應，復通過某種不正確的比較得到進一步的強化。這種常見的錯誤，幾無例外的出現在跨國族的大剌剌比較裡，尤其像彼時俄國那樣處於相對落後位置、整個國家轉頭看向西歐（定都彼得堡正是這個轉頭動作，使彼得堡成為一隻不寐的西望眼睛）學習一切的追趕中國家，你不僅可預言，而且細心些敏銳些你簡直能鐵口斷言這種錯誤何時一定出現，如同宿命。通常，它很快會發生於此一學習過程一定會遭遇到的挫折時刻。畢竟，這種跨國性甚或別人什麼都對都好的全面橫向移植，其核心本來就是國族主義的（要本國進步富強云云），帶著某種迫不及待的屈辱和壓抑，恰恰就是國族主義的培養皿加壓鍋；而且，它又總是裂解著自身的社會，讓上流階層少數有錢有閒又有能力可以讀西歐書籍，到西歐各國遊學渡假洗溫泉，在宴會裡用法文交談講黑格爾的人，獨占知識和權力，召引了一堆望風追逐的倖進假貨，有一張虛偽難看的臉。因此，一旦跨國性的相斥真相暴露，便是國族主義和廣大下層社會聯手反撲的時刻。這時，我們所說這個錯誤的比較，便以某種驚喜、甜蜜、深刻世故的姿態被「發現」，那就是本國原有的、長期被忽視、被棄如敝屣的所謂民間智慧及其成果。

相對於那些蒼白的、憑空議論夸夸其談的、只存在少數四體不勤者腦袋的外國貨，我們自身的本質原來如此生動、綿密、務實而且寬廣沈厚如大地；相對於他們已積敝難返的傾頹無力，原來我們仍未遭污染仍活力勃勃；原來我們眾裡尋他不著的真正救贖，就一直在我們腳下在我們手裡；原來這本質還不止我們自身的出路，甚至還是全人類未來希望之所在，是上天（不知道爲什麼）慷慨賦予我們的天命云云。一句話，接下來輪到我們了。

　　果戈理日後的一個重要錯誤便在此。他在《死魂靈》前有一篇奇怪的小說〈羅馬〉，擺明了以羅馬這座歐洲的千古名城爲西歐世界及其歷史的象徵，在夕暉榮光搭建成的華麗大架子底下，

> 那一座座傾斜的高塔和神奇的建築，全都是現出破敗的景象，而人們對此漠不關心。曾經繁華過的街道上發出一陣響亮的迴聲，一輛出租馬車正駛近一家酒店，這家髒兮兮的酒店就在一幢雄偉的宮殿裡。義大利身上穿的是乞丐的破衣爛衫，原來華貴的衣服只剩下一些污漬斑斑的碎片。

果戈理說，他在惶惑中感到冥冥之中有一隻巨大的手，一隻從天上安排人世間一切事物的巨大的手，經它的指點，人們悄無聲息地倒下，化爲一堆灰燼。淚光中，他回首東望想到故國，想找尋人民，深刻地認識自己的人民，

> 在這莊嚴的時刻，他對故國家園的破落也懷著容忍的態度，他彷彿看到了到處都有永恆生活的萌芽，永恆的創造者始終為世界準備的光輝前程的萌芽。

　　很抱歉，即使在這麼肅穆、感傷、如淚水滌盡一切理應只感動不說話的情境下，我們仍得說，這個比較仍是錯的，打開始就離了譜的錯。用巴赫金的概念說，這是拿人家的「第一世界」種種和自身「第二世界」種種做不當比對，並下不公平判決。果戈理明顯跑錯地方，他應該到比方說西西里去，到200年後今天還遍地都有的義大利一堆美麗的小鄉小鎮去，到那些種蕃茄種橄欖節瓜朝鮮薊養豬養牛做起司奶酪做肉餃做麵條做各色好吃醬汁還時時爆出爽朗笑聲和吵架聲以及又渾厚又高亮透明歌聲的地方去。每個國度都有它的生活第一現場，都有它無遮無隱面對大自然的地方，都有它非官方非國家非概念知識系統的第二世界，都有它滑溜的方言，素樸智慧的俗諺和生動歡快的民間故事。也許彼時的義大利是少了個義大利的果戈理，把這一切化為拿坡里近鄉夜話白紙黑字印出來，絕不意味著它沒這些。要說上天是慷慨的，祂老人家可遠比你想的慷慨而且公允如敗家子，並不是只有烏克蘭你的家鄉才有所謂的「人民」。

　　這個錯誤的比對，除了壓抑的急切的國族主義神聖私心作祟之外，並非沒其他誤導的背景。我們仍藉助巴赫金的概念來說，一方面這些生鮮的、和生活現場生活實物密密嵌合的民間文化，本身很難做概念性的提煉。或者說一經此提煉就走樣了，就變成完全不同的東西，於是就像某些鮮嫩多汁易碎易爛的農產品如桑椹或各種小莓果一樣，在地多到一錢不值只好餵豬，卻運送不出來，你等待它呼喚它都不來，只能由你走向它。另一方面，正像巴赫金再再強調的，民間文化這東西很長時間如野花自開自落，第一世界的知識界很久很久以後才開始注意到它。因此，當你跨國瞻望時你看不到它的，一如很長一段時間的人類歷史著述，總只有帝王將相英雄美人的名姓和事蹟，彷彿地球上的人口總數一直維持著百人千人的規模似的。民間文化尤其以故事逸聞的形式並非沒有其流動傳布，像本

雅明指出的行商旅人乃至一度歐陸特有的旅行工匠制，只是一直不進入第一世界的意識和視野裡。

別嘲笑果戈理。剴切地、鄭重地知道他的錯誤即可。只因為看秋毫看材薪，諸如此類的錯誤我們200年後的此時此地仍然層出不窮，仍未對這種民粹病毒免疫。舉個例來說，今天很多心急台灣的人仍不時「驚喜的發現」，原來相對於平板乏味的國語「北京話」（這是個多少有故意成分的錯誤稱謂），我們自己的台灣話福佬話多生動豐富優美流暢典雅樸實有智慧還上天入地云云。但這當然不是台語和北京話的真實比對，而只是正式官方語言和生活性俗語方言的比對，是第一世界和第二世界語言的比對。正確的、公平的、顯現事情真相的比對方式是，你得花錢跑趟北京，去看去聽作為一種生活語言的在地真正北京話，多麼生動多麼貧嘴多麼牙尖齒利得氣死人；沒那個美國時間和金錢去北京也沒關係，去書店買本比方說莫言的小說（尤其是早期的），那裡用的是他高密鬼狐傳說家鄉的生活語言，看看它是不是也一樣生動豐富優美酣暢典雅樸實有智慧還上天下地甚至尤有過之？願意的話，你還可以拿本比方說鄭清文或李喬的小說比較一下，並懇請你別隱瞞，老老實實告訴我們結果好嗎？

從這個實例下去，我們接著要看的是《夜話》裡所謂的民間智慧，本雅明所說「編織在故事裡的教訓便是智慧」的那種智慧。其實我們可以換一個更直接的詞來理解它，那就是世故，也就是巴赫金所言人與人關係的觀點和理解。這是民間生活裡首要的大事之一，你得懂如何看人想人並和他們相處，並想辦法把這些經驗成果收存下來傳遞下去，因此總是它最擅長而且積累最豐碩的部分。

人情世故的小說

讀前後這兩本《夜話》，當我們真正浸泡其中彷彿置身200年前的烏克蘭，還真的會生出一個錯覺，那就是你會逐漸相信，好像說故事的人真的不是果戈理，23歲或25歲的果戈理，而是如書裡所言的那個老一點土一點的紅頭髮養蜂人潘柯。

《夜話》的這些故事裡，講得生動淋漓的人是各種職業各種年齡的，並不限於果戈理自己那種年歲的談戀愛男女；而且我們說，即便寫到那種山歌對唱或月下幽會的年輕男女戀愛，呈現的也不是一般愛情故事場面——那一剎那整個世界隱沒、我眼裡只有你你眼中只剩我的濃縮激情。《夜話》中的男孩女孩談戀愛，緊接下來想的做的不是結合而是結婚，不是做愛而是生養小孩，因此再怎麼夜半私語時，他們身旁仍站著人擠滿了人，仍杵在一個火雜雜的大生活背景裡面。這些，才這麼點年紀的果戈理是怎麼懂的？或我們換一個比較對的方式問，年紀輕輕的果戈理，究竟從哪裡「快速」學來的、看會的？不可能是他的真實經驗和自身直接生命經歷，那種一點一滴從零開始、從頭累積起的方式太慢了，時間的問題明顯不對；要快速你通常得通過書本、通過某種概念萃取的方式，但書本裡不會有這些，經由概念學得的「智慧」又完全是另一種形貌。果戈理非有所本不可，但他的「本」是什麼？

在台灣，我們讀小說之人長期對張愛玲又年輕（指她寫那些小說的年紀）又世故人情的弔詭驚異，大致上也可以這麼問。

我們建議，從供給面來看也許比較視野寬廣，比較容易接近答案；也就是我們不問尋寶人怎麼找（這可能牽扯到太多可替換的個別性偶然），而直接問寶藏究竟何在。如果說如何看人想人並和人相處是民間生活的首要大事之一，那它就得把辛苦學來甚至支付慘痛教訓代價得來的成果好好記住，並當田產房屋般傳給下一代。不用文字不用書籍，或我們把時間正確的推遠，沒有文字沒有書籍，人們

除了一己的身體之外，大致上便只有語言可用，唯流體本質的、音波般暫存的語言如果要使用於記憶，那語言就得予以固化處理。我們前面所引用本雅明「編織在故事裡的教訓便是智慧」的說法，便生動的描述了固化語言（編織）以保存並傳送記憶（教訓／智慧）的此一過程。唯守財奴也似的、什麼細碎可能有用東西都想辦法撿拾起來、零亂堆放起來的民間習慣，編織成故事只是它井然有序的那部分倉庫而已。它利用語言更徹底更無孔不入。編不進故事的，它用彈性更大的俗諺、掌故、歌謠韻文等照樣可以保存；還有，更破碎更不規則更不成形的，它還可以收藏在話語的慣性句型句法乃至於聲腔語調裡。嚴格來說，這些每一種語言在長期使用中必定凝結成的特有的、固定的句法句型及搭配的聲腔語調，並不直接收藏記憶成果本身。它真正保留的其實是某種思考途徑，某種開放話語裡前人所踩出來的可依循小徑，在人的個別經驗前提和普遍記憶結論這兩端，既提示著必要線索，又給予了限定和保證。我們該視之為某種「間接性」的記憶保存和傳送方式，就像童話尋寶故事裡常見的，它不直接（其實是無法）講出藏寶地點，它只一步一步指引你自己找到那裡。

要說明一下，這樣的語言編織固化處理並非只為傳送；事實上它在人當下的記憶過程便開始並起著重大作用。仔細想想，我們每個人的記憶，不都自覺不自覺的先串組編織過才收得住、記得牢嗎？

這樣，我們便差堪可以想像果戈理的「速成」。他絕非像後來左翼制式文學思維想像和主張的那樣，進入並浸泡到烏克蘭在地的民間生活第一現場直接「體驗」；那樣的話，這兩本《夜話》得等到50歲他死後才寫得出來。果戈理的主要學習方式是間接的，面對的其實是民間文化已特殊提煉編纂完成的成品，是已有結論而非純淨原始素材的東西，包括民間故事、詩歌民謠、俗諺掌故等等（需要

進一步證據，可參看他的非小說文章和書信；其實不必讀內容，光看標題就知道他的吸收來源何在），以及更多的，當他化身爲那個一把年紀的紅髮養蜂人，用潘柯的位置看世界看人並和他們相處，還用他的句型和語調表情說話。尤其是句型、語調表情的「模仿」，讓果戈理眞的變身爲養蜂人，由此直接進入到一代代人們遺留於話語中的豐碩經驗寶藏裡，如同阿里巴巴以話語聲音模仿大盜，應聲打開藏放贓物的洞窟大門一般。

巴赫金的第二世界說法，爲我們揭示了民間文化獨立性的源遠流長，遠長到所有一切從還沒文字、書籍記錄的人類始生日子就已經開始。埋頭於第一世界的人如巴赫金所說長期看不見它，以至於某一天乍見，總以爲是創新和發明。中國民初到1930年代有關白話文的紛紛紜紜這一場，便弔詭卻也再生動不過的讓我們目睹這兩個世界並陳的眞相——我們看，當胡適這些第一世界的人牙牙學語，自以爲在創造、在破天荒實驗，「匹克匿克在江邊」、「像牛毛、像細絲、像花針」、「我從山中來，帶著蘭花草」並附帶一堆「啊」「呀」「唷」「哩」還問號驚歎號刪節號讓人頭皮發麻（其實是拙劣的想模仿口語），差不多同時，我們卻看到像錢鍾書、像張愛玲、像沈從文、什麼嘗試也不必，一出來就是洗鍊、世故、完熟的白話文（亦即民間語言），這正是兩個世界，兩個完全不同書寫來源的差異。

得再強調一次的是，果戈理眞正面對、眞正能掌握的不是廣大俄國人民的生活眞相，而是民間文化成品所揭示所建構的特殊世界。這兩者有重疊但大有分別，惟極容易混淆。事實上不只是別林斯基、普希金等人因此「錯誤」期待了果戈理；就連果戈理對自己都有所誤解。他日後的悲劇鑄成，也和這個混淆有關。1847年他寫〈作者自白〉這篇長文，是他對於《與友人書簡選》風波的回應，也是他最後一次完整的自省。在這裡，他發現了這個根本的差異，

也發現了真正廣大民間生活的複雜、紊亂和難以逼近難以窮盡，他知道的其實不多，而智力心力和時間，都已經不允許他再追索下去了：

> 我對生活在俄羅斯以什麼樣方式才能了解到許多發生在俄羅斯的事想過很久。在全國各地旅行你所得不多：腦中留下的只有車站旅店。對一個不是因公出外旅行的人來說，無論在城市還是在鄉村要與人結識也相當困難：人們可能把你誤認作是一個什麼樣的密探，而你獲得的也許只是一齣喜劇的一個情節，這齣喜劇名就叫雜亂無章。（所以）我怎麼也不能將她歸成一個整體。

為此，果戈理一度刻意住到國外冒著落跑的嘲諷罵名。我們曉得，這種離鄉回望的方式，其實是為求整體而犧牲具體細節的做法，甚至是藉由某種感傷孤獨的情調，來「製造」一個夢一樣的整體。

在此稍前，果戈理還做過一件異想天開，但用心其實很動人的徒然之事。為了解俄國人民，為召喚他以為呼之欲出的那個美好俄國，他公開徵求人們親身所見所聞的真實經驗故事和筆記，好共同完成《死魂靈》一書——當然，他什麼也沒收到，而且，小說其實也不可能通過這種平面拼湊的方式書寫。

這已是急病亂投醫了，但觀過知其仁。

放聲大笑的小說

然後我們來談笑——我們讀兩本《夜話》時最直接反應、最直接發出的聲音。

　　兩本《夜話》裡所包含的笑相當全面相當完整。我的意思是說，它包含各種各樣的笑，從分貝數看，爆笑、大笑、正常音量的笑到無聲的會心的笑都有；從功能看，有作為武器用的尖利嘲笑，也有慰藉人心的舒服微笑；虛偽、愚笨、不義、恐懼、狡詐、粗暴乃至於尷尬時有笑，溫暖、愉悅、談情說愛、人們相見相遇聚集時也有笑，甚至什麼事也沒有時仍有輕鬆的、開懷的、單純的笑。這樣此起彼落的各種笑法，使得兩本《夜話》成為一部最快樂的書。很久了，我們已快忘記閱讀小說可以這麼快樂。

　　但讀小說讀得這麼快樂好嗎？

　　先來看一下巴赫金怎麼說：

> 　　狂歡式的笑，第一，它是全民的，大家都笑，「大眾的」笑；第二，它是包羅萬象的，它針對一切事物和人（包括狂歡節的參加者），整個世界看起來都是可笑的，都可以從笑的角度，從它可笑的相對性來感受和理解；第三，即最後，這種笑是雙重性的，它既是歡樂的、興奮的，同時也是譏笑的、冷嘲熱諷的，它既否定又肯定，既埋葬又新生。……狂歡節式的戲仿遠非近代那種純否定性的和形式上的戲仿；狂歡節式的戲仿在否定的同時還有再生和更新。一般說來，赤裸裸的否定與民間文化完全格格不入的。

　　說得真是好，很多關鍵之處巴赫金全說出來了。

　　從最平凡的生活經驗裡，其實我們都曉得，快樂、尤其是發出笑聲的快樂，可以是不好的、不恰當的、甚至有罪惡感的。比方說在葬禮場中，在加護病房玻璃窗外，在佛堂誦經梵唱或教會低頭禱告時刻，或電視新聞又報導一家幾口喪身火場或者燒炭自殺云云。

笑，形態學上來看，是一陣風颳過的模樣，其效應和力量亦然。它會吹散東西，不分青紅皂白吹散你不要的東西，也很討厭一樣吹散掉你辛苦收集、堆疊、存留保衛的有用東西；它能吹散掉人的塊壘悲苦，所以有最好的慰藉功能，卻也能一併吹散掉嚴肅、莊重、神聖和憤怒。正常的日子裡，我們知道什麼場合什麼特殊時刻得拚命忍住不要笑。但如果歷史走到某一個特殊時刻，或更正確的說，對某些人而言，整段歷史整個世界就是個特殊場合特殊時刻，就是葬禮會場、加護病房和教會佛堂，那怎麼辦？這樣，我們要求的就不只是要誰忍住不笑，而是去關掉笑的水龍頭，不允許逗人發笑。

　　果戈理書寫的時刻，俄國的歷史差不多就走到這種時候。赫爾岑正確指出，彼時文學作品的整體，就是對俄國現狀的「一部大起訴書」，是人要求自己也苛責別人的嚴肅、莊重、神聖和憤怒的時刻。人們正確的意識到，憤怒是推動世界改變的重要力量，你得讓它在人心中停駐發酵膨脹，小心不要讓它宣洩掉。也因此，儘管不無道德爭議，某種悲苦和絕望的心緒，你別去撫慰它；個別的解脫個別的救贖方式會化整為零各自逃生，讓最終鐵鏈般敲碎眼前的整體清算力量出不來，你也別遷就。也就是說，我們真正的逃生門只有一個，而且得聚集所有人所有的力量才撞得開它，所以不可以笑：笑會讓你肌肉鬆弛表情和善，甚至認為日子還過得下去，你不會去拚命，更不會去犧牲（這是一定會發生的）；你改變了自己，就不會去改變世界。

　　因此不可以笑，或者說只能保有一部分的笑，那就是巴赫金所說純否定的笑，埋葬性的笑，生冷的尖利的作為攻擊武器的笑。在兩本《夜話》帶來的愉悅驚喜氛圍裡，帶著無比善意和期許做此要求的，可不只是別林斯基這樣，本來就心繫而且心急於眼前世界翻天覆地改變的人。事實上，對果戈理而言，起決定作用的是彼時俄

國理應最自由最寬闊的文學靈魂，那就是最偉大的詩人普希金。果戈理極敬重他信服他，以對待如父如師的感激之心回憶：

> 但普希金迫使我嚴肅的看待事情，他早就勸說我著手寫大的作品；終於有一次，在我給他朗讀了對一個小小場面的一小段描繪之後，這段描繪較之我以前朗讀過的更令他驚訝，他對我說：「有才能這樣識透一個人，幾筆就一下子將他的一切猶如有生命一樣勾勒出來，有這樣的才能怎能不著手寫大的作品！這簡直是罪過！」

而且，普希金不是空口勸告而已。果戈理講，普希金把一個自己珍視想寫部史詩作品的題材慷慨給了果戈理，這就是日後害死他的《死魂靈》；還有，〈欽差大臣〉的原始構想亦來自普希金。

這就是兩本《夜話》笑聲真正停歇的歷史一刻，也是快樂的果戈理成為不快樂的果戈理的關鍵一刻，有點像莊子所說的寓言南海之帝儵和北海之帝忽好心，為渾沌鑿開七竅卻害渾沌7天後死去。

> 這一次我自己也認真思考了——尤其是我開始接近對任何行為自然而然的要提出質問的年齡：你做出這一舉動為了什麼目的？為了什麼？我看到，在我的作品中我徒然發笑，無濟於事，自己都不知為了什麼目的。要是要笑，那就最好狠狠的嘲笑，嘲笑那確實值得嘲笑的普遍的東西。在〈欽差大臣〉中我決定將俄羅斯所有我所知道的粗野、愚蠢、惡劣的東西，所有那些最需要人的公正的地方和情形下出現的不公正歸在一堆，並一下子就嘲笑所有這一切。但這，眾所周知，產生了極其強烈的影響。透過笑，

> 透過這在我心底任何時候都沒有這麼有力的產生出來的
> 笑，讀者感覺到了憂傷。我自己感到，我的笑已不是以前
> 的那種笑，在我的作品中我已不能是到那時爲止的那個人
> 了，以純眞無邪的、無憂無慮的戲劇來自娛的要求本身與
> 我的青年時代一起結束了。

　　人生識字憂患始。但我們得公正的說，這個自覺宛如重新做
人。收起他一臉和善笑靨的果戈理，接下來寫出的作品是非常精采
的。短篇形式的《彼得堡故事》書中，他把自己豐沛到隨時隨地都
有的笑聲，全數化爲機槍子彈掃射出來。即使這本書遭到彼時言論
管制的部分修改和刪節，我們讀來仍覺火力驚人淋淋漓漓。可惜《彼
得堡故事》一書台灣至今未有完整譯本，只能通過俄文、英文或簡
體字去讀。有一個替代辦法，那就是讀今天四下都拿得到的魯迅小
說，〈狂人日記〉、〈阿Ｑ正傳〉、〈孔乙己〉云云。這批當年撼
動整個老中國而且至今仍崢嶸駭人的短篇小說，便彷彿直接脫胎於
果戈理的《彼得堡故事》，兩者最大的差別只是整整100年的時間。
　　惟對於胸有奇志的果戈理而言，短篇形式的《彼得堡故事》寫
得再好，仍不是那個眞正的「大的作品」；而我們也曉得，噩運若
沒有好運的開路前導，事實上也很難孕生眞正不可收拾的悲劇。哪
個日後傾家蕩產的賭徒不先贏點錢的？

現實世界／狂歡世界

　　然而，果戈理和他百年後的精采徒弟魯迅畢竟不是同一種人。
他欠缺魯迅那種知識分子的冷眉高傲和視儕輩如草芥，凝結不了那
一股終身不去的怨毒之氣，一輩子罵下去地老天荒。骨子裡，果戈

理仍是個開朗的人，來自於民間的詼諧文化，那種純否定的、帶著綠森森地獄火焰的笑法終究不那麼合適他；一如巴赫金的狂歡節之笑，果戈理再生冷的笑聲中，總有另一重是眞正歡樂的、興奮的，其中有對美好東西的眞心愉悅感受，也對人的悲苦有所慰藉，帶來洗滌般的新生。即使在《彼得堡故事》這本最凶最悍的作品中，我們仍不難聽得出來。

　　還有另一個極其特殊的重要理由，那就是他看過好東西。在彼時俄國，誰的眼前不是一片荒敗、黑暗、苦難、貧窮的絕望光景？獨獨他一個人像邀天之幸又像胸懷天大奧秘般親眼目睹，簡直一無可取可保衛的殘破俄國[2]，原來有這麼美好的本質，有這麼多進步西歐諸國都沒有、他日得倒過來乞援的東西。兩卷《夜話》便是這樣的一紙藏寶圖，或至少是寶物的存在證明。喜歡他、驚異於他作品的人如此期待他，要命的是果戈理自己也這麼相信，於是這相當程度成為某種天命似的東西，要他負責從廢墟般的現狀中，找出來那個埋藏著的好俄國。

　　這就是《彼得堡故事》之後乞乞科夫展開的旅程，或應該這麼講才對，這就是果戈理之所以強加意志於乞乞科夫這趟騙子旅程的原因，硬要他看到他不可能看見的東西，碰到他不可能碰到的人，或說並不存在的東西和並不存在的人。結果，小說作家和筆下的主

2　屠格涅夫的小說《煙》裡有這麼一段：「今年春天我到倫敦附近的水晶宮參觀……在這座宮殿裡，眾所週知，有關人類發明的一切東西都陳列在這裡——講起來就是，等於人類的百科全書。……忽然我想到，假如有一個法令頒布說某民族必須從地面上消除，而這個民族所創建、設計的東西也要從水晶宮除去的話，那麼我們祖國，信奉正教的俄羅斯，必將會退落到很深的地下……像茶炊、樹皮織的拖鞋、馬頸圈和鞭子等卑賤之物——雖然說是我國有名的產品——都不能算是我們自己發明的東西。」

人翁，兩個拉拉扯扯的迷路了整整10年之久。

我們講過，兩本《夜話》所呈現所揭示的其實並不是廣大俄國人民的生活真相，甚至還不是烏克蘭某一小方土地上的人民生活真相，而是民間文化成品所處理過的、所建構起來的特殊世界。我們可以藉助巴赫金的狂歡節概念來進一步予以分別。

狂歡節，既是某種實存的特定之物，也是一個概念、一個隱喻。前者，正是我們再熟悉不過、沒事就想著它等它來的日子，節慶、假日假期、休息不必做事的日子云云。但從每個人都夠豐碩的休假經驗，我們曉得休假往往不是沒事反倒更忙，沒得到休息而是累個半死。因此所謂的沒事和休息，其實指的是(暫時)不必去做每天重複的、甚至被規定被命令的事。你當然可以躺著睡覺或發呆不動，但更多時候，我們會很人性的去做平常不方便、不允許、很久沒做又很想做的事。這既是源於內心需求的夢想實踐和補償，還是某種確認，藉由做一些完全不同甚或背反的事，來確認某種逃逸、某種自由，也確認自己非工具非奴役的存在。

總而言之，假日不是正常的、流水般的日子，它呈現的不是生活裡的實人實事和實況；它是特殊的，某種意義或者程度而言，它甚至是背反的和補償的。

假日最有意思的地方之一是，它是普世性的，普世到想起來會嚇人一跳的地步，幾乎太陽底下凡有人類存在聚集之地皆有假日。這樣的巨大數量和覆蓋式分布不允許我們用發明或設置來理解它，而是得把它看成某種本能之事，就像一天下來你會要睡覺一樣，其中有著深厚的心理和生理性理由。

從假日到節慶，凸顯的是其集體性，尤其是集體性背反或補償行為這一面；這便讓我們注意到集體所誘發的直接間接效應(比方說人行為和心理的某些特定趨向和變化)。而巴赫金從節慶到狂歡，更

進一步的完全聚焦並放大這特殊集體性行動構成一段特殊的時間，除了試圖描述或說提示這些背反性、償補性行動的具體形態和內容之外，最重要且最富意義的是，狂歡於是凝結成一個獨立完整的概念，一個穿透民間生活及其文化的可貴新視角。事實上巴赫金做的還不只這樣。除了用它來觀看來思索民間文化種種，還上升到他文學評論乃至於哲學思考的層次。比方說如此幽暗陰森而且個人私密性的杜斯妥也夫斯基小說，用巴赫金的說法是，依然可看出其隱藏的狂歡性；或用我們較不戲劇意味的說法是，依然可用狂歡的概念和視角去挖掘它去理解它。

此一獨立於、背反於、補償於民間現實生活的狂歡概念，為我們指出一個真相（我個人以為是真相而不僅僅只是可能性而已），那就是民間文化的成品，諸如民間故事、傳說逸聞、戲劇、歌謠舞蹈云云，其實是狂歡節的產物，或直接講就是狂歡本身，而不是後來左翼制式想法那種所謂人民生活實況的呈現和記錄。當然，它們的確是從民間土地生長出來的，用的泰半是現成的實物素材，作者也是「人民」，但卻是一種挑揀過、幻想過、處理過的現實，比較像花朵而不是作物。因此，它總是遠比現實世界要好、要快樂，還善惡報應分明、也就是更正義（如果現實如此，幹麼還要革命犧牲呢？）。它不是勞動的產物，包括伐木拉縴的唱和歌謠，而是如本雅明所說勞動之外之餘休憩時刻人們圍擁成的「小社會」的產物，或是本雅明細心指出的，那種織布機沙沙穿梭聲音中，人在重複的、無聊的肉體勞動裡逃逸出來的心思的產物。它是某種背反、某種補償，或至少是某種遺忘。

說真的，如果到了我們此時此刻，所謂民間生活實況和民間文化成品所建構、所呈現的狂歡特殊世界，仍舊簡單的被混淆、被等同起來大做民粹文章，我們又如何希冀200年前那些自覺壓抑著滿腔

國族屈辱的俄羅斯知識分子，還有忽然所有榮光和巨大期盼一起擁過來的年輕人果戈理，有機會能在第一時間就心平氣和地、正確地看出來？這個「現實世界／狂歡世界」的落差尷尬並非完全沒被意識到。事實上，它分別（但同時）凝結成對年輕果戈理的兩個矛盾難言的書寫期待，帶著指導性且加上國族命運千鈞之力的期待，形成日後車裂了果戈理的小說書寫悖論：一是俄羅斯的農奴制（以及沙皇、東正教統治）下悲苦、貧窮、蒙昧、愚蠢不知死活的生活現實，你的作品得傾注所有力量去嘲諷它、拆穿它並鞭打它；另一是俄羅斯農奴制（以及沙皇、東正教統治）下依然遍地都在的無盡歡快、人情物意以及遇火不燃入水不侵的智慧，你得負責找出（或者說全面擴展成）這唯有俄羅斯人民不知為什麼獨獨擁有的美好特質，俄國乃至於全世界人類將來都靠它了。

聽話而且認真的果戈理兩件事都做了。前者就是《彼得堡故事》、〈欽差大臣〉和《死魂靈》的第一部分；後者則是他《死魂靈》遺稿和那絕望10年的一些非小說文章。看得出來，前者是比較容易的，因為它直接就是人生現實；後者則幾乎是做不到的，因為那樣一個俄羅斯根本就不存在，你如何在現實世界找出一個具體的「沒有」？

保守的、沒要改變的狂歡

說起來，這樣的悖論也並非全然沒有某種相應的說法、某種意圖兩全的想像，那就是粗魯但俐落的二分法，大致讓眼前世界形成一種基本圖像，一種模式，那就是少數邪惡的人統治眾多正直的人（這算說得通），少數悲慘的人統治眾多快樂的人（這怪怪的），少數其笨無比什麼都不會的人統治眾多智慧聰明還不辭勞苦的人，還

有，少數懦怯怕死的人統治眾多勇敢且窺破生死的人（這就難以想像了不是？）云云。我們先別嘲笑這樣一種切割模式的簡單和荒謬。證諸人類的歷史經驗，事實上這正是核心的原型，你把那些看起來很有學問很有架式而且指證歷歷的包裝紙剝開來，得到的十之八九便是這個不成立的怪東西。果戈理自己大致上也如此切割並如此相信。

然則，進一步的可能真相是什麼？

這裡，我們先拿中國歷史裡信而有徵的幾個狂歡節實例看一下。它有定期性的，像我們部頒的國定假日那樣，比方說農忙完全告一段落、稅金官租也納了、新年期間的所謂臘祭。《孔子家語》書中，子貢的知識分子式不屑反應，恰恰生動的揭示出它狂歡的、（暫時）背反著人正常行為乃至於法律道德禁忌的不尋常景觀。子貢抱怨說，所有人像變了臉般瘋成這種不堪的樣子，真不曉得這有什麼好看的，當場被帶隊的老師孔子給修理一頓。孔子的講法是，你要懂得這些人辛辛苦苦了一整年，需要放鬆甚至發洩；這是他們堂堂皇皇的自由快樂時間，也是古來居於上位的智者聰慧而且深諳人情的沿襲做法云云。也有不定期的、賞賜性質的，比方說史書裡動不動出現的，遇見國家有什麼祥瑞好事（天降甘露或外族降服入貢）或太后生日，皇帝下詔天下萬民「大酺五日」，意思是可以放假且放心喝酒不醉不歸整整五天。更有名也更詳實的，可能是劉邦當了皇帝後的那次返鄉行程。這個昔日的地方流氓角頭召集父老請客，自己下海歌舞，做〈大風歌〉一首：「大風起兮雲飛揚，威加海內兮歸故鄉，安得猛士兮守四方。」還嫵媚的要眾人評理作證，因為劉爸爸以前常怪他不事正業不如弟弟，「現在你們看看誰比較會置產？」

這清清楚楚的顯現了至少一件事，就是狂歡，做平常不可以做的事，基本上是在統治者允許或至少容忍的前提下才成其可能；而且還是暫時性的、限定性的，時間一到大家收假做收心操，回頭繼

續忍受統治者的壓迫剝削和頤指氣使，但因此比較心甘情願了一點。

因此，千萬千萬別被狂歡節那種好像幹什麼都可以、罵人打人殺人也行、偶爾還真的失控不返（某些意外滲入或生活現實糟糕到不可忍受時）的表象給唬弄了。它其實是某種「特赦」，或甚至某種「麻醉」（麻醉和狂歡不是很合拍嗎？），它狂野自由的外表底下是保守的，非常非常保守的。左翼的大史學者霍布斯邦在深入考察這類農村農民的集體行為性格時，不太甘心但誠實的承認，他們總是體制的、改良的，毫無革命的意圖乃至於潛力（可讀讀霍布斯邦《原始的叛亂》一書）；而狂歡節甚至連改良都不是，它只是忍受性的，或者說讓忍受一事變得舒適點、可忍受一點。

所以說狂歡節是統治者帶著獰笑的詭計陰謀嗎？倒也不是，至少它的來歷乃至於它的本質不是。它空間的普遍性覆蓋性和時間的源遠流長，證明它是「生成」的，比較接近統治者和被統治者在悠長時間中討價還價的結果，而且最原始那個統治者極可能還不是個人，而是更高一階的神，或者說大自然（被統治的人們，尤其在成為農耕者之後，最能察覺出大自然的季節更迭或說神的喜怒鬆緊變化，來安排工作和狂歡，讓兩者不相妨礙而彼此補償），由此被日後取代祂的人間統治者所繼承所沿襲利用而已；而且無論如何，允許人民狂歡的統治者，也有他一定程度的讓步和風險。讓步指的是子貢式那種教養上乃至於美學上的忍耐；而風險則是他終究給予了一個不見得可放可收的舞台，就跟軍隊裡放阿兵哥休假的風險一樣，總存在著一定機率有人夜不歸營或成為逃兵。

具體的狂歡節如是，狂歡概念的民間文化成品亦如是：特赦的、補償的、麻醉的、保守其實的。

而人的處境和人生模樣是怎樣呢？追根究柢講，人總是發現自己孤伶伶的、而且邈小的被拋擲到一個已有的、巨大無邊的世界來，

最原初而且至今依然統治他的是神是大自然，他如何能說要改變四季更迭，要改變不隨他意志而來的風雨霜雪，乃至於更可懼的瘟疫饑饉或就說生老病死呢？他要到哪裡、怎麼樣換一種人生？人為性所加諸於他的東西，比方說農奴制度或東正教和沙皇，理論上當然是可以改變可以取消的。但是要弄懂且確定這一點，已經是很困難而且很後來的事，得真實經歷過很多次不堪忍受到瀕臨死亡的折磨，還要有「第一世界」來的人和知識一次兩次三次說到他有點概念才開始，遑論接下來真的下定決心、賦予行動去嘗試改變它？基本上，大自然也好、人間統治者也好，都是先於他且大於他存在的東西，克里姆林宮遠還是太陽遠呢？統治者究竟是神是人還是神的兒子、神的化身或者代理人呢？這些之於他，毋寧只是一整團朦朧但差別不大的「命運」。而且還不是他一個人的，因為縱看時間從父母先人到兒女子孫、橫看空間親族鄰居和相識不相識的大家不都一樣，非個人所獨有，就很難冠以不幸或不公不義之類的可對抗性字眼，而是誰都一樣的普遍處境，一種本來就是這樣的生命前提。

狂歡，追根究柢說便是對如斯處境、如許生命前提的補償、麻醉、暫時性的特赦和逃遁。因為生命如本雅明所說，要繼續而不是要改變；因此，它還是生動的、應運的、狡獪的、見洞就鑽的緊緊箝合於這樣處境和生命前提難以分割。人和這個巨大東西一輩子一輩子這樣相處打交道，熟知這個巨大東西的每一條岔路小徑，每一處死角和縫隙；他曉得什麼時候要做小伏低裝孫子咬牙撐過去，什麼時候可避其鋒芒喘口氣，什麼時候完完全全屬於他可放心開懷暢笑一番（「官租完了離城郭，笑山妻塗粉過新年，田家樂。」），什麼時候還可以倒過頭來跟它扮鬼臉嘲笑它兩句。

魯迅筆下那位阿Q，從魯迅知識分子第一世界的視角來看，從他心急如焚的進步中國期待來看，是卑劣猥瑣到不堪忍受的。你曉

得嗎？阿Q其實並不中國，他只是民間的，普世性的最典型狂歡者。

民間故事裡，兩本《夜話》亦復如是，它笑話的對象最經常是官僚和僧侶教士者流。對民間一般人而言，他們都是相同方向、相同位置和形態的彼岸之人，可笑之處大致也是相類似的。而這些不遺餘力到看似已足以瓦解政治和宗教全部神聖性的譏笑，其實並沒有想當然耳的破壞力道，而且絕不奇怪的，仍共生於、包容於整個大統治體制裡。人們一邊譏笑官員和神甫，一邊仍對他們頭頂上的政治和宗教不改虔敬的信仰和奉行。笑話，當然也是假日性、節慶性的狂歡。

當你愈受此狂歡的吸引，愈迷醉於它的歡快，它的自由不羈，它的飛天般附體般想像力，它和人情世故乃至於天地萬物的渾然一體，還有它小奸小壞地與支配它統治它那些討厭東西躲避、進退、迴旋、甚至翩然共舞所顯現的種種「智慧」，你愈是要完整無遺的捕捉住它存留它，而且不察地把它從暫時性、限定性的特殊時間，擴張爲民間現實生活的一天24小時、一年365天真相，事情就麻煩了。陷阱甚多，這裡我們只指出其中頂重要頂不幸的一個，也就是果戈理最後摔下去出不來的那一個──你會不斷察覺，而且愈深入進去愈以一種帶著發現真相睿見和喜悅的察覺，它原來緊緊箝合在、甚至說直接從過往你一直視之爲惡、爲黑暗反動的農奴制、東正教和沙皇體制生出來；要命的是，事實的確是這樣你並沒看錯，因爲它本來就是百年千年時間農奴制和東正教、沙皇體制作爲生命前提，人要繼續生活下去所創造出來的。於是，腐爛惡臭的大地，遂變成充滿養分、奇怪這會兒氣味也好聞起來的一流黑色腐殖土，用它來生養最獨特美麗的花。這時，再加上點急切熱望之心（畢竟人壽幾何不是嗎？），一點永遠幽靈般伺伏在人身旁的國族主義，還有一點勇氣和誠實如果戈理，他自以爲的昂然繼續直行向前。但很弔

詭的，幾乎所有人看到的卻是他180度的徹底轉身，是莫名其妙到幾近冷不防的擁抱而且極力鼓吹要農奴制，還要東正教和沙皇。

你知道一種典型的爛電影場面嗎（大陸名導演張藝謀也這麼拍過）？那就是用機槍掃射挾持人質在手的惡徒匪黨，紛紛中彈倒地的全是壞人，尖叫哭泣的人質則個個無恙——你要留存的和要打倒的不僅綁在一起難以分割，更進一步說，那個狂歡節裡快樂、自由、智慧的人，和阿Q般在現實生活中猥瑣、懦弱、愚昧的人，極可能就是同一個。我們從來就只有一組「人民」。

果戈理那一本人人喊打（當然沙皇的一干御用知識分子不在此列，他們熱烈歡迎果戈理的駕機起義來歸）、時至今天連以撒‧伯林都還用「他至死都是個反動派」一句話打死的《與友人書簡選》，大致的來歷便是如此。這是果戈理誠摯純潔的傾城之戀，為一朵花，一朵他看到過但其實不真的存在於現實的俄羅斯之花，毀掉了他整個人生，整個他這樣天才書寫者的其他可能世界。

果戈理不曉得，他所見過、而且年輕時就拿在手中的這朵花，其原生地並不是俄羅斯，或者說不是俄羅斯才有。它開放在巴赫金說的第二個世界，是遍在的、俯拾即有的，地球上每一處角落、每一個直接和大自然打交道的大地之上，都是一片這樣的花海如夢。

果戈理之死其他

1852年果戈理死去，那是個怎樣的時間、怎樣的年頭？

1848年是個很好的時間參照點。這個歷史上著名的革命年份，對西歐來說儘管結局令人感傷，但不失為讓人興奮且從此被人記住的一年。不過對俄羅斯不然。俄羅斯的革命1848，如以撒‧伯林指出的，要遲至1905年才發生，政治和社會的時間表慢了半世紀。1848

年，沙皇尼古拉極度憂心革命浪潮向東撲來。他迅速出兵蕩平波蘭革命，在國境西邊築起防波鐵牆，並在國中全面抓緊，俄羅斯的思想和言論在這一年正式進入黑暗甬道，1848到1855是著名的「七年長夜」。

幫果戈理鑿開七竅那兩位思想導師，大他約10歲的普希金已於1837年死於決鬥，把《死魂靈》的書寫題材以遺志的神聖形式留給他；小他一兩歲的別林斯基，在痛責他

> 提倡皮鞭的教士、宣揚無知的使徒、捍衛蒙昧主義和黑暗反動的鬥士，韃靼生活方式的辯護士；俄國的得救，不在神秘主義、不在唯美主義，也不在虔誠信教，而在教育、文明與人性文化的成就裡。她需要的不是講道（她已經聽太多），不是祈禱（她已經咕噥太多），而是在人民心中喚起久已埋失於泥沼與污穢中的人性尊嚴意識。她需要法律與權利——不是教會提倡的，而是合乎常識與正義的法律與權利。

之後，也在1848這一年病故。

有趣的是，日後回歸東正教、亦有保守反動之名的杜斯妥也夫斯基，之所以遭到逮捕並在槍決行刑那一刻才獲赦的一個主要原因，便是他在聚會時朗讀了別林斯基對果戈理的這篇抨擊文字。另一位小說家屠格涅夫，最西歐最自由主義也最文學的，反倒因為悲痛果戈理的死亡（「他在我們心目中，是超過了作家地位之上的人物。他是一位於我們有所啟示的人。……也許你會認為我說這些話，是一種迫不得已的誇張吧。不過，這種感覺唯有俄羅斯人才能領會得到。」），在報紙上寫了篇悼念文章，被沙皇親自下令逮捕，關了

整整一個月。

是不是？在某種歷史時刻，人心多麼錯亂，思想多麼錯亂，真實的世界又多麼曖昧難言，小說的書寫於是多危險、多不可測如命運？

回過頭來說，像果戈理這樣天才的、準素人的、來自民間第二個世界的小說家，置身在這樣一種時代、一種思想光景，不這樣又能怎樣？他總得從非官方、非教會、非國家的那個歡快世界走出來，自覺地、概念地、思想地繼續寫下去不是嗎？

墓石已朽，果戈理的悲劇人生早成定局不可翻動，但後來的契訶夫也許可以提供我們慰藉的、不宿命的想像。和果戈理一樣狂歡路數的契訶夫，書寫於後1848俄羅斯更森嚴、更狂暴、更接近革命的現實世界。但他抵住了彼時種種思想的攻擊，也忍住了彼時種種思想的誘惑，像個小說家那樣直挺挺的寫下去。契訶夫也早逝，但那是因為長年的肺病、是早年貧窮和辛苦書寫掙錢的後遺症。

米蘭·昆德拉再三堅持，有些事只有小說做得到，要小說的書寫者把筆集志於此。這其實也等於說是，有些事是小說做不到也不該做的，像果戈理《死魂靈》第一部寫成後那10年所追逐的。

可惜這些話沒人來得及講給果戈理聽。

唐諾：台大歷史系畢業。現任職出版公司，並從事自由寫作，以「專業讀者」角度撰寫的書評文章尤其受到注意。著有《文字的故事》、《唐諾推理小說導讀選》（I、II）、《讀者時代》、《閱讀的故事》，譯作則以推理小說為主。

公民不服從與自由民主：
倒扁紅潮下的一些省思

陳宜中

2006年9月9日，施明德率眾走上台北街頭，要求陳水扁下台。這場「反貪倒扁」運動歷經三次動員高峰（9月9日凱道誓師、9月15日圍城遊行、10月10日天下圍攻），吸引了上百萬人參與。它是台灣自1987年解除戒嚴以來，歷時最久的、參與者自發性最強的、規模最大的一場群眾運動。

運動的最高潮出現在9月15日。當天晚間，近百萬紅衫軍上街遊行，在雨中吶喊「阿扁下台」。這大概是台灣有史以來，參與人數最多的一場示威遊行，但並未發生任何零星的暴力衝突事件。此外，9月9日與10月10日的場合，也都有數十萬人參與，也都近乎絕對非暴力。稱其為「非暴力抗爭」，可能還不夠貼切。蓋以台北市民為主體的紅衫軍，如同1960年代在美國南方靜坐的第一批黑人學生，相當有意識地在抗議過程中展現其「公民性」。

但「公民性」與「合法性」未必是同一回事。黑人學生進入實施種族隔離的餐廳靜坐，固然違反了當地法律，但卻是公民性的具體展現。這類違法的公民抗爭行動，一般被稱作「公民不服從」（civil disobedience）。包括黑人民權運動、反越戰運動、校園民主運動、反核運動、環保運動、和平運動、同志運動、移住民權利運動、無住屋者運動、動物保護運動、反人頭稅運動、反伊戰運動等各種運動，都採取過公民不服從行動。

倒扁運動其實不是例外。在915圍城遊行過後，倒扁總部曾一度考慮採取更積極的，但可能違法的抗爭行動（如政治性罷工、非暴力圍堵、越過警方封鎖線、癱瘓交通等），但內部意見紛歧，始終猶豫不決。影響所至，10月10日天下圍攻的參與者，從頭到尾搞不清楚要如何「圍攻」，以及要不要違法。當天傍晚，倒扁總部號召紅衫軍遊行至忠孝東路；受到新聞媒體即時報導的影響，加入這場「違法」遊行的人數逐漸增加，一度占據了整條

忠孝東路。次日凌晨，近百名紅衫軍因違法夜宿忠孝西路，而遭到台北市警方「柔性驅離」。此後，倒扁總部醞釀在11月份發起經濟抵制運動（一種可能違反金融秩序法規的公民不服從），但礙於各種現實考量而作罷。

總的來說，除了幾起零星的違法行為外，倒扁運動並未採取更積極的、更具政治壓力的違法抗爭手段；但稱其為不排除違法抗爭的「準公民不服從」，或許並不為過。事實上，若非台北市當局執法從寬，這場運動很可能從一開始便是違法的，甚至被迫與公權力進行更全面的對峙。類似於10月10日忠孝東路遊行的違法行動，若是發生在美國（如2003年3月的反伊戰遊行潮），不無可能導致大規模的警民衝突與逮捕行動。

「公民不服從」的基本特徵在於：它是一種公開的、政治性的、非暴力的、訴諸公理的、自知（可能）違法的、願接受法律後果的抗爭行為，其目的通常在於抵制、改變某些被認為不合乎公義的現狀、政策或法律。在1980年代台灣走向政治開放的過程中，即曾經出現一些接近於「公民不服從」的非暴力抗爭。發生在1989年、最後以悲劇告終的大陸八九民運，亦呈現出「公民不服從」的某些重要特色。

在台灣，某些強烈同情八九民運的論者如龍應台，卻對倒扁運動充滿了疑慮，彷彿這類大規模群眾運動與「民主」是不相容的。在倒扁運動登場之前，龍應台即為文表示：既然台灣選民在2004年選出了陳水扁，便必須尊重這種民主契約；要是陳水扁堅持不下台，不滿者也只能自責，怪自己選錯了人，而不宜走上街頭，更不該祭出體制外的抗爭手段。龍應台的這番見解，當時獲得了民進黨挺扁人士的高度讚揚，但並未被百萬紅衫軍所接受。

也許，龍應台並不反對合法的街頭運動，因其屬於民主基本

權利的行使；但她顯然反對違法的公民不服從行動，並認爲其與
「民主」難以相容。但我們不妨追問：爲了抵制、改變某些嚴重
偏離公義的情事，違法的抗爭手段在任何情況下都是不正當的
嗎？如果台灣的民選地方首長以「安定」、「秩序」爲藉口，全
面封殺倒扁運動的集會遊行權利，紅衫軍應該服從於這種決定
嗎？在所謂的「民主」制度下，「公民不服從」全無容身之地嗎？

在討論這些課題以前，我們將先回顧歷史上的公民不服從運
動與理念。

從梭羅到甘地

1848年，美國作家梭羅(1817-1862)以「論個人與國家之關
係」爲題，公開闡述他的不服從理念。此文後來被更名成〈公民
不服從〉，廣被推崇爲「公民不服從」一詞的濫觴。

梭羅反對奴隸制，也反對美國侵略墨西哥，故拒絕向州政府
繳納人頭稅，並因此在獄中待了一夜。出獄後，他在〈公民不服
從〉文中寫道：「若州政府要在將所有正義之士關進監獄，與放
棄戰爭與奴隸制之間做選擇，它的選擇簡直就絕不會猶豫。若是
有一千個人今年不納稅，這方法既非暴力，也不會流血，正如納
稅既非暴力也非流血一樣；而州政府亦不至於動用暴力，流無辜
人的血。事實上，這便是和平革命的意義所在——如果說這種革
命能夠出現的話」[1]。

以後見之明，梭羅心目中的「和平革命」並未出現，否則美

---

[1] 這段譯文取自何懷宏編《西方公民不服從的傳統》（吉林人民出版
社，2001），頁27。

國也不會為了蓄奴爭議而走向南北戰爭。但梭羅的貢獻在於，他指出了一種非暴力抗爭的可能形式。這種抗爭形式（如拒絕繳稅）雖然違法，違反了實存的法律，但卻是為了矯正更大的不公義（如奴隸制與帝國主義行徑）。

在梭羅之後，托爾斯泰（1828-1910）與甘地（1869-1948）分別從不同的角度，進一步豐富了公民不服從的可能內涵。托爾斯泰是位和平主義者，他對愛國主義的批判，及對民族國家體制的嗜戰傾向的反思，今日讀來仍發人深省。面對這整個戰爭建制，他主張採取非暴力抵抗。他認為，若每一個人都拒絕愛國主義的召喚，都拒絕從軍，都拒絕出戰，都不與戰爭機器為伍，則民族國家體制終將難以為繼。

甘地先後在南非與印度所領導的公民不服從運動，則以對抗殖民政府、爭取民權、追求獨立為主要目標。在印度，甘地的政治目標是革命性的，即要革掉英國殖民政府的命，但他的手段卻是非暴力的、公然違法（但接受法律後果）的公民不服從。對甘地而言，公民不服從是一種道德之爭，抗爭者必須心中有愛與真理，必須盡可能排除仇恨與報復心態，並以承受苦難（即來自殖民政府的鎮壓與迫害）來贏得支持、說服對手，獲得最終的勝利。

以甘地在1930年所發動的抵抗食鹽法運動為例。他之所以選擇壟斷性的食鹽法體制作為抗爭對象，主要目的在於讓外來的英國統治者露出猙獰的面目。除了拒買官鹽、自行製鹽等違法行動外，甘地還號召民眾去圍堵官方鹽廠，直接以肉身挑戰公權力，以逼迫總督在政治讓步與強力鎮壓之間做出選擇。對甘地來說，為了喚起印度人的國族主義情操，付出被鎮壓的代價是值得的，甚至是必要的。在那場運動中，超過10萬人入獄，還有數百人犧牲了生命。

　　雖然甘地被推崇為「公民不服從」的運動導師，但甘地式的公民不服從有其特殊性，而未必能夠套用於其他的政治脈絡。第一，甘地對於非暴力的堅持，是近乎宗教性的。甘地要求追隨者打不還手，無條件承受苦難，即使槍林彈雨也不退卻。正是這種受難精神，才使甘地得以採取猛烈挑釁國家機器的運動策略。

　　第二，甘地式的公民不服從具有公開的革命（政體改變）意涵，必須理解為革命運動脈絡下的階段性抗爭手段。表面上，反食鹽法運動是針對特定議題（即食鹽法體制）的有限抗爭，但實際目的則在於打造印度國族主義。

　　第三，並不是所有的威權政府，都像印度當年的英國統治者一樣，能夠（或不得不）在一定程度上容許甘地式運動實踐的「出現」。在威權體制下，非暴力行動未必是違法的（如陳情請願），或即使違法但不直接挑戰政權（如針對雇主的罷工、地方性的維權運動）。但甘地式的公民不服從則構成對威權政體的公然挑釁，因此往往在尚未壯大或出現以前，即遭到預防性的鎮壓。

　　第四，經驗顯示，在相對穩定的「民主」社會（如戰後歐美社會）裡，甘地那種革命性的公民不服從幾乎不曾出現。大規模的公民不服從運動，係針對特定議題（如黑人民權、越戰、人頭稅、伊戰等等）而發，目的從不在於政體革命。

　　若論及當代民主體制下的公民不服從運動，更重要、更經典的參照座標，或許是1960年代美國的黑人民權運動。

金恩與黑人民權運動

　　自1950年代後期起，金恩（1929-1968）效法甘地精神，發動爭取黑人民權的公民不服從運動。不過，1950、1960年代的美國

畢竟不同於英國殖民下的印度。與甘地最為不同的是，金恩要的不是革命，而是黑白的平等待遇。

在金恩的領導下，民權運動者一開始努力效法甘地，希望盡最大可能落實愛與非暴力原則。但受限於各種現實條件，這個運動逐漸偏離了甘地的苦行僧路線與宗教色彩，呈現出另一些風貌。研究者指出：甘地打不還手罵不還口、無條件承受苦難的精神，在民權運動的初期或許較為顯著；但運動參與者對於非暴力原則的態度，逐漸顯得更加「務實」。例如，部分運動者認為：只要不主動施暴，警察對運動者施暴未必是壞事，因其可能產生有利的媒體效應。運動者承受某些暴力，主要是基於現實考量。

雖然金恩不斷重申甘地那套運動理念，但運動領導者未必能夠有效地規訓運動參與者。再者，一旦運動參與者的權利意識開始發酵，則變得很難充分落實甘地那種對國家暴力甘之如飴的受難精神。試想：當和平抗議者被白人警察或暴民毆打時，絕不能還手自衛嗎？連一點義憤都不能表現嗎？若是被起訴，連辯護官司都不打嗎？若運動領導階層的刑期太長，對運動的發展是好是壞？凡此種種問題顯示，黑人民權運動所從出的政治環境（1950、1960年代的美式民主），與甘地所面對的情況（英國殖民政府的少數統治）之間，存在著一些重要差異。

在美國，黑人是被壓迫的少數，這使得甘地模式的不合作運動窒礙難行。正如梭羅所暗示，不合作策略（如拒絕繳稅、經濟抵制）能否產生重大作用，首先得看參與人數而定。它當年在印度之所以行得通，是因為背後有一群人海予以支持，是因為外來的英國殖民者在人數上居劣勢。但在1950、1960年代的美國，黑人不僅是少數，權利意識也還未充分覺醒；因此，不合作策略很難癱瘓種族隔離體制的運作。

自1955年起，阿拉巴馬州蒙哥馬利市的黑人市民，對實行隔離措施的市公車發起抵制運動。相較於甘地那種與國家機器對決的不合作策略，由金恩所領導的這個不合作運動，從一開始就是自我設限的。為了抵制食鹽法，甘地號召群眾去圍堵官方鹽廠；但蒙哥馬利市的黑人市民並未去癱瘓公車行駛，而只是合夥開車上下班。合夥開車照說並不違法，但仍被當地白人政府認定成違法，因此構成了公民不服從。透過媒體的報導，公車抵制運動固然受到了注意，但由於黑人不是主要客源，抵制運動對公車系統的影響相當有限。

更具作用的是金恩所謂的「非暴力直接行動」，及遊行示威活動。當時，「非暴力直接行動」的主要形式是「靜／進坐」（sit-in），也就是進入實施隔離措施的商家，直接坐在黑人被禁止坐下的位置上。這是一種公開違法的公民不服從行動，直接挑戰在地的種族隔離措施，並間接抗議整個種族歧視體制。雖然靜／進坐者(以黑人學生為主體)經常遭到白人暴民與警方的暴力相向，但被打被關被退學的人愈多，加入的人也愈多。1960年，靜／進坐運動在美國南方遍地開花；在其影響下，不少南方城市務實地改採了種族融合措施。

在所謂的「民主」體制下，照說示威遊行是公民的基本權利，而不算是公民不服從。但在1950、1960年代的美國南方，白人警察動輒以「破壞秩序」為藉口，限制、干擾民權運動者的示威遊行活動。這使得本屬合法的示威遊行，也變成了一種公民不服從。在許多示威遊行的場合中，黑人遭到白人暴民與警方的毆打。透過媒體，這些畫面變成了相當有效的運動宣傳工具。

從一開始，金恩所追求的便不是革命，而是美國夢的一視同仁，這是他與甘地之間最重要的差異。在金恩的實踐中，「公民

不服從」開始趨近於「爲了抵抗、矯正民主體制下的某些重大不公義，所採取的非暴力有限抗爭」。這種「有限」抗爭雖逾越了實存的法律界線，雖看似反體制，但訴諸的卻是既存體制所供奉的、未能充分實現的公共價值。影響所至，絕大多數西方論者都把「公民不服從」視爲某種非革命性、針對特定議題的有限抗爭。這個看法雖未必適用於甘地，但相當貼近當代民主社會的現實。

金恩在1968年遭到暗殺，大約與此同時，1960年代的公民不服從運動也接近尾聲。1960年代末，無論是黑人民權運動還是反越戰運動，都出現了激進化的趨勢；以校園爲基地的盲目占領行動，與校園外的暴力破壞行動，逐漸取代金恩式的公民不服從。新左派的理論教父馬庫色(1898-1979)視學生爲新革命主體，主張對極權化的資本主義社會進行「大拒絕」。受到這類說法所影響的革命學生及其追隨者，自然不會把「公民不服從」放在眼裡。

總的來說，1960年代美國的公民不服從運動，既未一夕間徹底改變黑人的命運，亦未能及時阻止美軍在越南的侵略與反人道行徑。但換個角度來看，黑人民權運動不僅帶動了平等意識的覺醒，也促成了一些相對進步的平權法案，如1964年的〈民權法案〉與1965年的〈投票權法案〉。反越戰運動(拒絕從軍、焚燒徵兵令、妨礙徵兵、示威遊行等等)使反戰民意在1967年上升到5成左右，揭開了當代反戰運動的序幕，並爲其他各種進步運動提供了萌芽的土壤。時至今日，「公民不服從」已變成西方政治生活的常見戲碼，而不再被視爲洪水猛獸——這不能不說是1960年代的開花結果。

公民不服從的基本特徵

美國論者夏普(Gene Sharp)曾歸納出198種「非暴力行動」的方法，並將其區分為「非暴力的抗議與說服」、「社會不合作」、「抵制型的經濟不合作」、「罷工型的經濟不合作」、「政治不合作」與「非暴力的介入」等6大類。這並非唯一的分類方式，但有助於說明公民不服從的基本性質。

嚴格來說，公民不服從是一種抗爭形式，而非抗爭方法。作為一種「公開違法」的抗爭形式，公民不服從原則上可以與各種不同的抗爭方法相結合。例如，在某些政治體制下，集體連署公開信(一種「非暴力的抗議與說服」方法)是違法的，因此構成了公民不服從。又如，在某些不容許罷工或僅容許經濟性罷工的體制下，政治性罷工可以成為公民不服從的抗爭方法。再如前面提到，即使在「民主」體制下，抗爭者的示威遊行權利也經常遭到不當限縮；這使得本來合法的示威遊行，很容易就轉變成公民不服從。

因此，公民不服從並沒有任何固定的抗爭方法。在某些國家或地區(如台北市)屬於合法的體制內抗議，在其他國家或地區(如台南市)卻未必如此。現在合法的某些抗爭方法，過去可能是非法的；現在無法可管的某些網路抗爭行動，未來不無可能變成非法。一般來說，在政治自由受到較高度保障的地方，由於合法抗議的空間較大，公民不服從往往是合法抗議的延伸或補充；針對同一議題的抗爭運動(如晚近的反伊戰運動)，往往同時採用體制內的合法手段，與某些公然違法的公民不服從行動。

自1960年代起，在黑人民權運動與反越戰運動的浪潮下，西

方思想家開始嘗試爲「公民不服從」提供更明確的定義。其中最著名、最具影響力的幾位論者，包括哲學家比多（H. A. Bedau）、羅爾斯和彼得·辛格。照這三位論者的說法，「公民不服從」基本上可被定義爲：公開的、政治性的、非革命性的、非暴力的、非威脅性的、非強制性的、道德勸說式的、出於良心的、自知違法的、願接受法律制裁的抗爭行爲，其目的通常在於改變某些被認爲不合乎公義的現狀、政策或法律。今日觀之，這個定義雖已呈現出公民不服從的一些重要特徵，但涵蓋性顯得不足，或有斟酌與補充的必要。

　　首先，由於西方論者所關切的是「民主體制下的公民不服從」，並以黑人民權運動爲最主要的參照對象，因此特別強調公民不服從的非革命性。的確，就相對穩定的民主社會來說，確實很難想像革命可以靠公民不服從來達成；而事實上，在今日歐美社會，幾乎所有被稱爲「公民不服從」的運動，都屬於非革命性的有限抗爭。但如果我們堅持公民不服從必須是非革命性的，那就很難妥善定位甘地的歷史貢獻。正如甘地的抗爭經驗所顯示，在某些特殊的現實條件下，公民不服從說不定具有革命的潛力。若然，我們實不需要從定義上，就把這種可能性完全排除。

　　公民不服從是非暴力的，這點幾乎無可厚非。不過，如果警方先動手打人，運動者絕不能自衛嗎？倘若所謂的非暴力原則，意味著連被動行使自衛性暴力的權利都沒有，這種定義恐怕就違反了世俗社會的人之常情。再者，如果部分運動者決定越過警方所設下的封鎖線，因而遭到警方的暴力鎮壓，甚至出現「先鎮後暴」的情況，那整個運動就從非暴力變成了暴力的嗎？就從公民不服從變成了暴力抗爭嗎？若然，今日許多被認爲屬於「公民不服從」的運動，恐怕都不符合如此嚴苛的定義。

　　再從政治社會學的角度來看，正如梭羅所暗示，即使是非暴力的公民不服從，在效果上（若非意圖上）也往往帶有一定的強制性或甚至威脅性，而不純然是道德勸說。無論是甘地或金恩，都矢口否認他們心中有強制或威脅對手的意圖，都聲稱他們只不過是在進行道德勸說或教育。但對英國殖民政府來說，甘地式的公民不服從顯然具有強制或威脅的效果。同樣的，某些研究調查顯示：在1960年代的美國，白人政府之所以願意讓步，與民權運動所造成的各種「不可欲後果」息息相關。

　　換句話說，雖然公民不服從行動必須盡可能彰顯其訴求的道德正當性，盡可能爭取社會大眾的同情與支持，但如果它只不過是道德勸說，而不帶任何強制或威脅的效果，那很可能產生不了實質的政治作用。試問：如果違法抗爭像合法抗議一樣，只不過是在重申道德立場而已，那人們為什麼還要違法抗爭？這個道理，運動者其實知之甚詳。也正因此，現實世界裡的公民不服從行為，鮮少是「道德勸說而已」。如果我們堅持公民不服從（在效果上）必須是非強制性的、非威脅性的，必須是純粹的道德勸說而不帶其他雜質，那符合這種定義的公民不服從將有如鳳毛麟角。梭羅、托爾斯泰、甘地和金恩，也都不合乎這種定義。

　　此外，任何稍具規模的群眾運動，領導者都不太可能對參與者的動機進行有效管控，而只能設法把握住運動的主軸。如果參與者的動機太過複雜或太不純粹，以至無法凸顯出運動的道德正當性，那運動幾乎注定要以失敗告終。但反過來說，要每位參與者都動機純正，都發自良心而不存任何私心，卻也幾乎是不可能的。在現實世界裡，支持同一運動訴求的群眾，往往來自不同角落；他們在動機上未必一致，也很難一致。

　　至於「自知違法」與「願接受法律制裁」這兩項要件，今日

恐怕也無法像以往那樣過度詮釋。以台灣為例，就算警方在某些情況下認定集會者「行為違法」，集會者說不定相信自己其實並未違法，因為法官未必會接受警方的裁量標準。若警方舉牌告知「行為違法」，但集會者置之不理，「公民不服從」即已成立。此時，運動者雖知自己可能違法，但也許不相信自己真的違法。

運動者既知自己(可能)違法，便必須準備接受法律後果，但這未必意味著連律師也不請，或甚至連其他基本人權都必須放棄。再者，不服從運動者並非一般罪犯，而接近於某種良心犯或政治犯；倘若辯護律師以此為由，要求減刑或緩刑，應該未必是不正當的。為了凸顯運動的道德正當性(甘地)或為了宣誓忠於既存體制(某些西方論者的要求)而放棄基本權利的運動手段，如今恐已不合時宜，不該被認為是公民不服從的必要條件。

綜上，「公民不服從」的基本特徵在於：它是一種公開的、政治性的、非暴力的、訴諸公理的、自知(可能)違法的、願接受法律後果的抗爭行為，其目的通常在於抵抗、改變某些被認為不合乎公義的現狀、政策或法律。但它是否屬於非革命性的有限抗爭，須視其實際發生的主客觀環境而定。在道德勸說之外，它未必不具任何強制或威脅的效果，且往往附帶這類政治效果。運動參與者固然可以、但卻不必拒絕行使自衛與法律辯護等基本權利。此外，任何大型群眾運動都無法保證參與者動機的一致性，也難以完全排除潛在的暴力分子。職是之故，我們在判斷一場運動是否屬於「公民不服從」時，仍須從大處著眼。

新型態的公民不服從

在當代西方社會，「公民不服從」已廣被理解為某種非革命

性的、非暴力的、違法或接近法律邊緣的有限抗爭。近年來隨著經濟、政治、社會、文化等各方面的發展，公民不服從也開始呈現出更多不同於以往的樣態。

比方說，過去的公民不服從運動不僅強調非暴力，也比較容易與暴力抗爭區隔開來；但晚近的公民不服從運動則不然。同一場大規模群眾運動(如反全球化運動、反伊戰運動、英國的反人頭稅運動、法國的反就業法運動等等)的參與者，往往來自四面八方；其中除了合法示威者外，還包括不排除違法、或即使違法也要繼續的和平抗議者，以及積極非暴力路線的擁護者(準備越過封鎖線，迎接警方的暴力相向，不排除行使自衛)，再加上少數準備進行暴力破壞(如毀損商家)或與警方大幹一場的激烈分子，以及中途跑來插花的暴民和憤青。同一個運動場合，一開始通常是合法的示威抗議，然後逐漸演變成違法抗爭，乃至以警民衝突告終。這樣的運動，仍廣被認定成「公民不服從」(若絕大多數參與者未主動使用暴力)。

以英國的反人頭稅運動為例，它被喻為英國有史以來最為成功的「公民不服從」運動，但卻很難讓人聯想起甘地或金恩。自1989年起，為了抵抗柴契爾的人頭稅政策，英國公民開始祭出各種合法或違法的抗爭手段，包括拒絕繳稅在內。在1800萬人拒絕繳稅之外，街頭運動的最高潮發生在1990年3月31日。當天下午2點左右，20萬抗議群眾從集結地點出發，遊行到倫敦市中心的特拉法加廣場，把鄰近區域擠得水洩不通。正式的抗議活動在4點左右告一段落，但隨即出現的鎮暴車以及警方的驅離行動，卻使得部分群眾情緒高昂，最後演變成警民之間的肢體衝突，還有部分暴民對沿路商家和街車進行破壞。這場所謂的「特拉法加之戰」，雖以暴力衝突作收，但廣被視為是一場成功的「公民不服

從」行動；它引發了保守黨內的權力鬥爭，使得柴契爾最後黯然下台，人頭稅政策也隨之遭到取消。

這種集合法示威、違法抗爭、警民衝突於一身的「公民不服從」，不僅發生在英國，更經常出現在法國；近年來朝氣蓬勃的反全球化運動，其實也不例外。基本上，就算絕大多數運動參與者皆非暴民，發生有限暴力衝突的可能性還是難以完全排除。不管是爲了凸顯抗議對象的可惡，爲了吸引媒體的注意，還是爲了貫徹積極非暴力的運動路線，部分抗議者總是不願主動離去。只要警方在上級指示下開始鎭壓或驅離，警民衝突的場景即難以避免。但通常來說，這種暴力衝突既是有限的，也是警民雙方都可以預期的；久而久之，甚至變成了一種「收場儀式」。

進一步看，這種新型態的「公民不服從」不但難以排除有限暴力的發生，甚至就連更根本的運動精神，恐怕也與甘地或金恩大異其趣。甘地要他的追隨者打不還手、承受苦難，但某些打不還手的反全球化團體，卻戴上防毒面具與禦身盔甲，以便在遭到催淚瓦斯或警棍攻擊時得以自衛。甘地主張無條件被動承受法律後果，但晚近的公民不服從運動多半有辯護律師團，甚至自行組隊在運動過程中錄影存證，以免遭到警方栽贓。甘地要運動參與者心中有愛、自我淨化，但晚近較大型運動的參與者，多半不受任何運動組織的規訓或約束，且往往呈現出高度自發、動機多元、表現多樣等特質。諸如「柴契爾下台」、「小布希是劊子手」、「打倒WTO」之類充滿義憤的運動口號，以及較爲輕鬆歡愉的運動場景，雖皆與甘地精神格格不入，但很難壓抑，也壓抑不得。

顯然，這些新興現象皆有其一定的現實條件和時空背景，而無法從「參與者不懂公民不服從」或「這不是公民不服從」來加以解釋。畢竟，任何政治範疇或概念的意義，以及與之對應的具

體實踐，都不可能是一成不變的。

　　前述集合法示威、違法抗爭、警民衝突於一身的大型群眾運動，之所以仍廣被界定成「公民不服從」，其主要原因如下。首先，任何參與人數以10萬計的群眾運動，即使從頭到尾都是合法抗議，也已經算是相當嚴厲的政治與道德指控。正因其對某些不公義情事已忍無可忍，且具高度的道德說服力與動員力，所以這些大型群眾運動實已具備了「公民不服從」的重要特徵及動力。從其道德訴求與動員規模來看，這種逼近法律邊緣的、不排除違法抗爭的「準公民不服從」，很容易、也往往跨越了法律界線。由於絕大多數參與者並未主動使用暴力，所發生的暴力衝突亦屬有限，因此不足以影響對運動基本屬性的認定。

倒扁紅潮的「準公民不服從」屬性

　　過去一年來，陳水扁總統身邊的親信、家屬接續爆發弊案，再加上他一連串的失態與失言，各界要他下台的呼聲前仆後繼、愈演愈烈。反對黨在6月份推動罷免，但未能成案，這是第一波。親綠學者在7月份呼籲總統辭職，未獲得正面回應，這是第二波。在憲政管道業已堵塞，朝野政黨又無法化解僵局的情況下，施明德號召公民動用其基本民主權利，在9月份自行上街抗議，這是第三波。若非體制失靈，無力排解民怨，不會有百萬人走上街頭。

　　但民怨何以如此沸騰？其道德正當性何在？親綠學者從維繫政治道德的角度，要求陳總統承擔起政治責任，主動辭職下台。但陳總統的失德，何止於政治道德？很不幸的，在縱容貪腐與濫權之外，陳水扁還廣被認為是一位說謊成性、不誠無信的國家元首；這些指控實已超越了政治道德的層面，而牽涉到任何社

會人群都必須賴以維繫的，比起政治道德更爲根本的社會道德底線。倒扁運動特別強調「恥」之爲德，與此顯然不無關係。

在倒扁運動中，女性的臉孔遠多於男性。這個現象引起了諸多揣測，因爲女性相對於男性而言，一般較不關切政治事務。對此，一個並非不合理的判斷是：正因爲女性肩負著教養下一代的主要責任，正因爲女性更關心「生活世界」而非政治事務，所以更加難以容忍社會最基本道德價值的敗壞。若然，「倒扁」雖看似針對陳水扁個人，但其背後的道德吶喊不可謂之不沉重。

一般來說，運動的訴求愈是能夠觸動社會成員的正義感，抗議的對象愈是嚴重偏離了社會大眾所理解的公義，運動的道德說服力也就愈高，動員力道也就愈強。在現實世界裡，除非某些現況被認爲嚴重牴觸了公理與正義，否則幾無可能出現大規模的群眾運動。黑人民權運動如此，反人頭稅運動如此，反伊戰運動如此，倒扁運動也是如此。

正因其對現狀（阿扁之不下台、政治道德與社會道德之淪喪）的批判相當猛烈，幾已到了忍無可忍的道德臨界點，所以倒扁運動實已具備了「公民不服從」的重要特徵及動力。雖然倒扁紅潮大體上仍屬於合法的抗議活動，但也已經稱得上是某種逼近法律邊緣的、不排除違法抗爭的「準公民不服從」。

倒扁運動在台北市的各項集會遊行活動，大體而言是合法的。比較明顯的違法行動發生在10月10日（未經申請許可的忠孝東路遊行、少數參與者夜宿忠孝西路）與11月3日（未經許可即前往凱達格蘭大道靜坐），皆與頗不合時宜、有違憲之虞的集會遊行法有關。在這些零星的違法行爲外，倒扁運動並未採取更積極的違法抗爭手段。但假使倒扁運動果眞具有高度的道德正當性，那麼，支持這個運動的道德理由，也將足以正當化某些更積極

的、更具實際政治作用的公民不服從行動。

公民不服從與自由民主

　　不少論者認爲：在所謂的「自由民主」體制下，由於政治自由與其他基本權利已受到相當程度的保障，由於公平選舉已滿足了民主正當性的基本要求，因此，公民不服從只有在某些特殊的、例外的情況下，方有可能是正當的。在一般情況下，公民應尊重民主過程的結果，而不該動輒訴諸法外的抗議手段。

　　這個看法，基本上可以給予肯定，但仍有斟酌與補充的餘地。首先，在實存的自由民主體制，與自由民主的價值與理念之間，仍有段相當的距離。無論是黑人民權運動所要求的平等，還是倒扁運動所揭櫫的公共政治道德，雖皆出之於自由民主理念，但卻直接挑戰(假)自由民主體制的道德短缺。這是因爲，幾乎所有大言不慚的自由民主體制，都未能充分落實自由民主的基本價值。道德短缺的現象，不是例外，而是常態。

　　政治不公平的現象，也同樣不是例外，而是常態。在自由民主體制下，雖然言論自由與政治自由獲得了形式上的保障，雖然有了定期的民主選舉，但羅爾斯所謂「政治自由的公平價值」從未眞正實現。少數群體被社會多數壓迫或排斥的情事，不僅層出不窮，而且推陳出新。近年來隨著貧富差距的不斷擴大，社經弱勢者的邊緣化趨勢也變得更加顯著。如果政治自由的價值是相當不公平的，如果選舉民主無助於矯正某些非常不利於少數或弱者的情事，那麼，訴諸體制外的抗爭手段，也就不難理解。

　　此外，某些新興價值(如環境保護、動物保護、反核、性解放、和平主義等)雖未必(或尙未)爲主流社會所接受，亦未必與

自由民主理念相衝突。在當代自由民主體制下，不少人就和19世紀的廢奴主張者或女權主義者一樣，認為現實社會在某些方面相當不正義或不道德。例如，環境保護直到最近才變成(準)主流議題，但這是環保人士在過去幾十年間不斷努力的結果；他們的抗爭手段，除了相對溫和的公民不服從行動外，還包括更激烈的直接行動。又如，動保人士也時而採取公民不服從行動，以凸顯他們的道德訴求。以史為鑑，這類(過去或現在)非主流的、或並未(或尚未)取得高度社會共識的道德訴求，與自由民主理念並非無法相容，也未嘗不可以成為公民不服從的正當理由。

誠如政治思想家唐恩(John Dunn)和華爾澤(Michael Walzer)所指出，在許多情況下，人們會發現政治義務與守法義務是相衝突的。從國家或政權的角度，守法或許是人民最重要的政治義務。但在自主公民的道德天平上，其他的政治義務(如正義的義務、反壓迫的義務、落實自由民主理念的義務、追求道德進步的義務等)有時比守法的義務更具份量。堅持守法義務永遠凌駕於其他政治義務之上，是絕對國家的觀點，是順民或小老百姓的觀點，但不是自主公民的觀點，也不是自由民主的觀點。

作為一種例外的、法外的抗爭手段，公民不服從的正當與否，首先取決於其具體道德理由的正當與否。在自由民主體制下，公民有言論自由與政治自由等基本權利；某些政治言論(如某些法西斯主義或種族主義言論)雖未必是道德的或對的，但仍屬於合法的權利行使。在此，合法的未必是道德的；某些不道德的言論，仍受到法律的保障。相對於此，正當的公民不服從，首先必須建立在正當的道德理由之上。

試問：如果法西斯主義者或種族主義者訴諸公民不服從，跑到穆斯林或猶太或黑人社區去違法抗議(如圍堵)，這種公民不服

從有可能是正當的嗎？當然不。法西斯主義者的某些不道德言論，或許是合法的；但法西斯主義者的公民不服從不僅違法，更毫無可能是正當的。正因爲公民不服從是例外的、體制外的、法外的行動，它的正當與否，首先取決於其具體的道德理由。若其理由明顯是不正當的、不合理的，或與自由民主的基本價值背道而馳，則公民不服從不可能具有道德正當性。

此外，即使道德理由是正當的、合理的，這也不表示行動者可以爲所欲爲。其他幾項基本的正當性要件在於：第一，體制內的管道已無濟於事或緩不濟急，或可以合理地相信如此；第二，公民不服從行動有助於目標的達成，或可以合理地相信如此；第三，目的與手段之間合乎一定的比例，或可以合理地相信如此；第四，在同樣有效的手段之間，採取代價最低的一種，等等。不過，這些形式要件只是協助吾人進行道德思考的指南，而非刻板的定論。雷茲（Joseph Raz）即指出，在某些情況下，違法的公民不服從（如癱瘓交通一天）比起合法的連續罷工（如罷工一週），要更具正當性，因其更符合比例原則。換言之，合法或違法，體制內或體制外，有時並不是最重要的道德考量。

同樣值得強調的是，雖然行動者必須基於責任倫理，審慎評估行動的可能後果，但公民不服從的正當與否，終究不能完全從其「後果」來判斷。有人說，黑人民權運動破壞了「社會和諧」，主動「挑起」了白人的種族主義暴力，使美國社會付出了龐大的「社會成本」。此類說詞或許不無幾分眞實，但是，究竟誰該爲這些「後果」承擔起主要負責？從自由民主的道德理念來看，無論是種族隔離與壓迫，還是強制年輕人去越南從事侵略與反人道行徑，都是極不合乎正義的情事；儘管抗爭者的某些手段或許不夠明智，但總的來說，政治責任仍相當清楚地落於不正義的一方。

在比例原則的詮釋問題上，自由民主理念並不是道德中立的。正如羅爾斯所指出，「我們無從徹底避免分裂性爭鬥的危險，一如無法排除深刻科學論爭的可能。如若正當的公民不服從彷彿威脅了公民的和諧，責任並不在抗議者，而在濫用權威與權力的一方……。動用強制性的國家機器來維持明顯不合乎正義的制度，這本身就是一種不正當的力量；對此，人們有權利適時地起而反抗。」[2]倘若實存的(假)自由民主體制嚴重偏離了自由民主的核心價值，人們理應選擇捍衛、落實核心價值，而非維持不正義體制的穩定。這，正是「自由民主」的眞諦。

「公民不服從」與「自由民主」眞的難以相容嗎？答案在於：正當的公民不服從，正是自由民主精神的具體展現。

陳宜中：現職中央研究院人社中心副研究員，並任《台灣社會研究季刊》、《政治與社會哲學評論》編委。主要研究領域為近代西方政治與社會思想、當代政治思潮、社會民主、全球正義、自由主義等。

2　這段譯文取自何懷宏編《西方公民不服從的傳統》，頁177-187。

何謂主體性？
一個實踐哲學的考察

吳豐維

今年年初開始，台灣哲學學會與《思想》季刊以「主體性」為題，聯合舉辦有獎徵文，並於9月底截稿。所收到的稿件，由台哲會與本刊邀集7位學者組成評選委員會，經過匿名的審查、評比與開會討論，決定由吳豐維先生所撰〈何謂主體性？一個實踐哲學的考察〉一篇入選，並在本期《思想》刊登。在此，本刊與台哲會共同感謝所有的投稿作者，也要格外感謝7位評選委員的熱心與認真。我們相信，類此針對特定主題的徵文活動，不僅足以顯示大家對於該主題的認識與關懷，也有助於在廣泛的思想、學術、文化領域，形成溝通切磋的焦點。

《思想》編輯委員會

一、前言：從主體性的歧義談起

何謂主體性？這是一個眾說紛紜、百家爭訟的題目。有人主張，主體性根本不存在，如英國哲學家休謨所說，內觀自我經驗，我們根本找不到一種東西叫做「自我」（self），因此主體的同一

性是虛構的。也有人主張，主體性是實在的，因此提出認識主體、政治主體、文化主體、道德主體、審美主體、性別主體等林林總總的主體論述。儘管我們不必採取休謨的懷疑論，但是，主體性的難以捉摸、不易界定卻是不爭的事實，雖然人們一直在思考它、使用它。

有趣的是，在台灣，主體或主體性成為流行語言，基本上是相當晚近的事情。從台灣主要的歷史資料庫搜尋，可以發現，它們在1990年代後期才在學界與民間大量地使用[1]。有關主體性的論述為何在1990年代後的台灣蓬勃發展？可能有兩個不同層次的原因。第一個原因是全球思潮的西風東漸，尤其是後結構主義、後現代理論、女性主義、文化研究、後殖民思潮在當時台灣開啟的一波大流行，為主體論述的蓬勃鋪了路。另一個原因則是與台灣本土政治的發展有關，尤其是台灣意識的日益昂揚，助長了主體論述在民間以及政治場域的風行。這種橫跨學院與民間、學術與政治的全面流行，彰顯出主體性概念與我們的日常實踐密不可分的關係。

儘管習見於日常生活，主體性一詞仍舊覆蓋著一層令人覺得熟悉、卻又朦朧的神秘面紗，其主因，就是因為它的日常使用充

---

* 本文引用非英文的外文，一律以斜體字呈現。

1 截至2006年9月20日止，根據國家圖書館的網站資料，以「主體性」或「主體」為題目或關鍵字的博碩士論文計有509篇（除去自然科學類與工程學類的論文），其中有95%（486篇）出現在1990年以後；根據聯合知識庫的資料，《聯合報》歷年出現「主體性」一詞的報導計有1318則，其中有96%（1274則）出現在1990年以後；而根據中時新聞資料庫，《中國時報》在1994年以後亦有1459則關於「主體性」的報導（該資料庫僅及1994年）。總的來說，台灣學界與民間使用「主體性」一詞，於1990年代後開始蓬勃，乃是一個可以觀察到的趨勢。

滿了歧義。維根斯坦嘗言，一個詞的意義就是它在語言裡的用
法。在他看來，許多哲學難題的出現，都是來自語言的誤用；而
避免語言陷阱的最佳途徑，就是去了解人們如何使用日常語言。
在探討何謂主體性的過程中，我們不妨循著維根斯坦的建議，先
從了解人們如何使用主體性一詞開始，然後再一一廓清主體性的
哲學問題。

　　主體性是一個西方外來詞，而且它是首先經由日文（主体性）
的轉譯，才成爲中文用語。但是，日本人在使用「主体性」一詞
時，用法相當浮動，它不僅是翻譯自"subjectivity"而已，它通
常也可對應於"autonomy"（自律性）、"independence"（獨立
性），甚至是"identity"（同一性／身分）。這樣的歧義也出現在
中文，一般人使用主體性一詞時，經常有夾雜不清的現象。基本
上，目前我們使用主體或主體性的概念時，可能同時指涉以下幾
種不同的意義：

(1) 同一性／身分：個人內在統一的自我或靈魂，或者是群
　　　　體的身分認同（這個身分認同可能是建構的，也
　　　　可能是本質的），與他者與他群乃是相對立的。

(2) 獨立性：個人或群體乃獨立自持，不受其他個人或群體
　　　　的影響與干擾，因此是自足而不依賴的。

(3) 自律性：個人或群體爲自身立法的能力，與他律性相對
　　　　立。

(4) 主觀性[2]：以自身意識爲出發點認識、把握、理解客體或
　　　　內省自身的特定視角，而與客觀性相對立。

2　本文將主體性與主觀性區隔開來（雖然兩者在中文裡常被混用），而
　　僅將主觀性視爲是主體性在知識論方面的發揮。

　　總的來看，主體性的歧義來自於它與同一性、獨立性、自律性、主觀性等概念的重疊與混用。這樣的分析，或許可以讓我們初步了解各種主體論述所指涉的意涵與層次不同。例如，所謂的文化主體性，常常指的是文化獨立性的層次；而認識主體此一概念，指的是採取主觀性視角的自我意識；而當今經常為人所用的台灣主體性一詞，有可能指的是身分（台灣人作為一種身分認同），也有可能是指自律性（台灣具有立法的主權）的面向。所以，主體性此一概念橫跨了知識論、倫理學、美學、政治學等領域。這種跨領域的特性，也正是主體性讓人不知如何定位的原因之一。本文的建議是，我們應該把主體性當作一個概念家族（family of concepts），而不是一個單一的概念。主體性可以統括許多子概念（同一性、獨立性、自律性與主觀性），其子概念彼此之間雖然有差異，但是仍具有維根斯坦所說的家族相似性。

　　但是，單單釐清主體性一詞的語義，似乎未能解決困擾我們的問題。畢竟，語義指涉不清只是問題之一。另外困擾我們的問題是：主體性的構成條件為何？主體性與實踐又有甚麼關係？為何主體性常常被視為一種價值？因此，本文將從實踐哲學（practical philosophy）的角度，進一步探討主體性的構成、實踐以及價值。首先，本文將先介紹主體性概念在哲學史的變遷，尤其是康德、黑格爾的理論，以及其後的批評與超越。其次，本文也將探討主體性作為一種價值的意義究竟為何，並且分析兩種不同的價值，一種是以自由為導向的主體價值，另一種則是以正義為導向的主體價值。本文希望透過這些不同層次的探討，讓主體性的概念更加清晰。

二、主體性的構成與實踐

在西方哲學史上，主體性作為一個實踐與價值的概念，基本上是相當晚近的事。從主體（subject）一詞的語源來看，無論是亞里斯多德的*hypokeimenon*，或者拉丁語的*subjectum*，並非單單指涉人類（而是指存在物或語句中的主格），與主體一詞在當代所具有的實踐與價值意涵無關。主體性之所以成為實踐哲學的重要概念，應該追溯到18世紀的康德，以及緊接其後的黑格爾，兩者可以說是建構主體性的先驅。他們二位有一個共同的關心焦點，就是主體如何達到自由。儘管如此，從兩人的論述中，我們可以看到兩種極其不同的主體範型：立法者（*Gesetzgeber*; lawgiver）與精神（*Geist*; spirit）。這兩種主體範型，深深地影響了後世的思考走向，而立法者與精神的地位如同神祇一般，成為理性主義者的信仰對象。我們可以如此化約地說，自康德與黑格爾以降的主體論述，基本上是對立法者與精神兩者的不斷肯認與顛覆的過程。

1. 康德的立法者

雖然康德在其主要著作裡並沒有使用主體性（*Subjektivität*）一詞，但是他經常在著作裡使用與主體相關的*Subjekt*（名詞，但常泛指主格、主題）、*subjektiv*（主體的形容詞）等字，所以儘管他沒有將主體與主體性專有名詞化，但是他對主體論述的奠基貢獻，卻是毋庸置疑的。我們可以簡單地概括康德在主體論述上的貢獻，在於他的三大批判分別確立了人在知、情、意三領域的立法者地位。康德在《判斷力批判》的〈導論〉中，從三方面總結他所謂的立法的意涵：首先，人作為認識主體，透過知性為自然

的理論法則立法；其次，人作爲審美主體，透過判斷力爲自身的審美感覺立法；其三，人作爲道德主體，透過理性爲自由的實踐法則立法。因此我們可以看到，在康德的哲學中，主體的地位乃如同立法者一般。

必須注意的是，康德心中的主體性是一種超驗的主體性。他摒除經驗與感官對於我們客觀立法的影響，而採取超驗的途徑探討知識、自由與審美的可能性條件。因此，康德式主體性的構成條件完全是超驗的，並且超越特定的歷史時代脈絡。在他看來，人作爲主體的構成條件，就在於我們的超驗的知性、理性與判斷力上。從實踐哲學的角度來看，康德心目中的立法者不僅僅作爲現象界的公民而爲政治社群立法（康德式的契約論），並且同時作爲理體界的人而爲道德的目的王國立法；而人的倫理／政治立法必須遵守、而且只遵守一項客觀原則（即使上帝也不能違背此一原則），就是所謂的無上命令：「依你的準則行事如同你意欲此準則成爲普遍的法則」。康德認爲，人如果無法擺脫自然的必然性的拘束，進而依此客觀原則立法，人是無法達到真正的自由的。

2. 黑格爾的精神

相較於康德那種超越歷史脈絡局限的企圖，黑格爾走的卻是一條歷史主義的道路。他認爲，康德所論述的主體性，是抽象而空洞的。相反的，他認爲主體的自由必須在具體的歷史進程下才能完成。因此，黑格爾所說的主體性不是局限於個人的層次，而是不斷揚棄主／客體對立，達到絕對的精神。所以他談的主體性是包含集體的，例如民族與國家。在黑格爾看來，康德所談的原子式的立法者關心的是主觀的道德（*Moralität*），是抽象而與現實抽離的，因而無法達到客觀的自由，而他所謂的精神是集體的、

是體現在具體的倫理實體（*Sittlichkeit*）上的，而精神的展現就在國家與民族上。黑格爾在他的《法哲學原理》中即說：「民族國家是具實質合理性與立即現實性的精神的展現，因而是地上的絕對權力。」

在黑格爾看來，主體性的構成條件是歷史的、有機的；主體性的發展來自於自我意識不斷地自我揚棄以達致主客體的消融；而主體性的成熟來自於與倫理實體的融合，而不是像契約論所形容的，如原子機械性地組合在一起一般。黑格爾認為自利的個人無法組合成真正的倫理實體（這也就是他對市民社會的批判），因此主體性的構成必須是有機的。總之，主體無法成為康德所說的超驗主體，獨立於歷史與時代之外，所以黑格爾才說：「個人乃是時代之子」。

在思考主體自由的可能性時，康德的回應會是：「依無上命令立法，汝將自由」，而黑格爾的答案則會是：「與倫理實體同，方有真自由」。所以，在康德的哲學裡，立法者作為主體，是個人主義的、超驗的；而在黑格爾的哲學裡，精神作為主體，是集體主義的、歷史主義的。不過，無論是康德或黑格爾，在其實踐哲學體系裡面，都有很強的普遍主義立場。康德的超驗主體以自由意志穿透自然與經驗的局限，依無上命令而為道德立法，其道德法則是普遍而先驗的，而黑格爾的絕對精神同樣也是普遍而絕對的。

3. 尼采、沙特與傅科的批評

前面提到，在主體性這個議題上，儘管同意他們或反對他們，後世的哲學家基本上都是要通過康德與黑格爾的。後世對兩人體系的批評汗牛充棟，本文僅簡單介紹尼采、沙特與傅科三人

對傳統主體性論述的批評。在西方哲學史上，對道德普遍主義批判最力的，首推尼采。在尼采系譜學的考察下，道德的普遍性與絕對性成為虛構的謊言。在他看來，道德不過是奴隸邏輯與妒恨（*ressentiment*）的發揮。他更認為，除了權力意志，這個世界全無其他，就連善惡價值的規定，也都逃不過權力意志的影響。因此，在尼采的拆解之下，道德立法的普遍性與倫理秩序的絕對性，都成為他訕笑的對象。而尼采這種為所有既有價值重新估價的主張，也深深地影響了後世的道德懷疑論。

存在主義的先驅沙特，也嚴厲批判傳統主體性概念蘊含的本質主義。他在〈存在主義是一種人文主義〉一文中，強烈批判康德等人對於人性本質的預設，在沙特看來，本質主義忽略了人存在處境的獨特性。沙特受到黑格爾的影響，他認為康德的超驗主體過於抽象、與存在歷史脈絡的人脫節。但是，沙特並沒有走上黑格爾的絕對精神之路，他反而肯認個人存在的獨特性。因此他說「存在先於本質」，一切的思考必須從主體的處境開始，所謂人的普遍本質乃是不存在的，我們遭遇的是一個個獨特的主體的處境，而人就是在這些獨特處境下創造自身的一種存有（此即沙特存在主義的第一原則）。換言之，人的存在是無法規定的，人的本質不是命定的，而所謂的主體性，乃是個人在自身的獨特處境中的自我選擇、自我創造、自我承擔。所以，沙特所看到的主體是一個個活生生的人，透過種種行動與抉擇體現自己的自由，而不是透過形式的無上命令而自由，也不是依附於集體的倫理生活而自由。

而當代最具代表性的批判者，就是傅科。他在早期頗具結構主義精神的《事物的秩序》宣稱「人已死亡」，即是揚棄傳統主體性的代表性宣言。對傅科而言，主體性不過是論述所架構出的

主體位置，是被強迫對號入座的卑微靈魂，而不是站在阿基米德點的立法者，也不是主宰歷史發展的精神。所以他認為，絕對而客觀的真理並不存在，剩下的只是真理政權，真理是政治、權力、論述重重包裹、建構而來的時代產物。但是，傅科的企圖並不只是取消主體性，他也在意人們如何透過自我的關注而成為主體。換言之，全稱式的主體已不存在，我們只能關注分殊的、獨特的自我。由於受到傅科的影響，晚近的學者越來越強調主體的流動性與建構性，也更強調從宰制的權力關係中追尋培力的可能性，這可以在受傅科影響的依莉佳萊（Luce Irigaray）、巴特勒（Judith Butler）等人的論述裡觀察到。

4. 小結

　　大致上，康德的超驗立法者以及黑格爾的絕對精神，在經過時代的考驗之後，已經逐漸流失其信仰者。但是他們的影響力仍是無遠弗屆的。例如，羅爾斯的正義原則的導出、哈伯瑪斯的理性共識都可以看到康德影響的痕跡，而伽達瑪的哲學詮釋學、當代北美的社群主義也同樣受到黑格爾的歷史哲學的影響。

　　經過時代的變遷與理論的轉折以後，當代的主體性概念似乎越加分殊化與自我化，甚至瑣碎化。我們似乎不能再談集體的自由，而只能談個人的自由；不再能說集體的解放，而只能說自我的救贖。這或許不是傳統主體性的批評者的原意。以沙特為例，他的存在主義經常被攻擊為自我中心的理論，他相當不以為然。他認為，自我的自由與他人的自由同樣重要。但是，當代的主體論述的自我化卻是不爭的事實。這樣的發展並沒有對錯的問題，在羅蒂看來，這些強調個人主體性的私人反諷者（private ironist）有其價值，但是他們對於私人領域的啟迪較大，卻缺乏公共的效

益。總之，面向公領域或是私領域，乃是選擇的問題，而不是對錯的問題。

三、主體性作為價值

在當代的主體論述中，主體性不僅僅是被當成客觀的描述對象，它本身甚至經常被視為是一種價值、一種被鼓吹的目的。簡單地說，我們可以區分出當代主體論述的兩個基本核心價值：自由與正義。以自由為念的人，認為主體性的確立就是為了達成自由，而以正義為念的人，則認為主體性的價值在於實踐正義的理念。傳統以來，自由與正義是高度相關的價值，兩者不能斷然切割。沒有自由的正義難以設想，沒有正義的自由也不值得追求。因此，我們不能說關注正義就等於忽略自由、重視自由就會漠視正義。但是，以自由為導向與以正義為導向的主體論述，確實有思考重心的不同，本文將前者稱為一種「沒有自由即沒有正義」的立場，而後者則是一種「沒有正義即沒有自由」的立場。以下分別介紹這兩種價值的內涵，以及相關的代表性理論。

1. 以自由為導向的主體性

自由是傳統以來為人所珍視的價值，其重要性不待說明。但是，眾人對何謂自由的看法卻也相當分歧。不過，我們仍可以區分兩種基本的自由型態，一種是在個人抉擇與行動時不受干擾的自由，一種是成就與實踐某種目標與使命的自由。這種區分很接近柏林所說的消極自由與積極自由之分，因此後文將延續柏林的用法。

以消極自由為核心價值的理論，放任式自由主義是一種代

表。以諾齊克為例，他所要建構的主體性是個人的，是一種不受
他人侵擾的獨立性(他甚至認為我們沒有拯救溺水者的義務)。相
對地，積極自由則以實現某種目的為職志，這種職志可以是個人
的，也可以是集體的。以傅科為例，他所討論的自由就是一種個
人式的積極自由，一種透過論述與實踐將自身建構為主體的自
由，其理想的自由很接近美學的多元繽紛、眾聲喧嘩。而追求集
體自由的則有以解放為職志的左派傳統，例如傳統的馬克思主義
論述(其思考的自由是普羅階級如何掙脫政治經濟的壓迫)，以及
走文化批判路線的法蘭克福學派(其所謂的自由是如何從宰制的
意識型態中鬆綁出來)。另外，右派的民族主義也是追求集體自
由的一個流派，他們心目中的自由是整體民族的自決、是追求民
族的正命。

從以上的介紹看來，我們可以發現，以自由為導向的主體論
述相當紛雜，其指涉的主體大至民族，小至特定的階級與一個個
自我，其嚮往的主體性有的獨立自持，有的集體協力，有的追求
多元的異質性，有的追求集體的同質性，不一而足。

2. 以正義為導向的主體性

在過往的哲學論述之中，正義並不是一個少見的概念。在柏
拉圖、亞里斯多德、康德等人的著作中都可以看到相關的討論。
但是，正義被視為一個自由與平等之外的主要價值，並且被知識
界廣泛討論，則是20世紀以後的事了。其中最主要的轉折，就是
20世紀發生的一系列大規模戰爭與屠殺。這樣的歷史情境讓知識
界開始反思，我們需要如何的政治架構、道德心態才能避免對他
者的迫害與侵略。在這樣的問題意識的催逼下，自由似乎不是最
首要的問題，取而代之，則是一系列以正義為出發點的思考。

在英美分析哲學界，最著名的代表作就是羅爾斯的《正義論》。美國紛擾的1960、1970年代（反越戰運動以及民權運動），讓羅爾斯開始思考一個良序社會的可能性，並且以建構一套奠基於正義原則的基本結構（basic structure）爲他的終生志業。羅爾斯理想中的主體是剝除掉一切偏見與個人利害的無私主體，所以他構思了無知之幕作爲一個知識論的障礙，讓公民可以站在原初情境爲政治共同體立法。不過，《正義論》所談的主體主要是一個個的公民，而非一群有差異的社群或團體；到了後期的《政治自由主義》，羅爾斯開始承認文化與宗教社群也是可能的主體，並且強調，不同社群之間的正義公約數（即交疊共識），可以作爲多元社會的基石。在歐陸哲學界方面，哈伯瑪斯對相互主體性的再發掘，並且試圖以論述倫理（discourse ethics）重建當代民主，也是另一個以正義取代自由、以民主程序論取代政治解放論的例子。總而言之，羅爾斯與哈伯瑪斯兩人所謂的正義，乃是一種具正當性的倫理／政治秩序，其最終目的仍舊以道德原則的導出（無論是正義的兩個原則或論述原則），以及法治制度的確立爲其目標。

法國哲學界的列維納（Emmanuel Levinas）、德希達與李歐塔則是另一波以正義爲核心價值的當代思潮。與羅爾斯等人不同的是，他們思考的正義並不是某種倫理／政治秩序，以德希達的話來說，所謂的正義乃是一種無窮的責任，一種公平對待他者的責任。開啓當代思考他者（Other）此一概念之流行的人，即是列維納。身爲猶太裔並且曾爲納粹戰俘的列維納，從自身的經驗出發，深切地體驗到以自我爲中心的主體性過度擴張的危險。他認爲，人的意識結構中最原初的經驗，並不是胡塞爾現象學所說的意向性中的能思／所思結構，而是我們意識到一個永遠無法被我

們完全把握的他者。他認為，自以為能完全把握他者的想法是一種整體性(totality)的觀點，這是從黑格爾、胡塞爾到海德格都未能逃出的缺陷，而且，那是一種戰爭的思維（對他者的永恆征服）；相對地，列維納鼓吹一種無限性(infinity)的思維，也是一種尊重他者的思維。列維納因此重新翻轉哲學的潮流，他主張我們應該將倫理學當做是第一哲學，一種強調對他者無窮的責任的倫理學。

列維納的哲學影響了後來的德希達，甚至是李歐塔。德希達從來都不諱言列維納對他的影響，尤其是他對正義的概念。德希達甚至如此總結他的解構主義：「解構就是正義」。德希達認為，正義並不體現在倫理／政治秩序之中，正義是一種無窮的責任，因此，我們必須從不斷挑戰倫理／政治秩序的缺陷與矛盾之中找尋正義，這也就是解構主義的精神。德希達把這樣的理念帶入他鼓吹的一種民主觀，他稱之為「將到的民主」(democracy-to-come)，他認為，民主永遠都不會真正到臨，因為真正的民主(或者真正的正義)，不會是某種制度或安排，而是一種無窮盡的探索與超越。同樣地，李歐塔也在追尋一種沒有政綱的民主，換言之，民主不是某種確定的制度，而是一種尊重多元語言遊戲的理念。

3. 小結

總結以上的討論，以自由為核心價值，抑或以正義為準則，主要差異在於視角的不同。強調自由價值的主體論述，基本上採取內在的方式探討主體性的意義，因此，他們從「我」或「我群」的角度去探討主體性的內涵（我是誰？我們是誰？）與構成條件（我如何成為我？我們如何成為我們？）。相對地，強調正義價值

的主體論述，則比較傾向於以外在的方式探討主體性，因此更重視相互主體性、他者的重要性；其思考的問題因而比較不是從自身主體性出發，而是去思考我與他者如何共容、我如何公平對待他者之類的問題。

四、結論

本文首先分析了主體性的歧義，並且主張將主體性視爲一概念家族，而兼有同一性、獨立性、自律性與主觀性的意涵。但是，單單釐清主體性一詞的語義似乎未能解決困擾我們的問題。主體性的構成、實踐與價值爲何，仍舊未明。因此，本文將主體性概念放入更廣大的理論史背景，以進一步廓清它的面貌。主體性的實踐與價值意涵可以上溯至康德、黑格爾，也可以從尼采、沙特與傅科等人的理論中看到傳統主體性的消逝與轉變。從這個理論史的變遷中，我們可以看到主體性的日益分殊化、去中心化的趨勢。基本上，當代的主體論述已經很少人採取康德與黑格爾那樣普遍主義、本質主義的看法。

此外，在主體論述的發展史之中，我們可以看到兩種不同的價值與實踐。在以自由爲導向的主體論述中，我們看到了捍衛消極自由的放任式自由主義，也看到了追求個人積極自由的傅科，也看到以集體解放爲念的馬克思主義、法蘭克福學派，甚至也可以看到保守反動的民族主義。而在以正義爲導向的主體論述，則包含了以建立合理倫理／政治秩序爲職志的羅爾斯與哈伯瑪斯，也包含了肯認對他者無窮責任的列維納、德希達與李歐塔。這種百家爭鳴、莫衷一是的現象正是主體性如此令人困擾的另一個原因。它可以是進步的，也可以是保守的，甚至是落後倒退的；

它可以是普遍的，也可以是分殊的；它可以是現代的，也可以是後現代的。這正是我們為主體性論述之繽紛而目眩之際，所不得不提防之處。

本文的主要目的並非提供一個定於一尊的主體性概念，而是試圖從語言使用與實踐哲學的不同層面，分別去呈現主體性此一概念在不同面向上可能指涉的意義與價值。不過，主體性作為一種價值，無論以自由為骨肉，或以正義為框架，都必須肯認兩者並存的價值，而不能偏廢一方。如果一心只求自我的自由，卻枉顧對他者的正義，則會陷入海德格所批判的主體性過度擴張的災難。20世紀以來的戰爭與屠殺，甚至是對大自然的破壞，已經足以提供見證。但是，單單只有正義的框架，卻對個人與社群的自我實踐充耳不聞，也會流於形式與空洞。因此，在主體性的實踐與價值上，我們必須同時肯認自由與正義的重要性，畢竟，沒有自由的正義，令人難以設想，沒有正義的自由，也不值得追求。

在這個充滿差異、衝突與歧見的時代裡，我們必須自問：我們需要什麼樣的主體性？是一種自戀、關起門來自我催眠的主體性？還是向外開放、接納新生事物的主體性？是排他、非友即敵的主體性？還是尊重多元與差異的主體性？而我們又要擁抱怎樣的主體價值？是企求「民族正命」的發揚？還是階級桎梏的解放？還是個人品味與選擇的挺立？還是追求讓人安身立命的制度安排？或是承擔對他者的無窮責任？這一系列的提問點醒了我們，主體性從來不是一個清楚而給定的概念，而是一個論述與實踐的戰場。擁抱主體性之前，我們需要三思。以一個列維納式的語言來說，「有或沒有」（to be or not to be）並不是主體性最重要的問題，主體性最重要的問題是「如何證立自己」。因此，我

們並不能對所有的主體性論述照單全收，我們必須拷問主體性的存在與價值。

吳豐維：現就讀美國紐約州立大學賓漢頓分校，專攻倫理學、政治哲學、法哲學與語言哲學，博士論文主題為探討語言與正義之關係。

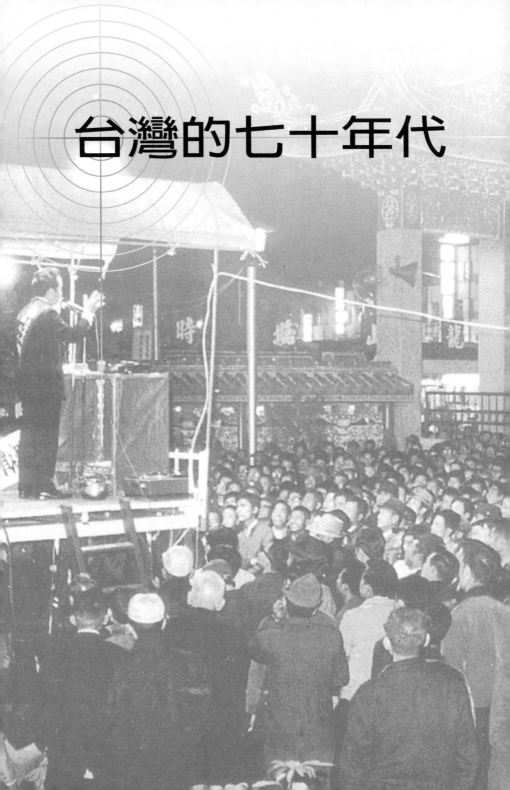

台灣的七十年代

台灣的文藝復興年代：
七十年代初期的思想狀況

鄭鴻生

　　1975年8月，我剛服完兵役，準備赴美留學，卻被一本新出的雜誌吸引住了，那是黃信介與康寧祥出面辦的《台灣政論》。當時想到，繼《自由中國》、《文星》等五、六十年代的反對刊物之後，又有了一面新的抗議旗幟，感覺有如久旱甘霖。尤其我那時剛經歷過兩年多來「台大哲學系事件」的心理折磨，十分鬱悶，一心想著離開台灣去享受著自由日子。《台灣政論》雜誌的出現讓我重燃信心，以為「五四運動」在台灣的香火終能不斷，台灣民主運動的康莊大道將會如此筆直展開，遂在行李中偷偷夾帶了一本，出國去了。

　　30年後回顧往事，《台灣政論》這份刊物竟是七十年代台灣歷史轉折的一個重要徵兆。在政治上，它代表台灣本土政治勢力的興起，以及中國五四傳承的開始沒落。它不只是台灣民主運動的大轉折，更是七十年代思想轉型的重大象徵。

　　任何轉型皆非一蹴而就，總要經過內在動力的長期蓄積與外在環境的逐步演變。且讓我們從六十年代台灣的思想狀況回溯起，來追索這個重大轉型的來龍去脈。

楊逵〈送報伕〉，1972

1972年，在中國重新進入聯合國組織，中美開始重建友好關係之後，大陸的文革進入最後階段。我那時就讀台灣大學哲學系，參與過的台大學生保衛釣魚台運動（1971年春夏），及接踵而起的校園民主潮（1971年秋-1972年夏），也已步入尾聲。在暑假回南台灣老家的途中，我照例路過台中大度山上的東海大學，尋訪中學時代的老友，就讀東海大學歷史系的林載爵。

上大學之後幾年來，我每次來到大度山，老友總會興奮地展示他在山上的新發現。從校舍的唐風建築，到那座令他感動不已的經典建築路思義教堂，再到那時幾乎將校園包圍起來的綿密堅韌的相思樹林，總讓我覺得來到一個充滿靈氣的所在。而這次的暑假路過之行，老友一見到我就又興奮地說：走！我們到學校對面的東海花園去找個人。我遂跟著他走出校門過到對山，發現「東海花園」是一個不算特別大的私人花圃。園裡一位老者守著一棟老舊的房舍，辛苦地在磽薄的土地上種植著一方花草。然而他並非像陶淵明式的隱者那樣，躲在山上採菊東籬以度餘生，而是為了餬口度日，種的花是運到山下市場去賣的。

老友帶我去拜訪的這位老農，既非山中隱士，也非一般花農，他是楊逵──台灣在日據時期的小說家及抗日農民運動的組織者。然而在當時，對我們這些後生晚輩，楊逵這個名字卻是陌

生的。他在1949年因爲一篇〈和平宣言〉而被當局投獄十多年之後，就未出現在台灣的任何報章雜誌上了。出獄幾年後，終於在大度山上覓得一塊地，做起花農來。1972這一年，他已經67歲了。我們這些戰後嬰兒潮的一代，當然無從知道有這麼一個人物，也無知於台灣在日據時期曾有過的各種抗日運動，更不可能去讀到他那篇描寫台灣人民反抗日本殖民統治的著名短篇小說〈送報伕〉。老友興奮地拿出手抄的〈送報伕〉來給我看，讓我讀得熱血沸騰。接著我又得知，這篇發表於1934年的作品，原是以日文書寫的。畢竟，就像同一世代接受日本殖民教育的我父母親，楊逵當時所能掌握的現代語言只有日文。然而我又發現，將原著翻譯成中文的人，竟是大陸的著名作家胡風，心裡更是驚喜萬分。

爲了追尋前輩的足跡，老友開始探討台灣歷史與文學，挖掘楊逵的經歷，並撰成〈台灣文學的兩種精神——楊逵與鍾理和之比較〉一文，登上了創刊不久的《中外文學》。此後楊逵再度爲台灣的知識界所知，重新與當時台灣的文化知識圈掛了鉤，他所代表的歷史意義也獲得肯定。到了七十年代末的「鄉土文學論戰」，他是鄉土派作家黃春明、王禎和、陳映眞等人可以回溯的文學源頭。

在1972年的台灣，大家有機會重新讀到楊逵的〈送報伕〉，是有著重大的歷史與現實意義的。那個時代，台灣的知識青年正在各種歷史斷裂中，重新尋找任何彌補的可能。上面提到台灣戰後新生代，直到那時可說基本無知於台灣日據時期在文學上、思想上與政治上的各種抗日活動。這當然首先來自於教科書與歷史書在這方面的空白，而我們從父祖之輩也無從得知。這樣的噤聲狀態，主要來自當局在五十年代對左翼人士的全面鎮壓——如今被稱爲「白色恐怖」時期。日據時期抗日運動的基本力量，正是

像楊逵那樣的左翼分子。這些人來到1950年之交，自然成了鎮壓與肅清的對象，而劫後餘生者也就只能噤聲無語。對我們而言，這是巨大的歷史斷裂，也只能等到七十年代的各種條件成熟之後，才能將中間的線索重新串起。

因此，楊逵及其作品的重現江湖，有著重大的歷史與現實意義。這個意義指的不僅是一個第三世界民族解放的左翼運動傳承，同時也是台灣在被日本占領50年之後，重新尋回中國歷史傳承的一環。

《西潮》與〈阿Q正傳〉，1966

歷史傳承的這種重新尋找，要從日據時期說起。日本統治台灣50年，對台灣的漢人傳統社會所施加的改造，造成了幾乎難以回天的破壞。它一方面切斷了與新中國現代化運動的聯繫，另一方面又對台民施以日本殖民式的現代化改造。光復之後，國民政府對待回歸台民的粗暴政策，包括全面禁止日文書刊的發行，將只能掌握日語的我父執輩整整一代人，變成噤聲無語而對中國疏離的一代。五十年代對左翼人士的鎮壓，更斷絕了那一代人如楊逵者延續新中國運動的線索。

於是戰後出生的我們這一代人，一方面從父母輩得不到精神的指引，另一方面又只能接觸到當局「反共親美」政策所能容許的書刊。五十年代是個思想荒疏、精神壓抑的年代。過了那段驚悚的鎮壓期之後，有人開始要突破這種荒疏與壓抑，然而這個突破，還得在「反共親美」的大傘之下進行，雖然屢屢遊移到大傘的邊緣。這是1960年前後雷震的《自由中國》雜誌，以及影響整個六十年代知識分子的《文星》雜誌所扮演的角色。

1966年我上高中，一位初中時的國文老師給了我一本書，讓我幾乎廢寢忘食地啃讀，那是前北大校長蔣夢麟的《西潮》。這個五四時代人物的自傳，以親身的經歷重新鋪陳中西文化碰撞的早期歷史。這是第一次讓我能超越教科書裡對五四的教條式敘述，而從一個親身參與者的筆下，來認識五四年代前前後後的社會巨變。

其實在1966年前後，台灣戰後新生代曾多方面地重新排演了四、五十年前發生在海峽對岸的五四運動，等於是對五四運動作了一次演練與必要的補課，而我那年讀到《西潮》這本書，不過是其中一個情節。當時台灣在度過嚴厲的五十年代後，六十年代出現了出版的榮景。不僅冒出很多新出版社像文星、水牛、志文等，大量出版新書，包括在地的創作與外文的編譯；更有很多大陸遷台的老出版社，如商務、世界、中華等，也將大陸時期的舊書大批翻印出版。其中尤其是商務的「人人文庫」，涵蓋了大陸時期二、三十年間的各種思潮與論戰。這套人人文庫雖然印刷粗糙，字體模糊，但上課時小小一本正可隱藏在課本後面，在枯燥的中學課堂裡，躲過講台上老師的眼光。這些新舊出版物不僅讓青年學子大開眼界，還是一個非常重要的對中國近現代史的補充教材。

對五四時期的補課，不只限於閱讀新舊書籍，甚至還以思想論戰的方式實際發生了一次，即李敖以《文星》雜誌為基地所點燃的「中西文化論戰」。李敖當時以「全盤西化派」的姿態及潑

辣的文筆挑戰對手，他們的觀點與視野並沒超過大陸時期，而且
其中也充滿各自隱含的政治意圖，但卻無損於這是一次中國現代
化議題的實際論辯，無損於這是一次在台灣遲來的五四的重演，
即使這些補課與排演都必須限制在當時的親美反共的思想管制
之內，只能涵蓋到「五四」豐富意義中的有限面向。但是，這些
翻版的大陸舊書、這些與此論戰相關的各種論述與翻譯，包括李
敖與殷海光的一系列著作，構成了六十年代台灣知識青年從中學
到大學的思想成長背景。

六十年代的「中西文化論戰」，最後以《文星》雜誌的停刊
及李敖與殷海光的遭查禁告終。「全盤西化派」表面上被壓制了，
但卻以其對國民黨保守與威權的含蓄反抗，贏得了大部分知識青
年的心。然而弔詭的是，在後來七十年代的「現代化論述」，及
至八十年代之後的「台獨論述」中，這個「全盤思維」卻構成了
某種沒有明說的「去中國化」潛流。

在1966年，那位初中老師不僅介紹我讀蔣夢麟的《西潮》，
給了我後來得以了解這場論戰的部分歷史背景；他還小心翼翼地
塞給我一本小書，竟是魯迅〈阿Q正傳〉的手抄本。在台灣當時
黨國的主導論述中，魯迅這名字是歸於「附匪文人」之類的，而
一般人對所謂「三十年代左翼文學」更是聞所未聞。然而隨著六
十年代的這麼一次小小的「文藝復興」，魯迅以及其他的左翼文
學也隨之掙出地面，但大半都在一些舊書店的隱晦角落。我手中
拿到的這本〈阿Q正傳〉，竟是師母的筆跡；那時沒有影印機，
因此不知已經如此傳抄幾手了。

雖然魯迅是左翼文學巨擘，而蔣夢麟則是隨著國民黨到台灣
的親美派，但我當時讀〈阿Q正傳〉的心情，完全接得上讀《西
潮》的心情，因為他們都提供了認識中國從傳統到現代之交的素

材。這裡的重點在於，魯迅在六十年代台灣的重新現身，除了有著上述那次「五四重演」的歷史背景外，還有著整個內外在國際環境的因素。內在的線索是左翼之苗雖在五十年代被鎮壓，但從未完全斷絕，總是伺機而出。外在環境則是六十年代左翼的全球性反戰、學潮與工運。台灣親美，更是受到美國的反越戰與黑人民權運動的衝擊。這些信息大半以文學、電影、搖滾樂、民歌的方式進來，也幫助斷裂了的左翼思想在台灣復甦，而大陸文革的理想面經由西方的轉介，對當時台灣較為敏感的知識青年，也有著某種連得上的召喚。

1966年對岸爆發文革，國民黨在台灣也相應推出「中華文化復興運動」。這個「文化復興」除了用來加強思想管制外，只能流於口號，而不像大陸文革那般引發實質的衝撞力。中國大陸的文革，不管其中牽涉多少複雜的權力與路線鬥爭，「打倒官僚」與「破四舊」的主張，在台灣的知識青年中卻能引發一些遐想，因為台灣的知識圈在那時候剛經歷過那場延續五四的「中西文化論戰」，而且還以隱含民主訴求的「全盤西化派」占了上風。在六十年代後半期，大陸進入文革的瘋狂狀態，它在現實上血淋淋的那一面，當然就一再成為當局現成的反共教材。但是文革較為理想性的主張，竟然隱隱接得上那時台灣知識青年的心境，何況文革又被視為六十年代全球性青年造反運動的一環。

因此六十年代的台灣青年，在經過「文藝復興」的洗禮後，接著能夠敞開胸懷接受全球性青年造反風潮的感染，也就順理成章了。加上台灣是美國圍堵社會主義國家冷戰的前哨，駐台美軍與來台休假的越戰美軍也帶來了一番美式風光，全部使用英語廣播的美軍電台（ICRT前身）更是青年學子聆聽上國之音的重要頻道，其中最主要的是帶著叛逆因子的西洋熱門音樂。因此歐美青

年運動除了帶來政治方面如反越戰與民權運動的衝擊之外，還有著文化方面的深遠影響，經由音樂、書刊以及少數來台的美國青年的傳布，美國青年的「反文化」運動，從花童、嬉皮、搖滾樂到嗑藥等等思潮，也浸染了台灣的藝文圈，一直維持到七十年代。雖然這些東西並未以思想的嚴肅面貌出現，但風潮所至，連救國團系統的幼獅出版公司，也將Charles Reich在1970年

所寫的那本反文化經典 *The Greening of America* 中譯出版。當時台灣青年想要接上全球潮流的方式堪稱古怪，毛澤東與嗑藥竟然是可以並列的。

陳映真與張愛玲，1968

詭譎的六十年代後半期，1968年我讀高二時，一位知性成熟度遠超乎當時高中生的學長曾組織了一個小讀書會。六十年代的台灣是升學的聯考制度籠罩青年學生一切活動的年代，不管你想報考的是理工醫農，還是人文社會科系，都逃不了這一升學體制的牢籠。而我們這些膽敢搞讀書會讀課外書的，自然就是一些較為叛逆的文藝青年，居然不僅不甩聯考對個人前途的重要性，還無視於思想管制的眼線。

這個讀書會最令我印象深刻的，是我們討論的兩篇文學創作：張愛玲的〈留情〉與陳映真的〈我的弟弟康雄〉。我們不只

把這些當做小說來讀，而且要讀出其背後所蘊含的時代意義。我們不僅讀書，也看法國的前衛電影、聽 Joan Baez 與 Bob Dylan 的抗議歌曲、汲取美國民權與反戰運動的養分，而陳映真作品中極為濃厚的社會意識也在我們之間傳播。

陳映真在1968年入獄前的小說與論述，對那一代的知識青年造成巨大的衝擊。從〈我的弟弟康雄〉開始，他筆下「市鎮小知識分子」蒼白而缺乏行動能力的自我形象，與屠格涅夫筆下的羅亭相互映照，一直在我們這些知識青年的敏感心靈裡隱隱作痛，難以擺脫。舊俄的小說也在六十年代的台灣風行，大陸時期翻譯的屠格涅夫、杜斯妥也夫斯基、托爾斯泰等人的作品，隨著那時的出版榮景紛紛翻印出來，為六十年代的台灣補上了三十年代的大陸氛圍。從19世紀末的舊俄知青，到三十年代的大陸知青，最後是六十年代面對威權體制的台灣知青，那種心境一脈相承。而陳映真充滿深刻內省的作品，似乎就在直接呼應這條時代的傳承，深深吸引住心中有所覺悟、卻自覺無能於現實處境的台灣青年學子。

陳映真所鋪陳出來的，不僅觸及當時知識青年的敏感心靈，還從生命層面去呈現社會主流者的偽善及其精神上的欺罔。然而陳映真並沒有耽溺在這種「蒼白、憂悒」的境地裡，他的小說傳達給讀者一種對卑微弱勢者深刻的人道關懷。不論是〈悽慘的無言的嘴〉裡逃亡的雛妓、〈將軍族〉裡的兩位卑微卻莊嚴的男女主角、還是〈六月裡的玫瑰花〉裡的黑人軍曹與台灣吧女，甚至

〈最後的夏日〉裡那個失戀扭曲的外省教師裴海東，從陳映真筆下流出的總是充滿著悲憫的關照，而且這種「哀矜勿喜」的關懷是普世的，超越族群的，既不分黑白人，也不分本省人外省人。

我們當時並不清楚陳映真因何原因入獄，對他在1968年進行實踐的內容也一無所知。然而陳映真的小說，以及更廣義地說，同一時代的黃春明、王禎和以及後來被圍剿的「鄉土文學」，共同呈現一種對卑微弱勢者普世的人道關懷，共同傳達出一種十分激進的訊息。對當時的知識青年而言，這是一種激進視野，對主流觀點質疑與批判，對其偽善價值憎惡，對各種壓迫的不妥協，對理想的認真與執著，並且超越自我本位去認識人間真相。這種激進視野透過陳映真入獄前的一篇評論，闡述理想主義之倫理條件的〈最牢固的磐石〉表現得極為雄辯，一直影響著當年的知識青年。

張愛玲寫於四十年代初淪陷區上海的小說，在六十年代台灣的重現，成了文藝青年捧讀再三的文學作品，則令人有著從天而降的感覺。除了夏濟安與夏志清兄弟的引介所起的關鍵作用外，她又如何與當時台灣的現實處境扣得上呢？那時她已避居美國，不再是一個活躍的創作者。雖在1961年曾有一次機會在往返北美與香港途中路過台灣，也只留下一點足跡與風姿。我手上還留著當年為了讀書會在一家舊書店找到的這本舊書，標題為《張愛玲創作小說集》，是1960年台灣一家出版社翻印的，原版來自1954年的香港。張愛玲在〈自序〉裡提到：「不記得是不是論語上有這樣兩句話：『如得其情，哀矜而勿喜。』這兩句話給我的印象很深刻。我們明白了一件事的內情，與一個人內心的曲折，我們也都『哀矜而勿喜』吧。」或許就是這麼一種「哀矜勿喜」的普世內涵，讓她的小說在六十年代的台灣流行起來，甚至列在

我們小讀書會的書單裡，與陳映眞的作品一起捧讀。

後來張愛玲的作品在台灣的正式發行，全部經由皇冠出版社，皇冠老闆平鑫濤的伯父平襟亞，即是當年在上海刊登不少張愛玲作品的《萬象》雜誌老闆。《皇冠》雜誌是六十年代台灣最風行的大眾文學刊物，作者群裡最著名的應推瓊瑤。瓊瑤的愛情小說，就像港台武俠小說一樣，幾乎成了當時男女青少年在成長時期的必讀。同一個報紙副刊版面，一個角落可能正在連載臥龍生的《飄花令》，而另一個角落則會是瓊瑤的《菟絲花》。在七十年代初政治局勢的巨大變化之前，男女關係與愛情主題也一直是大學校園刊物的主要論題。在這個背景下，張愛玲的流行，確實與知識圈文以載道的文學創作有著不同的背景，而與《皇冠》的各種大眾文藝構成了六十年代台灣的另一番風景。並且這一番風景還少不了「國語片」電影的襯托：以香港的邵氏與電懋出品爲主的國語片，從古裝、愛情、歌舞到黃梅調，與言情小說共同構成台灣藝文消費市場的重要基礎。與《皇冠》有著密切關係的張愛玲，在那時期爲了餬口還曾爲香港電影寫過劇本呢。

張愛玲與陳映眞的作品會在1968年同時出現在我們那個小讀書會，是有著上述這兩個層次的交錯影響的。然而就文學作爲時代思潮的藝術呈現而言，還是陳映眞這一脈絡的作品，更能吸引政治早熟的知識青年。陳映眞的一篇小說〈唐倩的喜劇〉就很

經典地描繪了六十年代台灣的兩大「思潮」——邏輯實證論與存在主義，在台灣文化圈的風行景致。小說描述女主角如何遊移於台北文化圈的兩位青年思想大師之間，其中一個搞邏輯實證論，另一個則是搞存在主義。

《思想與方法》與《從異鄉人到失落的一代》，1964

當我在1970年進入台大哲學系時，邏輯實證論與存在主義還是系裡的兩大思想主流。邏輯實證論在六十年代台灣知識圈的風行，離不開台大哲學系教授殷海光。殷海光與李敖等人在六十年代台灣，為我們這些戰後出生，活在反共教育陰影與威權體制精神困境下的知識青年，起了思想啟蒙與個性解放的作用。殷海光除了是一位自由鬥士之外，更具威力的毋寧是他在思想方法上的論述。殷海光是邏輯實證論的引介者，這套當時在西方已漸過時的顯學，成了他用來批判威權體制的強大武器，對青年學子發揮重要的啟蒙作用，打破了舊有的神話、傳統與偶像。更重要的是，殷海光為年輕人提供了獨立思考、不盲從於既定秩序與主流價值的一個大丈夫威武不屈的精神典範。

這套發源於20世紀初歐陸維也納學圈、爾後在新大陸發揚光大的哲學理論，就像其他哲學派別一樣，有其霸道的一面。其所衍生出來的分析哲學、語言哲學與科學哲學，企圖要取消西方傳統哲學的各種命題，認為這些命題若非語意上的無意義，就是科學上的不可驗證。這麼一套全盤性的思想武器，卻十分投合當時激進的知識青年，用它來反抗以文化道統自居的威權當局。更何況，這套哲學的流行源頭英美等國，又是西方政治制度的典範所在。

哲學、政治與經濟理論在這裡都糾結在一起了。殷海光不僅引介邏輯實證論，還大力推介自由市場派大師海耶克。維也納出身的另一名大將巴柏的「開放社會」論也同時風行。而這套哲學理論的早期開拓者羅素的著作與傳記也及時有了譯本，更成爲知識青年不可或缺的讀物。這些結合政治、經濟與哲學於一爐的思想體系，竟能在台灣的知識青年中成爲顯學，其複雜的內涵是否眞被讀者所理解，其實並不

重要；重要的是它可以用作思想批判的有力武器。

作爲思想的武器，存在主義也變成了當時台灣知識圈的另一門顯學。存在主義從「存在先於本質」的立論出發，反對任何「先驗」的理念加諸個人具體存在的種種精神束縛。這套與邏輯實證論並不搭調的歐陸哲學思想，主要在文藝圈作爲一種苦悶時代的文學思潮在流行，譬如英年早夭的醫學院學生王尚義所寫的《從異鄉人到失落的一代》與《野鴿子的黃昏》，就風靡了多少青年學子。存在主義在台灣雖然大半以文藝創作來呈現，但也少不了哲學界的參與，台大哲學系的陳鼓應即爲一例。而陳鼓應卻也是殷海光的親近弟子，陪著他走完生命的最後階段。

殷海光與陳鼓應的親密師生關係，可以用來理解這兩套扞格不入的哲學理論，爲何在六十年代的台灣，會被用作爲反抗威權體制的思想武器。這個異質同構的情況，又可由當局在數年之後的鎮壓行動來作爲例證。那是七十年代初期，時移境遷，這兩套

哲學思潮不再風行，殷海光也已去世3、4年了。當局在1973年開
始對台大哲學系展開整肅行動，清除殷海光在台大的殘餘影響。
在這個史稱「台大哲學系事件」的大大小小行動當中，有一位教
語言哲學的美籍客座教授Robert Martin被當成「匪諜」，不能再
入境，而存在主義則被王昇看成是共產主義的同義詞。對於當
局，這兩套哲學思想都有叛逆的成分在內，對於知識青年，這兩
套東西也確實都提供了叛逆的養分。

《戰報》與《天讎》，1971

　　如果說思想主要是被拿來當成現實的工具，那邏輯實證論與
存在主義這兩套流行思潮在七十年代的退潮，也就很可以理解。
這時對岸文革的熱潮已經基本結束，歐美青年的各種反對運動也
都各自開始收尾，越戰也步入尾聲，但是在台灣還能感覺到外頭
這些運動巨大熱能的餘溫。因此雖然六十年代的反叛旗手都已不
在，陳映真在1968年身繫囹圄，殷海光在1969年去世，李敖被軟
禁，接著在1971年也步入牢籠，而很多曾在六十年代搖旗吶喊的
人，也都出國或躲入學院，台灣卻進入了典範轉型的時刻。
　　或許這些人的消失是為了一個新時代的來臨。新的時代以一
個政治運動來開始，保衛釣魚台運動在1971年同時爆發於台灣與
北美洲的大學校園。這是一次純粹的政治行動，學生重提五四運
動的口號「中國的土地可以征服，不可以斷送。中國的人民可以
殺戮，不可以低頭。」要求當局在釣魚台列嶼的問題上不能屈服
於美日強權。而留美學生在北美洲辦的保釣刊物，譬如劉大任與
郭松棻的《戰報》，悄悄越洋流入台灣的大學校園。這些保釣報
刊突破台灣的言論禁忌，令人大開眼界。總的說，過去只能在文

學與哲學上尋求精神出路的知識青年，如今驟然轉到在政治與現實社會中尋求出路，六十年代所累積的各種能量，逐漸匯聚到保釣運動及其衍生的政治與社會行動上了。

這種對社會實踐的要求，在六十年代後半已見端倪，尤其呈現在陳映真入獄前以許南村爲筆名所寫的一系列評論上。他在1968年發表於《文學季刊》的〈最牢固的磐石〉一文中，以文化圈對黑澤明電影〈紅鬍子〉的冷淡反應爲例，說明我們的社會需要一種從現實出發的素樸理想主義。黑澤明在〈紅鬍子〉裡用很平白的手法描寫一位醫生的人道精神，因而被譏評爲既缺乏前衛新潮，又是「老掉大牙的人道主義」。爲此，陳映真指出這些以複雜高深理論爲藉口，犬儒地拒絕理想主義的人，只是在維護其既得利益，維護社會的既定地位。當時有人質疑說理想主義具有欺罔性，他則認爲只要站穩了正義的立場，理想是得以實現的。唯有在現實社會中進行實踐，才可能站穩正義的立場，不致迷失，而這個「真理的倫理條件，便是理想主義得勝的最牢固的磐石！」這篇評論對於當時身陷令人目眩神搖的西方理論迷宮中的知識青年，有著當頭棒喝的作用。這種社會實踐的呼喚，確實啓發了不少人。而小說家陳映真開始寫起評論這件事，也正代表著一種實踐的轉移。這些對社會行動的心理要求，如此在一些知識青年中逐漸累積著，終於在保釣運動爆發出來。

除了來自於要求實踐的內在動能的累積外，保釣運動也是在

外在國際形勢的變遷上發生的。整個六十年代在世界各地發生的反越戰、黑人民權、工人運動、文革、布拉格之春等都是旗幟鮮明的政治運動，也是促成台灣知青走向政治實踐的因素。不僅如此，對台灣衝擊更大的是兩岸形勢的變化。1971年夏天，就在保釣運動高潮剛過之時，美國總統尼克森宣布訪問北京，同一年年底國府退出了聯合國。兩岸形勢的巨變，迫使台灣的知識青年在釣運之後進一步走上政治訴求的道路。在島內，台大學生展開校園民主抗爭，而北美洲的保釣留學生則形成了中國統一運動。在這氛圍中，新興的親美台灣獨立運動也在北美洲漸次成形。

七十年代初的這些運動，以政治行動的形式來為五四運動在六十年代台灣的重演補足了完整性，畢竟五四運動是以外抗強權的政治運動開始的。然而台灣的這次重演卻是個倒著走的五四，政治運動不是它的開始，反而是它的尾聲，因為接著引發的「台大哲學系事件」，導致當局清除最後的五四風範殷海光在台灣知識界的影響。而與此同時發生的中國大陸進入聯合國這歷史事件，不論是在台灣還是海外，都代表一個時代的結束，結束了一個由台灣代表「中國」的時代。

在這樣的一個新時代裡，大陸的形象也在起著變化。在文革爆發之前，大陸的形象在當局的管制之下，不是被醜化就是很模糊不清。然而文革造成大陸信息大量對外溢流，也不免流進管制嚴格的台灣。其中尤以來到台灣的幾位前紅衛兵更具衝擊性。其中一位王朝天，在1968/69年巡迴台灣的中學校演說，令當時台灣中學生震驚的不只是所講的內容，更是他能言善道的便給口才，是我們同齡的台灣青年難望項背的。那時台灣的教育還十分傳統保守，不多言是後輩的美德。王朝天後來就因「言多必失」，被當局軟禁在綠島多年。

再來又有一位與我同屆就讀台大電機系的前紅衛兵，以凌耿為筆名寫了《天讎》一書，敘述他的文革經驗。其中描寫到他文革前在廈門成長的日子，家裡有鋼琴，早餐喝牛奶，生活條件比起台灣都市居民甚有過之。這些細膩描寫也讓台灣的讀者開了眼界，原來大陸同胞並未如當局所宣傳的那樣生活在水深火熱之中。這本在1972年出版的書暢銷一時，透露不少大陸文革實況。再加上當時保釣運動與海外的統一運動帶來的效應，知識青年遂開始有了重新認識中國的想望。這個想望曾在1972年底的台大校園引發了「民族主義論戰」，而最後匯聚到七十年代中期出刊的《夏潮》雜誌上。

《台灣社會力分析》與現代化理論，1971

如此，保釣運動所企圖重燃的五四香火，抗日老作家楊逵的出土，以及重新認識左翼中國的想望，雖然由《夏潮》雜誌來延續，並表現在七十年代末期的「鄉土文學論戰」上，但比起另一個力量卻顯得十分弱勢，而且是逐漸地邊緣化了。這是因為同時有另外一個力量撲天蓋地而來，即延續六十年代中西文化論戰的全盤西化論述而來的「現代化理論」。

七十年代初，當我們興奮地讀到楊逵的〈送報伕〉時，一本名為《台灣社會力分析》的小書已在台灣知識界風行。「社會力」一詞，讀者很快就理解到，其實就是「階級」之謂。就是說這本書是針對當時的台灣社會在進行階級分析，只是因為當時「階級」一詞在台灣較為敏感，而以「社會力」代之。對社會進行階級分析向來是左翼的職志所在，毛澤東〈湖南農民運動考察報告〉即為典範。但這不僅不是一本以左翼立場出發的書，甚至可說是偏

右的。在四個聯名作者裡，除兩位企業界人士外，主要撰稿者乃是後來民進黨創黨者的許信良與張俊宏。許張兩人當時竟又在國民黨中央黨部工作，屬於國民黨培養中的青年才俊，尚未走上反對運動之途。由這樣背景的人來進行台灣的階級分析，當然不會從左翼立場出發，也不會獲得左派的結果。他們的結論是台灣的「中產階級」在六十年代的經濟發展中已經壯大，而這將是帶領政治革新的新興力量。

　　這本書由與國民黨有關的人來撰寫，與當時蔣經國以革新之名全面掌權的政治局面，當然是有關聯的。但是它又是整個時代潮流的反映，在六十年代「全盤西化」派在中西文化論戰中占了上風之後，以美國為標竿的「現代化理論」開始風行。這是個不再局限於文學與哲學、而踏足於政治與社會的思潮，具體談到政治制度與社會改革。其中的主要人物金耀基，在1967年出版《從傳統到現代》之後，到了七十年代更是屢屢在《大學雜誌》為文。這本雜誌成了以美國「現代化理論」來推動政治社會改革的青年知識分子聚集之處，包括撰寫《台灣社會力分析》的四位作者。而這本書也的確吸引了「新興中產階級」的注意，不再局限於知識文化圈，也在企業界的少壯菁英中傳閱，成為後來都會菁英支持黨外運動的思想武器。從《大學雜誌》開始，介入政治的雜誌遂成為光點所在，接著就有1975年的《台灣政論》，而在七十年代末的《美麗島》達到引爆高潮。

　　此外，在《大學雜誌》於七十年代初揭起現代化的標竿後，「中產階級」還以另一個名稱「小市民」出現過，但卻與《台灣社會力分析》裡的中產階級呈現出不同的面貌。那是1972年，正當臺大學生接著保釣運動之後的民主抗爭鬧得風風火火之時，《中央日報》副刊在4月連載了一篇4萬多字的長文〈小市民的心

聲）。作者站在追求穩定的「小市民」立場，以「企圖製造社會動亂」的罪名來攻擊台大異議師生。當局並將此文印製成數十萬份小冊子，在學校與部隊裡廣為散發。在這篇文章的語境裡，「小市民」企圖召喚出來的完全是「中產階級」最保守的一面，相當反映出「現代化」意識型態的保守性。

以美國為標竿的「現代化理論」的光環，最後落在民進黨與台獨運動上，並成為其意識型態的基礎，與攻擊國民黨的重要思想武器。1975年《台灣政論》的出現，正是這套理論與新興政治勢力結合的象徵。

結局：唐倩的歸宿vs.鄉土的重建

30年後回首，六、七十年代之交台灣的思想交鋒，竟是今日當道思想的濫觴。在七十年代之初，大陸與美國的開始和解預示著改弦更張，而台灣在陷入國際孤立，不再能代表中國之際，美國現代化理論成了當道之學。這真是一個全新的局面，以「現代化」為訴求的思潮，在那時取代了早期雷震、殷海光等人對自由與民主的素樸訴求。五四所代表的種種論爭，到此竟匯流成以美國為師的單一面向的現代化。

此後不管是在何領域，以何名目，兩岸互相的或各自的發展與爭論，在思想底蘊上其實都離不開美國這個因素。在台灣，不管是七十年代末期的鄉土文學論戰，或是八十年代興起的台獨運動，都有著「美國現代性」的這麼一個巨大陰影。正如陳映真發表於1967年的經典小說〈唐倩的喜劇〉的結局，唐倩最後的歸宿只能是一位在美國大軍火公司工作的華人科學家，什麼邏輯實證論，什麼存在主義，最後都抵不過美國的全球化大企業，及其背

後的現代化理論了。

　　然而近年來金耀基卻也開始質
疑，現代化是否就只有歐美這麼一
種模式而已，他也開始反思現代的
多元性了。其實這個一元化的「西
方現代性」，在六十年代末的台灣
也曾經被挑戰過，只不過以極爲隱
晦的方式發生。就在現代化浪潮洶
湧之中，1968/69年之際在台灣的一
些不事張揚的小書店裡，曾出現了
兩本綠皮小書，在一些知識分子小
圈子裡流傳。這兩本書的封面只是綠色厚紙皮，上面用大號明體
簡單地印著這兩本的書名：《鄉土中國》和《鄉土重建》，以及
不見經傳的作者「費通」兩字。介紹這兩本書給我的朋友向我說
明，費通即是費孝通，中國重要的社會學家，未隨國府遷台，因
此他的著作在台灣成了禁書，出版者只好用「費通」兩字偷印。

　　費孝通在英國接受完整的西方學術訓練，在八年抗戰到國共
內戰期間，他致力於中國農村社會的研究。這段期間他提出了「差
序格局」的概念，來理解中國傳統社會的人際關係。這樣的視野
有別於以個人爲單位的西方社會理論，讓人覺得豁然開朗，開始
認識到，中國傳統社會自身發展規律的存在，不是以歐美社會發
展爲經驗基礎的現成社會理論──不管是「現代化理論」還是「階
級理論」──所能涵蓋的。他開啓了超越西方既成之社會理論與
意識型態，來重新認識中國傳統社會及其發展的新視野。

　　這些研究成果呈現在《鄉土中國》與《鄉土重建》這兩本小
書裡，出版於抗戰結束後即又陷入內戰烽火的1947年到1949年

間。其中的基本觀點，此後在大陸就不再能發展，然而這兩本書卻在20年後在台灣重現，在一小群希望重新認識中國社會發展的人士間流傳。不過在這個時候，台灣的社會畢竟還沒窮盡其追求現代化方案的動力，費孝通別樹一幟的另類觀點，也就掩沒不彰。

如今，當現代化理論的當年重要旗手金耀基都在進行反思，我們是否已經面臨又一次重大的思想轉型？

後記

總的來說，發生在台灣六十年代到七十年代初期的這一切思想衝撞與文藝豐收，可以視為一場五四運動在台灣的歷史性重演，也可看出是對同時發生在歐美的六十年代青年運動稍遲一步的呼應。民國初年的五四自由精神與六十年代歐美青年的造反呼聲，在這個時期交相衝擊，對戰後初生之犢的知識青年確實起了強大的啟蒙作用。但以台灣在地情境而言，它則又是在五十年代反共的白色恐怖時期之後，台灣戰後新生代的一次思想解放，以及一場「文藝復興」。

在這個時期，對於一心追求理想與自由，而未曾直接感受到鎮壓之慘烈的戰後年輕一輩而言，黨國的威權與傳統的教條其實已經構成不了內在的禁忌，而只能是令人討厭鄙視的外在禁制。那個年代的台灣，雖然威權依然籠罩而缺乏形式上的言論自由，但肅殺氣氛已經消褪，而威權所倚賴的那套意識型態也在崩毀之中。在這種環境下，思想的創新、文藝的創作與理想的追尋，反倒沒有太多「政治正確」的陰影在內心起著自我禁制的作用。因此在年輕人心中，有著一份素樸的自由精神，思想也就較為大膽，這正是理想能夠培育而文藝與思想能夠豐收的基本條件。在

這種氣氛中，社會有著充沛的創造精神與內在自由。今天台灣可以拿得出來的文藝與思想成果，幾乎都可回溯到那個年代，或者作品創作於斯時，或者作者成長於斯時。

這真是個時代的弔詭。在解嚴20年後的今天，我們雖然享受著形式上的言論自由，但由於各種新興政治／社會勢力在八十年代之後形構了各色各樣意識型態上的「政治正確性」，像是心靈的緊箍咒，嚴重禁錮了內在的自由。只要這種無形卻又無所不在的「政治正確」的壓力存在，創造即不自由。不止文藝創作與思想創新受到影響，台灣追尋理想出路的多重可能性也受到戕害。台灣六十／七十年代仍是處於戒嚴時代，卻有著豐碩思想與文藝成果，回顧之下，如今在思想上的萎縮，毋寧是歷史最大的反諷。

鄭鴻生：現從事自由寫作。作品有：《揚帆吧！雪梨》（聯經，1999）、《踏著李奧帕德的足跡》（允晨，2001）、《青春之歌》（聯經，2001）、《荒島遺事》（印刻，2005）、《百年離亂——兩岸斷裂歷史中的一些摸索》（台社，2006）等。

七十年代的《夏潮》雜誌

郭紀舟

重讀七十年代，常會以爲那是一個多麼純樸的年代。官方媒體正襟危坐扮演傳聲筒角色，沈溺在字正腔圓的體現報喜不報憂的狀態，不像現在的媒體作爲政治鬥爭的一個黨派，過分而誇張的使用自由言論。民間刊物也純樸到思想主張得透過各種迂迴的言說方式，爲了洩漏一點不同官方態度的想法，還得假用各種筆名，以防被思想警察抓個正著。那個時代出生的人，現在被稱爲草莓族；但是那個時代茁壯的人，則被認爲是理想青春的燃燒。世代間的認知差距太大，應該重讀一遍歷史，來彌補世代交替的不足吧！

1970年代是一個有趣的歷史年代，有完整起點與結束的年代：1970年11月發生保釣運動，直到1979年12月發生美麗島事件，整整10年間，七十年代在一股蓄積的能量之中結束。這股能量在八十年代激發政治與社會運動的浪潮，一直持續到九十年代中期。整個七十年代如果還可以切分歷史分水嶺的話，1976年是我認爲從筆墨戰爭到言論思想與政治鬥爭的切分點，甚至1976年可以說是台灣歷史的分水嶺也不爲過。

作為歷史分水嶺的1976年

1976年以前，因為言論的禁錮，使得知識的崇敬，極端表現在某一本具有時代背景的雜誌身上，如五十年代的《自由中國》、六十年代的《文星》雜誌、七十年代初期的《大學雜誌》等。這些雜誌的作者群與讀者群，在七十年代初期已經匯集一股能量，差一點在保釣運動爆發開來。保釣運動有著民族主義、反對美、日帝國主義的傾向，甚至有一些人在美國發展著反資本主義的思考脈絡。

即便《自由中國》、《文星》雜誌、《大學雜誌》這些雜誌，都還是在自由主義當中打轉，從保守主義到相對西方的現代化主義吧！也因為與當權的現代化思考相同，很快的因為蔣經國的掌權，台大哲學系事件的政治侵入等事件，執政者壓住了台灣內部的政治社會反省，所以保釣運動轉入社會服務，又轉變成救國團的活動。但是，因為無法發洩，畢竟留下了「不滿」的情緒。

白色恐怖殘餘的末期，這種「不滿」在文學的窗口發生火花。六十年代末期至七十年代中，「現代派」文學的新詩與散文，成為文壇的突破口。以美國作為西方文明表率的文化學習，《文學雜誌》、《現代文學》等雜誌，成為當時的主流。1972年在《中國時報》上出現幾篇批判現代詩的文章，關傑明與唐文標掀起了現代化論與現實主義的現代詩辯論，其中以唐文標筆鋒最為犀利。唐文標曾在美國參與過保釣運動，直接接觸到社會主義的人物。對現代詩的批判，陸續在《龍族評論專號》、《中外文學》發表。最明顯的現實主義旗幟，是尉天驄所辦的《文季》系列雜誌，刊載了現實主義的外國文學以及台灣作家的詩、散文與小

說，題材都選擇與現實生活有關的
人事物為主。當然，陳映真也在該
刊發表他的小說與評論。

　　由於文學的辯論，文學應該／
是否有社會性這個議題，在七十年
代初期引起了爭端。「社會性」這
件事情，可以說是對現狀沒有著根
的「不滿」，有著情緒的擺盪。這
種「不滿」，藉由文學作家開啓了
另一種創作與閱讀的實驗，包括了
黃春明、王禎和、王拓、陳映真、
楊青矗、高準、吳晟等開啓「鄉土回歸」的現實文學。官方意識
型態對於這次的論戰並沒有介入，看起來文學上的不滿情緒，是
可以被張揚的。於是相對的歷史上的不滿，也被挖掘出土，楊逵、
賴和、吳濁流、張深切、鍾理和等日據時代的抗議作者，開始被
林載爵等人介紹出來。

　　這樣的不滿在政治上的呈現，是1975年創辦的《台灣政論》。
黃信介、張俊宏、康寧祥、許信良與郭雨新等，準備將雜誌作為
政治發言基地與政治新生代的培養中心，可惜只有四期就結束
了。然而同年蔣介石逝世，蔣經國正式接班，政治社會秩序自然
必須穩定與控制，不滿仍舊被壓制。

　　於是1976年就成了非常平淡無奇的一年。台灣早就退出聯合
國了，文學辯論告一階段，保釣運動、社會服務，被納入民族主
義當中，政治集結被壓制，政治氣氛低迷。強人開始展現威權體
制，加工廠區逐漸成立，十大建設還在趕工，島上揚起一片塵埃。
1976年沒甚麼大事。再往後看一點，1977年中壢事件發生，鄉土

文學論戰；1978年美國與台灣斷交，現代化論戰、長老會台獨宣言；1979年美麗島事件；1980年之後黨外世代風起雲湧。思想上來講，1976年也正是分界點。那一年蘇慶黎接手《夏潮》雜誌，正式提出了左傾的知識言論，也集結了一群有社會思考的知識分子。1976年是「不滿」力量的集結與發表的開端，那一年許多人的純樸被點著了火焰，青春燃燒了起來！

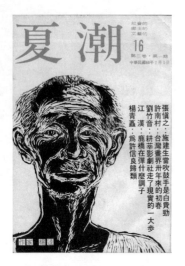

「鄉土」爲名的知識實踐

　　重新閱讀我在1995年寫的《七十年代台灣左翼運動》[1]，覺得好在有《夏潮》雜誌，讓七十年代掙脫了六十年代的苦悶，也讓少少的社會主義思想有了抒發與介紹的開端，給台灣歷史帶來了豐富而反向的思考點。30年來，《夏潮》雜誌的歷史位階仍然不算怎麼鮮明，但是它起的作用，在30年當中不斷的發酵！

　　1976年2月《夏潮》雜誌開辦，延續到七十年代末期，《夏潮雜誌》原想繼承前一時代的文化思想論述，但又不能自外於左翼立場的社會投入，於是變成了另外一種實踐意義的雜誌，與其他雜誌進行結盟，開展了日後黨外雜誌參與政治與社會文化的運

1　這是我在東海大學歷史研究所的碩士論文，後來出版：郭紀舟，《七十年代台灣左翼運動》（台北：海峽學術出版社，1999）。

動方針。

要論述1970年代的思想發展，《夏潮》雜誌堪稱典型，甚至是當時整個集結的中心。七十年代前半從現代詩論戰以來的回歸鄉土風潮，是左翼運動切入社會的利器。既然文學與歷史挖掘，並沒有被威權政體禁絕，蘇慶黎主編的《夏潮》雜誌，一開始就從挖掘台灣史與整理文學史出發。日據時期台灣史就有抗議的精神元素，而且左右派的

反抗日本帝國主義的手法不僅立場各異，手段也不同。為了彰顯左翼的台灣文學與人物，《夏潮》雜誌也刻意提起國民黨當中的左派來呼應，包括孫中山的民生主義、朱執信、廖仲愷、秋瑾、陳天華等人的思想言論，反帝國主義在這裡被銜接起來。

如此旗鼓張揚的談論日據時期抗日的文學家，居然並沒有惹來鎮壓，呂赫若、楊華、吳新榮、王白淵、張文環、張深切等等比較具有社會主義傾向的文學家，就被一一的介紹出來。在七十年代重讀台灣史，所具備的意義都是在儲存一種不滿的能量，抗爭的運動意涵相當明顯。

有立場鮮明的歷史觀點，就要有相對應的介入社會的理論。「現實主義文學」在現代詩論戰後重新被提起，這在其他的雜誌被稱為「鄉土回歸」，在《夏潮》雜誌中則被視為現實主義的實踐理論。這個理論啓發了後期的鄉土文學作者，施淑青、王拓、楊青矗、曾心儀、施善繼、吳晟、高準、詹澈等皆是。蔣動在當時主持《雄獅美術》，跟《夏潮》雜誌一起並肩作戰，甚至開闢

「文化造型運動」的戰場，把戰線從文學與歷史的文本論述拉得更廣闊，舉凡繪畫、攝影、電影、舞台表演、雕刻、文字報導等，將現實主義作爲文化圈地戰爭的重要一環。我將這種現實主義戰線，稱爲「夏潮—雄獅」文化實踐路線。

也因爲《夏潮》雜誌與雄獅美術當中的作者群對於現實生活敏銳的掌握，被稱爲鄉土文化運動。於是，當「鄉土」與「現實」的創作者所用的語言、文字、畫面都非常相似於社會主義的描摹，而自由主義與保守主義所執掌之威權體制不容異己生存，開始憂慮工農兵文學的復辟、馬克思主義的幽靈再度回來時，「鄉土文學論戰」就正式展開了。

論戰不是一件簡單的事

若沒有七十年代的鄉土文學論戰，「鄉土」、「本土」、「台灣」還很難快速的被大家接受，因爲這些所涉及的並不是文學的鬥爭。許多研究鄉土文學論戰的學者均指出，這根本是一場政治的批鬥，也是一場思想論述的權位爭奪。雖然1977年「鄉土文學」或現實主義文學被指控爲階級觀點、左翼的思維路線，挑起論戰的當權主流文壇旗手彭歌、余光中等，也是要執政者切莫忽視這個本土的左翼力量，但是「鄉土」太容易被模糊了。粗糙的社會主義理論很容易被張冠李戴，創作者的眞實訴求反而遭忽視。

「鄉土」作者汲取生活周遭事物進行創作，實屬天經地義。寫實與現實派要引起閱聽者共鳴，就要有具象的描摹與指涉，具體的事物對象，從農田稻作、黑手勞工、廟宇節慶、上班打卡等，所以不論在文學創作與電影、繪畫、民歌、戲劇等，都得從現實的台灣本土生活汲取元素，才有辦法創作。創作者不一定都是左

派，但是都被歸納爲「鄉土」之一派。1987年《南方》雜誌所舉辦的鄉土文學論戰討論會，分析鄉土文學論戰其實是「不同文化霸權競逐優勢的全面鬥爭」。這裡面有三個面向的鬥爭，包括：黨國教化詮釋體系、商品化詮釋體系、反教化詮釋體系。這場論戰從文學、文化、思想，到商品資本、政治民主，一個整體的詮釋系統的戰爭，只是開打的雙方都是文人罷了！

　　一般從文本分析鄉土文學論戰的研究者，往往認爲《夏潮雜誌》在鄉土文學論戰當中，最後與《中華雜誌》結盟，以民族主義收場。文本的以及人脈的分析的確如此。《中華雜誌》創辦人胡秋原，時任立法委員，與侯立朝、嚴靈峰、任卓宣（葉青）、曾祥鐸等《中華雜誌》的作者，在鄉土文學論戰期間，在《夏潮》雜誌大量投稿，爲文主要討論批評政府內部的資本主義經濟的運作，且顯然以民生主義的社會經濟作爲批判立場。另一方面，《夏潮》雜誌的作者群王拓、王曉波、陳映眞、陳鼓應、徐代德等人，則也在《中華雜誌》撰稿。

　　在鄉土文學論戰期間，這兩份刊物的結盟，除了政治庇護外，結盟點最主要在於左翼理論的一拍即合。這是一般研究者忽略之處。1978年，知識界與學術界開始展開另一個論述的辯論，第三世界理論開始被引進，林俊義等剛回國的學者，大量引第三世界新左派的政治鬥爭與理論思想；同時期古典社會主義者胡秋原，正在尋找另一種突破馬克思主義的理論談法。雙方在社會主

義對於弱勢正義、反帝國主義、反資本主義上找到相同的光譜。

在鄉土文學論戰的後期，現代化論正極力在《中國論壇》、《中國時報》、《聯合報》上面鼓吹台灣走向現代化經營之經濟與政治的方向，呼籲台灣政府應爭取跨國資本，以迎向西方現代化國家之列。1978年7月，《中國時報》舉辦「中國歷史傳統與現代化」討論會；10月，《中國論壇》舉辦「現代化與民族主義論壇」。胡佛、楊國樞、孫震、張忠棟、李亦園等自由主義學者，出面辯護現代化過程當中產生痛苦的正當性，包括資本積累與勞力密集的必需性，國家退出資本市場，不過又有黨國資本主義的保守心態。他們與《夏潮》雜誌與《中華雜誌》的作家群兩造之間的對壘，才真正是一場左右派的辯論。

可惜的是，屬於左派的一方，爲了自我保護，運用民族主義來掩蓋社會主義對資本主義的詰問，其中太多屬於「愛國主義」情緒的參雜。其實，七十年代台灣替代進口工業發達，加工工廠林立，以便宜的工資來賺取外匯，作爲美、日國家的邊陲衛星國家。工業化的過程所出現的勞動矛盾與資本集中積累，是這種論辯發動的主因。

《夏潮》雜誌清楚指出發展理論與中心邊陲的論述，台灣應該走向第三世界國家對美國的對抗模式，而非一昧的接受美國工業輸入所帶來的文化入侵，導致價值觀失去本土意識，只剩下傾向美國文化的現代化論述。左翼知識就此留下影響，不論新左或古典左派理論，都被引進到台灣的知識與學術圈，甚至開始運用到社會與政治運動的部門，出現了理論豐富與奔放繽紛的力道，實踐做法也具有強大的批判力。

這場現代化論戰被視爲學術知識光譜的極致展現，從右派保守主義、民族主義、社會功能論、衝突理論，以及古典馬克思主

義、依賴理論、綠色環保，甚至愛國主義都在這場論戰當中呈現。這個論戰並沒有繼續深化，在1979年停滯下來，後來的研究者覺得可惜。不過，從文本上來看，現代化論戰固然只剩下民族主義與愛國主義的對壘，但從社會運動史觀來看，那就沒這麼簡單！

恰好因爲是鄉土文學論戰的政治效應，文化的言論自由有所開放，連帶的出現了政治經濟的思考論述。現代化論戰實質上並沒有停止於思想上的激戰，更多的文化人與學者踏入政治選舉以及社會實踐。政治選舉意味著爭取更大的言論自由與人權自由；社會實踐則是更深入社會底層進行挖掘報導，以及階級組織的工作。

《夏潮》雜誌被查禁後，《鼓聲》、《春風》兩本雜誌短暫的出現，內容很明顯的以階級矛盾作爲訴求。漁民的生活、農民的困苦、工人的生活調查，反映了遭資本主義所扭曲的社會群像。藉此，社會運動開始了有組織性的工作。

從運動角度來看，鄉土文學論戰以及現代化論戰所蓄積的能量，才是讓《夏潮》雜誌走出筆墨戰爭的能量來源。1978年至1979年，《夏潮》雜誌諸多作者群走入農村、參與工人組織、舉辦民歌演唱、提出女性問題、提倡環保議題、介入政治選舉、與黨外系統合流，所以才有美麗島事件。也是在1978年、1979年初，知識詮釋系統打開，以各種型態介入社會與政治經濟議題，不再是安和樂利團結穩定的形勢，溢出於政治控制的力量越來越明顯。

終於，《夏潮》雜誌被警總查禁、《雄獅美術》總編蔣勳革職、《這一代》等政論雜誌也被禁。即使如此，力量已經下放到民間，而不只是知識圈。《美麗島》雜誌的出現，也是反國民黨「黨國資本主義」的大結盟。

美麗島事件，只不過是大陸天安門事件提早10年在台灣演出！美麗島事件的確是台灣歷史的轉捩點，從1976年以來各種政治事件、論戰，爆發人民民主運動的跡象愈加明顯，而且愈發顯得無法控制。在威權主義國家，甫告掌權、意氣風發的執政者如蔣經國，絕對會展現強勢領導以穩固政權，就像1989年的天安門事件，中共當局絕對會聲稱國家安全遭到威脅，必須鎮暴。表面上，美麗島事件是威權政體對政治民主與言論自由的反噬，其歷史的意義則總結了七十年代以來開始浮現的社會主義詮釋系統。

一個知識的聯盟

從雜誌市場來分析，《夏潮》雜誌老實說是一本失敗的雜誌。這本雜誌在七十年代領先開拓了許多議題，而且還經過種種論戰，受到報章雜誌口誅筆伐，造成免費的廣告，應該是身價大漲。的確，1978年7月以後，《夏潮》雜誌每月要印行四萬本，在當時遠遠高於其他刊物，發行量僅次於《讀者文摘》。可見在當時它已經是雜誌界市場的龍頭之一。但是這份刊物開拓議題之後，卻總是跟其他雜誌進行結盟，將內容分享給其他雜誌，又正與雜誌市場的邏輯相逆。

總的來說，七十年代「鄉土回歸」的風潮下，《雜誌》夏潮的意識型態融入了議題的滾動與開發，與各大風格不同的雜誌進行結盟，藉由系統內成員在各雜誌媒體的文章發言、參與編輯，

使得《夏潮》雜誌內的議題，不僅成為內部報導，更成為各雜誌的議題，甚至成為社會焦點。《中國論壇》、《仙人掌》、《中華雜誌》、《綜合雜誌》、《雄獅美術》都是因為在編輯上與《夏潮》雜誌系統成員有密切關係，成了議題結盟的聯盟雜誌。

《夏潮》總編輯蘇慶黎

它在文學議題上的結盟，則以《笠詩刊》、《台灣文藝》、《仙人掌》及《綜合月刊》為主，先後在現代詩批判、台灣史、以及鄉土文學創作的互補等方面，有了串連組織的基礎。在人脈上有關聯，且形成思想聯盟的合作關係，以尉天驄擔任編輯時期的《中國論壇》，以及蔣勳編輯的《雄獅美術》，還有《中華雜誌》為主。在兩次的論戰當中，《中華雜誌》與《夏潮》雜誌扮演著合縱連橫的角色，以政治上的「知識／權力」的聯盟，並肩作戰。此外與黨外系統的合作，包括《這一代》、《美麗島》等，更是在政治上以反國民黨為最大公約數，進行結盟。

這樣看起來，七十年代又顯得一點都不「純真」。1976年開辦的《夏潮》雜誌，有意識的進行左翼詮釋系統的引入。總編輯蘇慶黎很明白自己想要達成的使命，辦一本「社會主義的雜誌」。透過她的努力與執著，開展了台灣歷史分水嶺的一頁。這一頁豐盛、感懷、令人激動。這樣一本當時雜誌界的龍頭，為了達成使命，卻不惜盡量豐富雜誌的生命，同時也豐富了一個世代的意義，寧可分殊議題，碰觸官方意識型態的禁忌，終於被查禁！這

份雜誌在七十年代的出現，開啓了台灣民眾更寬廣的視野，更多元的思想論述！

郭紀舟：著有《七十年代台灣左翼運動》一書，現任七色一味文化公司執行長。

七十年代的「現代」來路：
幾張素描

詹曜齊

前言

　　1956年紀弦宣告成立現代派，現代主義的思潮開始在台灣藝文界蔓延。文學上現代主義的寫作模式，代表著新時代必須透過「新形式」表達的焦慮。這一「語言」的範疇不僅在新詩、小說的創作中可以觀察到變化的痕跡，當時的學院菁英也透過知識建構來推行現代主義概念下的文學批評方法。現代主義的影響鋪天蓋地的滲透進電影、戲劇、音樂等文藝作品，並因而改變其原有的創造方式，變化規模之大，甚至連推動文藝的體制都受影響。原本看似純粹美學意義上的轉變，其實擴散面十分驚人。這說明了，現代主義的「精神」正試圖透過社會的網絡進行一場生活形態上的呼應；也正是這些現象的集合，讓1950年代中期開始的台灣知識分子圈充滿著求新、求變求異的氣氛。

　　從西方文藝思潮的發展歷史來看，現代主義在台灣其實是過早的發展。它先於現代化理論進入台灣知識界，並在此地特殊的政治經濟脈絡底下，呈現了與西方社會不一樣的文化意義。時間上的落差，使現代主義與當時社會狀況有明顯距離，也使得現代

主義在台灣的推動過程從來不缺批評者。批評者們出自不同的視角，導致了針對現代主義產生的論戰有相當複雜的層面。複雜面尤其表現在批評者如何看待現代主義與現代化的關係中。這是1970年代台灣現代化過程裡知識團體之間的互動，也是現代化問題在台灣總體表現的一個環節。本文抽取1970年代之前幾個不同脈絡底下的思想略做素描，整理他們面對來勢洶洶的「現代」狀況時，如何與之對話、進而與時代達成妥協，或表述自己的批判。

一、現代化趨勢下的民族主義鄉愁

1949年國際開發總署在台灣設立農村復興聯合委員會，提供台灣土地改革的相關政策。在台灣的工業化過程中，「農復會」的存在代表美國勢力與觀點介入[1]。10年之後，國際開發總署向政府提出「19點財經改革措施」，致力改革台灣的社會經濟結構，以自由化為方向，將台灣的經濟發展向美國主導的「現代化」大局面整合。又過了10年，美國卻在政治上與台灣疏離：1971年7月，尼克森宣布訪問中國大陸，同年10月，台灣退出聯合國；1972年2月，尼克森訪問中國大陸；9月，台灣與日本斷交。一連串的外交事件凸顯了台灣在國際間的曖昧地位，同時，外在因素也反過來衝擊到這20年間成形的國內政治與文化的生態。

台灣當時的知識分子言論，集中在《大學雜誌》。1971年，當台灣遭遇一連串的外交挫敗時，《大學雜誌》應時提出了「國

---

1 農復會是跨政府機構，職員有本地人也有美國人。除了引進農業技術外，它也引進思想、價值觀和農村發展的政策。當時，台灣省政府制定的農村計畫，要由農復會審查、批准、監督執行。參考陳玉璽《台灣的依附發展》（台北：人間出版社，1995），頁78。

是諍言」、「國是九論」等議題，並在1971年12月成立了學生社會服務團，主張走進民眾，進行社會調查等等，代表《大學雜誌》開始以眞實社會現象爲改革的重點。外交挫敗、與美、日的經濟關係、台灣社會內部農村破敗、勞動階級福利嚴重不足等等問題一旦開始現實地進入雜誌內部，則台灣20年來現代化的後遺症都開始浮現。追究現代化的問題，則包括革新保台、民族主義、台灣日後的發展等等主題，都必須提上議程表。這讓《大學雜誌》的內容顯得光彩奪目、容納各種立場的意見，但也種下日後分裂的原因。

1971年5月，《大學雜誌》開始連載張俊宏、許信良、張紹文、包青天等四人執筆的〈台灣社會力的分析〉。這是一篇充滿政治改革企圖的呼籲。他們將台灣社會區分成舊式地主、農民、公務員、中小企業、財團、勞工、知識青年等範疇。在文中作者從一個「台灣省籍」的角度出發，批評台灣社會的各種不公平現象，雖然不是具體的從階級的立場去分析台灣社會，卻對現代化過程中的下階層民眾懷著較大的同情，認爲他們是台灣現代化過程中的受害者。但〈台灣社會力的分析〉的思路，仍在於對現代化架構下政治改革的期待。日後成書還特別收錄張景涵的〈消除現代化的觀念障礙〉一文，認爲，必須讓各種新興的社會力量往前奔跑，國家社會的安定才能獲得長久堅實的保障[2]。

從這個角度來理解〈台灣社會力的分析〉，可以發現許信良、張俊宏等人首先抹去國共內戰的本質，把國民黨來台灣之後的所有作爲，當成是爲「求進步」的「安定」取向，但爲了「現代化」

2　張景涵，〈消除現代化的觀念障礙〉，《台灣社會力的分析》（台北：寰宇出版社，1972），頁81。

的大業，他們要求今後應該放棄「安定中求進步」的想法，將各種「社會力」釋放出來，共同進行一場新時代的「現代化」。除了肯定國民黨在台灣的現代化政策外，〈台灣社會力的分析〉裡最重要的問題意識，是把各種社會力當成台灣未來進一步現代化的潛力所在；該文的意義在於企圖突破國民黨以黨國意志主導台灣的發展，而不在於質疑國民黨的現代化發展策略。

這種現代化的思考，對國民黨的保守固然形成一定的壓力，但原則上，雙方對西方式現代化的模式並無質疑。《大學雜誌》發表這一系列文章的時代乃是蔣經國逐步取得政權的時代，各種政治傾向正在起伏攫奪。所以當〈台灣社會力的分析〉中免不了同情工、農階級，而海外保釣運動開始走向「回歸社會主義祖國」，以及陳鼓應發表〈開放學生運動〉之後，代表保守力量的言論也就開始出招。1972年4月4日到4月9日，連續六天的時間，《中央日報》連載了孤影的長文〈一個小市民的心聲〉反駁《大學雜誌》的言論。同月，又將此文以專書的形式發行，透過管道大量散布。

〈一個小市民的心聲〉表達了主政勢力面對開放時的疑慮。從它的保守和踏實來看，除了得以瞭解國民黨抗拒過快的改革外，也暗示著建設台灣、放棄大陸已逐漸成為國民黨的政策。但從革新保台或現代化的角度來看，在〈一個小市民的心聲〉和〈台灣社會力的分析〉之間，其實沒有太大的差距。兩者的差異僅出現在改革的速度與對象。以《大學雜誌》來看，阻礙台灣進步的乃是國民黨代表的利益集團與過慢的改革步伐，〈一個小市民的心聲〉則在「恐共」的心態上主張支持國民黨。

當年，在十大建設完成之前，台灣的中小企業並沒有足夠的力量與國營企業競爭，受黨國名目保護下的人口比例仍大。〈一

個小市民的心聲〉選擇站在政府的
立場，代表國民黨體制裡的安全、
自滿心態，是有其社會基礎的。〈台
灣社會力的分析〉這篇文章看到
的，則是即將興起的「台灣的社會
力」，兩篇文章之間的不同，在於
兩種言論背後代表的「時代精神」。
如果〈台灣社會力的分析〉代表當
時台灣新興力量的崛起，這樣的分
析其實仍然建構在現代化的價值之
上，唯一有所突破的缺口，只表現

在政治參與的管道。把台灣整體發展的改革方向，導向政治權力
的重新分配，乃是1970年代反對力量的特色。這裡有延續《文星》
時代的「青年」與「舊時代」鬥爭的象徵、有「省籍」平等的肇
始、有透過選舉方式分配權力的主張。這些反對言論，固然代表
著國民黨勢力的不合時宜；但是反對勢力也在這個脈絡裡被整編
進一個更合理、更現代化的經濟發展思考裡。反對者與被反對者
有強大的共識：現代化的台灣才是真正革新與自保的前提。至
此，現代化的精神可以說獲得了台灣主要新興勢力的肯定。

　　必須注意，在政治力與經濟力的推動下，現代化思想在台灣
從來就不只是知識分子間辯詰的思潮而已，它一開始即透過思想
層次的進步面，企圖規劃整體的社會生活。這讓1970年代的台灣
社會，在遭逢國際地位挫敗的同時，也產生了更加向西方現代社
會看齊的集體情緒。西方的現代文化被絕對化、超時空化，連帶

著也讓文學上的現代主義潮流成了「進步」的象徵[3]。但現代化的思想潮流並非沒有受到挑戰，早期就有徐復觀、胡秋原等思想家，針對此一潮流與西化派進行過幾次論戰[4]。

在文學上，面對現代主義的強勢，也發生過多次論戰，其中，余光中所扮演的角色頗具代表性。1956年，詩人紀弦發表了〈現代派信條釋義〉後，在紀弦的「現代詩社」與覃子豪「藍星詩社」之間爆發了一場筆戰。到了1972年，針對這場筆戰，余光中已經把文學上流派的爭議提升到民族文化的層次，並認為，中國文化的發展前景，必須不斷接受新的挑戰與兼容並包[5]。

1956年紀弦激進的現代派口號一出，雖然激起了覃子豪、余光中等人不同的意見，但就寫作風格而言，覃子豪、余光中都有向「現代主義」傾斜的明顯轉變[6]。1956年之後與現代詩相關的論戰，余光中幾乎無役不與，除了因為他在詩壇的地位外，他個人對徘徊在傳統與現代化之間的文學思想特別有所體會，也是重要的因素。在《萬聖節》之後，余光中接下來出版了《五陵少年》，語言的風格或許變化不大，但就創作的內涵來說，有了美國經驗的余光中，最後仍然選擇了以中國的民族形象表達他的「抽象」。

1959年11月20日至23日，《中央日報》的專欄作家言曦連續

3　呂正惠，〈現代主義在台灣〉，《戰後台灣文學經驗》（台北：新地出版社，1995），頁23。

4　徐復觀在《民主評論》上的言論、胡秋原與《文星》雜誌的筆戰，都為五十、六十年代台灣的文化論戰開拓了相當的視野，他們的現代思想包含著啓蒙與自由的基底。但1970年代之後，這樣的聲音幾乎全然隱匿在現代化國家的潮流裡。

5　余光中，〈第十七個誕辰〉，《現代文學》第46期（1972），頁24。

6　呂正惠，〈一九五〇年代的現代詩運動〉，《台灣新文學發展重大事件論文集》（台南：國家台灣文學館，2004），頁99。

發表了〈新詩閒話〉四篇評論質疑現代詩，分別題爲〈歌與誦〉、
〈隔與露〉、〈奇與正〉、〈辨去從〉。但它不屬於現代詩內部
的論戰，而是一個站在完全反對現代詩立場的發言。對於這樣的
挑戰，余光中以現代詩作者的角度，認爲現代詩之所以異於舊
詩，「在整個價值觀念，整個美學原則的全面改變」[7]。1961年，
余光中創作了〈天狼星〉，表達了內心對「傳統」衰老的無奈與
傳統在「現代」影響下重現生命力的渴望。發表後，現代詩人洛
夫在《現代文學》第9期寫了〈論余光中的天狼星〉，認爲〈天
狼星〉是一首現代技巧的傳統詩。洛夫的看法十分激烈，代表了
當時現代主義者全盤否認傳統的精神。余光中以〈幼稚的「現代
病」〉、〈再見，虛無〉兩篇強力反擊。余光中在這兩次的筆戰
之中既對傳統派力爭，又對激進的現代主義者喊話，充分顯現他
個人與兩端思潮的差距。作爲一個現代詩的創作者，雖然感受到
了社會上「整個價值觀念」的轉變，但在將現代化與國家民族命
脈合而思考的歷史脈絡裡，余光中的限制就突出在對現代中國缺
乏現實感。這使得他的民族意識只停留在感情的激動，卻「缺乏
深刻的認知基礎」[8]。

　　由於余光中對中國懷有強烈的「鄉愁」，所以在題材上，他
不斷地與心目中的中國對話，這是他對傳統的堅持。但是，余光
中的中國是一個非常概念形式的傳統文化；它不是中國人民具體
的生活與困境。這讓他的政治態度顯得曖昧。在他詩中不斷出現
的中國意象，讓他的標誌特別鮮明，這與他對國民黨的態度不一

7　余光中，《掌上雨》（台北：水牛出版社，1989），頁111-112。
8　呂正惠，《文學經典與文化認同》（台北：九歌出版社，1995），頁
　　209。

定有關，但頗得當道者好卻是不爭的事實。也就是因為余光中的中國文化觀缺乏現實基礎，所以，「文學獨立於社會之外」的論調隱藏在他的思想中。這是他對1970年代新詩論戰的態度，也是日後，當鄉土文學興起，他卻忍不住驚呼「狼來了」的主因。

余光中的民族主義停留在文化的抽象層面，但現代主義發生在當時的台灣，卻有一定的社會基礎。於是他對現代主義的批判，缺少與現實對話的可能。換句話說，在他介入論戰的20年裡，台灣社會正向著一個由現代化所規劃出來的生活模式在前進。企圖解釋這一場巨大的變遷，就必須掌握稱手的分析工具。但余光中的民族情緒本身，就被限制在國家現代化的迷夢之中，造成他始終對於「社會」的理解不足，甚至刻意忽略這個層次。這項漏失，要待《龍族詩刊》來補足。

1973年7月，《龍族詩刊》推出「評論專號」。高信疆在為「評論專號」所寫的序文中，針對當時已經爆發的新詩論戰說：

> 問題產生在這次爭論的題目上，許多辯難理應早已解決了的，許多又根本不該成為爭論的重心；為什麼它們竟會被人提出，且能廣泛的引起注目和討論呢？難道二十年來的現代詩人們，從未深入過這些根本的問題，做一實質解決？還是時遷勢易，一切的意義都有所改變，需要重新考慮與詮釋了[9]？

如果從1956年紀弦發表〈現代派信條釋疑〉強調「橫的移植」

9　高信疆，〈探索與回顧──寫在「龍族評論專號」前面〉，《中國現代詩評論》（台北：林白出版社，1973），頁4-5。

來看，關於現代詩的文字問題，爭議就不曾真正中斷過。更切確的講，如果不局限在現代詩的範圍裡，則更可以說，1956年以來，對現代主義的質疑始終不曾中斷過，但是同樣的問題卻在1972年顯出雷霆萬鈞的爆發力。可見得，時空場景不同，同樣的問題也會出現不一樣的內涵，《龍族詩刊》出版「評論專號」，正代表現代詩的討論進入一個新的時代。

在「評論專號」中，高信疆設計了一份95人的訪問記。這是一份「意圖透過各種不同背景、不同階層的深入接觸與對談，為這個時代的『詩與社會』等相關問題，留下了一點可資參考的依據。」[10]「評論專號」這個舉動，已經說明了這份刊物對「社會」的理解與態度。在訪談中，它設定的受訪者職業為大學教授、研究生、大學學生、專科學生、高中職校生、公司主管、一般職員、工農、主婦、軍人等，盡量在職業上做到分布平均。訪談了之後果然呈現了現代詩與「社會」的距離，一般民眾對現代詩的看法，呈現較多負面的觀感等結論。從結果來說，這是一個不證自明的事實，但是高信疆卻大張旗鼓透過「社會」聲音的呈現，去強調知識分子間的論辯內容與社會期待的差距。這等於明白宣布「社會」與文學的互動進入新的時代，「評論專號」正是用事實來證明，一個不同以往的文學觀正在逐步形成。

《龍族詩刊》之後，1977年創刊的《仙人掌》雜誌代表民族主義反省的另一股力量。在創刊號的代發刊詞〈中國的出發〉中，《仙人掌》雜誌的宗旨明顯的標示出，這將是一份以反共復國為主的文化宣傳刊物。發刊詞中認為：「在政府的領導中心裡，有

---

10 高歌，〈瞭解與尊重之路──寫在訪問部分前面〉，《中國現代詩評論》（台北：林白出版社，1973），頁234。

一股強大而穩定的力量，在堅持著
建國、復國的大方向與大目標；但
在民間也該有一股相對的自發力
量，來與之配合，以期能顯得朝氣
與落實的來共赴使命。」[11]《仙人
掌》雜誌創刊時所確立的民族主義
相當符合當時台灣面臨的國際局
勢，在以民族主義為共同思想的前
提下，第一期內容就包含著左、右
兩翼的民族主義者[12]。《仙人掌》
雜誌的出現雖然暫時以民族主義的

妥協性安撫兩方，但是雙方對中國前途的發展畢竟不是同一軌
道，民族主義的外表仍然會在民族內涵上被嚴格的挑戰。果然，
日後鄉土文學論戰的第一波，就是從《仙人掌》雜誌引爆開來的。

　　發生在1970年代之後的文學論戰，都注意到有一個「社會」
正在形成的事實，它的出現代表了很多意義。從歷史的事實面來
看，余光中的民族主義熱情正是受制於現實社會的逼近，但卻未
必清楚理解，隱藏在社會背後的真正力量是他並不反對的現代
化。民族主義在台灣作為反省現代主義的力量，有它特定時空的
背景。它與清末以來對現代民族國家的渴望有歷史的延續問題，
也與台灣1970年代開始的外交挫敗、釣魚台事件相關。但它也在
認同「中華民國」的感情上陷入膠著。因為這樣的感情形成是因

11　〈發刊詞〉，《仙人掌》（台北：仙人掌雜誌，1977）。

12　第一期有朱西寧的〈我們的政治文學在哪裡？〉，談反共的民族主
　　義，但同時也有王津平的〈打破文學中立的神話〉，批評余光中精
　　神上的西化。

與社會主義中國對立而產生的，它同時也建立在國民黨的統治基礎上，而國民黨的政權正當化，不只依靠民族主義的情緒，還需要實際的社會支持力量。〈台灣社會力的分析〉雖然代表一股源自本土新興的挑戰國民黨統治的勢力，但它顯然沒有真正碰觸到台灣社會的矛盾，所以它的「理想」與國民黨在1973年之後的十大建設沒有太大差距，都是依一個西方的、工業的、現代化國家的藍圖在前進，擁護中華民國的民族主義者自然也離不開這個窠臼。鄉愁式的民族情感與政治體制改革的呼籲之間，並沒有立即形成衝突，除了起因於感性訴求的局限性之外，雙方當時共同臣服在「現代化」浪潮之下，缺乏反省的視野也是主因。而這股現代化概念底下的變革熱潮不但吹向文學，也吹往向來與國民黨較為接近的傳統文化。

二、黨國體制的文化基礎

1949年10月1日，中國共產黨建立的中華人民共和國成立，國民黨在台灣與共產黨在大陸的分治事實底定。中國共產黨在大陸建國完成，代表了除台灣一地仍屬國民黨掌握外，清末以來中國歷史上的紛亂告一段落。二次戰後，世界局勢也進入新的分野，中國共產黨的社會主義路線除了代表政權轉移的意義外，其與國民黨完全不同的價值觀，也為此後文化與民族的內涵帶來激烈的變化。

當時，台灣與中國大陸之間，最重要的差異應該在於這兩個政黨所代表的不同意識型態。國民黨在大陸的失敗，給了它一個很好的教訓。在大陸主政期間，國民黨代表了地主階級利益，本身的權力基礎即不容許它對於土地所有權發動革命性的改變。而

共產黨的成功，卻正因為它代表了大多數中國農民與勞動者的利益。共產黨的成功與國民黨的失敗奠基在一個相同的社會分析上，不同的是，國民黨這一代表地主與軍人利益的政權，終究抵擋不住廣大民眾要求翻身的浪潮。退守台灣的國民黨，記取了大陸失敗的經驗，來台之後便雷厲風行的展開土地改革。

這一歷史變化，對傳統之下的中國思想家造成巨大的震撼。過去以封建關係為基礎的知識體系，如今卻得面對一個以社會主義立國的國家。對傳統知識分子來說，中國傳統思想面對世局的變化並非始於共產黨掌權。清末以來，帝國主義頻頻叩關，自強運動、變法維新、國民革命、五四運動，近百年來中國面對各種外力侵擾時，代表傳統思想的知識分子就不斷從傳統思想體系之內尋找因應之道。費正清發展的「衝擊—回應」說就認為，早期中國是「東方式的社會」，而中國的集權傳統正是透過儒家思想的支持，滲透到庶民生活與政府、法律和宗教。這樣的儒家傳統精神，正是中國社會無法進入「現代化」社會的主要阻礙，而這樣的阻礙不但讓傳統社會無能轉型成現代社會，中國社會也沒有能力產生自己的社會革命。在此歷史限制下，中國社會的「革命」，都是西方思潮衝擊之下的產物[13]。

費正清的「衝擊—回應」說，後來受到柯文（Paul A. Cohen）的質疑。柯文認為，衝擊—回應說的主要目標，在於為歷史研究尋找一個發展的共同模式，但放在中國與其他非西方世界來看，等於是為這些地區的現代化發展，合理化西方帝國主義的作為。回到處理個案的歷史研究，衝擊—回應說在立場上有難以掩飾的西方中心論色彩。所謂放在個案特殊的歷史動力，即是說，不再

---

13 費正清，《美國與中國》（北京：世界知識出版社，2003），頁28-31。

把西方力量視爲是帶來現代化改變的規律，轉而尋求地區內部改變機制的可行性。這說明了在中國傳統的知識系統之中，早就蘊含了一種變革的力量，只是這股力量的出現需要某些歷史動機，而西方的力量在這裡並不一定是推動「現代化」的唯一力量，但卻可能因爲其帝國主義的色彩帶給中國亡國亡種的危機感，所以，一種出自傳統知識內部的精神，在此外力的壓迫下自行完成內部的轉型。這樣的解釋雖然沒有完全脫離把西方視爲「外力」的邏輯，但在推論上，西方帝國主義的入侵，已經從一個帶來現代化光明的角色，成了引爆中國社會內部矛盾的外力，甚至於，代表西方帝國主義的外力，才是眞正拖延中國社會進入「現代」的阻礙。圍繞在這些中國傳統知識內部是否存在變革力量的研究，以及傳統知識在面對社會變革時的「反應」，就集中體現在清末以來的儒家知識系統的「轉型」上。20世紀的前半葉，中國本土的國家社會在短暫的50年之間發生巨大的變化，從一個皇權國家快速的通過辛亥革命和內戰進入社會主義國家，不同的社會力量爲主導的政局迅速轉換。位在「傳統知識」範疇的知識分子，難免自覺面對一個風雨飄搖的時代。

1950年代開始，留在大陸的儒家知識分子陷入了改造過程，馮友蘭、梁漱溟、賀麟等人在晚期的著作上都出現了不同的變化。對這些儒家知識分子來說，實際參加土地改革，是他們思想改變的最大原因。1950年代之後，陸陸續續的，大陸新儒家發表了對自己過去思想的反省文章。當時另有一批停留在香港與台灣的新儒家，與國民黨當局維持著較鬆散的關係。由於五四以來的左派與新文化派聯手創建了中國共產黨，國民黨則從「新生活運

動」[14]開始，在文化上偏向傳統知識，來台之後還推行「文化復興運動」，所以台港新儒家們與國民黨有比較多的共識。無論如何，留在大陸老一輩儒家們思想上發生轉變時，對當時離開大陸而居留在港、台兩地的新儒家造成極大的震撼。1958年元旦，港、台的新儒家唐君毅、牟宗三、徐復觀、張君勱等人聯名發表了〈為中國文化敬告世界人士宣言：我們對中國學術研究及中國文化與世界文化前途之共同認識〉。在宣言中他們表示，心性之學為中國文化價值的根源，中國共產黨之以社會主義建國則是中國文化的災難。〈宣言〉中突出了儒家的心性之學即內聖之學在中國文化中的地位；也承認中國文化歷史中缺乏西方近代民主制度與科學技術；而過於重視道德的實踐，是缺乏科學精神的癥結。時間上來看，〈宣言〉發表的時機正是國際冷戰形勢確立，台灣接受美援的時代，政治上壁壘分明，「人類」前途未卜。對於「花果飄零」總有特殊感受的新儒家，站在傳統文化的位置上，面對大陸的馬克思思想、台灣的國民黨政權，〈宣言〉的意義正代表著新儒家對政治、文化發展局勢的介入態度。〈宣言〉問世之後，港、台地區對於新儒家思想的討論，就集中在以徐復觀、牟宗三、唐君毅等人身上。

1956年，與國民黨頗有淵源的「中華文化出版事業委員會」出版了一本《黑格爾哲學論文集》，收錄了謝幼偉、劉文島、方東美、吳康、唐君毅、牟宗三、黃建中、勞思光、鄭壽麟、葉青

---

14 新生活運動中包含國家現代化與傳統儒家思想，例如史景遷認為，新生活運動是結合孫逸仙的思想、外國傳教士，以及蔣本人對傳統儒家思想核心的詮釋，特別是儒家思想中關於忠誠與道德的形塑。參考史景遷，《追尋現代中國》（台北：時報文化公司，2001），頁450。

等人的相關文章。被列爲第一篇的〈黑格爾的辯證法〉是謝幼偉所寫，導言中他明確指出，研究黑格爾的動機是因爲「反共不僅是政治戰，經濟戰，軍事戰，尤其是思想戰。我們如不能在思想上戰勝敵人，則其他方面的勝利，便很難有希望。即令其他方面勝利了，若思想上不勝利，共黨的死灰復燃，仍是可能。」[15]這篇現在看起來十分突兀的〈導言〉，卻代表了1950年代某方面學術研究的傾向。據蔣年豐的說法，這本書的出現表示黑格爾研究在台灣一開始即與政治環境相關，但之所以不曾蓬勃發展，是因爲哲學思潮若與政治上的意識型態糾葛太深，往往容易流於形式；再者，五十年代正是邏輯實證論初入港台的時代，哲學上跟著美國走，所以黑格爾的研究並沒有出現高潮[16]。

留在大陸的儒家知識分子，面對社會主義的潮流，呈現了一個儒家從來沒有過的面貌[17]，但港、台新儒家處於同樣變動不居的環境，則除了延續中的「西化」問題外，「自由主義」、「反共」也都成了必須面對的現實。所以，徐復觀的著作有大量與同

---

15 謝幼偉（編），《黑格爾哲學論文集》（台北：中華文化出版事業委員會，民45），頁2。同時，葉青（任卓宣）在同一套叢書中編了一冊《黑格爾生平及其哲學》（台北：中華文化出版事業委員會，民44），卻是拿民國24年出版的一本舊著，以「反共抗俄時代，爲了配合國策」爲由，「把立場相反的文章，一概刪去」後而成，但其中仍見到賀麟、喬冠華等人的文章。

16 蔣年豐，《文本與實踐——儒家思想的當代詮釋》（台北：桂冠圖書，2000），頁28。

17 梁漱溟、馮友蘭經歷改造後，晚期思想發生明顯變化，馮友蘭還以馬克思主義來順理中國哲學史。參考馮友蘭，《三松堂全集》（河南：河南人民出版社，1985）第7卷〈自序〉第2頁。雖然大陸新儒家這段轉變的歷史，海峽兩岸有不同評價，但對於儒家思想的開拓來說，應承認大陸新儒家有其新見。

時代自由主義者之間的對話。他把自由主義擴充到與儒家的人文精神可以吻合，視野上則多了些對現代化現象的批判，對於國民黨的權力也語多批評。牟宗三的「反共」立場相形之下還要激烈許多[18]。對國民黨來說，反共的傳統文化論者對它的文化宣傳是極為有利的。首先，國民黨來台初期，經濟政策採進口替代，它需要去闡揚一套與自由開放不一樣的消費意義，傳統文化在這裡給了國民黨文化上的支持。儘管新儒家的心性之學並不容易向民間流傳，但在學院之中，卻足以發揮相當的影響力。再者，從「新生活運動」開始，國民黨的現代化國家政策，走的就不是「全盤西化」的路線，這是國民黨與西化派之間的差異，卻是國民黨與傳統儒學之間最有共識的部分。

新儒家並沒有扮演國民黨統治期間的「國師」角色。他們雖然批判馬克思主義，來凸顯自己的人文主義精神，卻未必理解馬克思主義。但由於凸顯了人作為主體[19]，在批判西方的現代化社會現實層面上也確實有過說服力，這是新儒家在被國民黨利用來作為文化正當性的同時，還能爭取到部分支持的原因。但牟宗三對人的期待卻總是超乎現實環境的，這是他不能理解大陸儒家轉變的最主要原因，也是他過於自信的部分[20]。所以，當新儒家強

18　牟宗三說：「當時新亞文化講座，它的動機、它的引子，以及它的背景，正是馬克思主義征服大陸。」參考牟宗三，《時代與感受》，（台北：鵝湖出版社，1984），頁52。

19　徐復觀在《民主評論》的〈發刊詞〉中說，世界的混亂是因為人類控制不了科學、暴力、自私。《民主評論》期間，徐復觀稱自己為人文主義者。楊儒賓也認為新儒家思想對於身處日益理性化、階層化，失去自由空間的現代人而言，是有意義的。

20　陳忠信、楊儒賓曾經對牟宗三企圖「本內聖之學解決外王問題」提出商榷。楊儒賓認為，儒家的「仁」，是從情境心出發，是個人——

調要從自身的修爲中達到「內聖」進而對社會有「外王」的功用時，缺點就完全曝露。在新儒家的傳統中一直有與現實對話的焦慮，所以不斷衍生儒家知識內涵[21]。但是，與現實對話就要有現實的基礎與認識，而這恰好是新儒家最大的盲點[22]。

國民黨利用了新儒家對文化傳承的憂患意識，製造出與大陸社會主義敵對的「反共」文化論述，又利用同樣的傳承焦慮，給自己的統治提供了歷史基礎。從新儒家的角度觀察，國民黨雖然在內涵上不可能真正對儒家的主張有什麼真心的信仰，但作爲一種文化正當性的要件來說，國民黨事實上是比較接近傳統思想體系。從國民黨的需求來看，在新生活運動的時代裡，國民黨即需要一種符合它自己需要的現代化。來到台灣的國民黨，在進口替代期間也需要操作有限度的民族主義，以便在經濟的範圍中進行對外資的抵制。新儒家隨著時代變遷不斷轉化自己的思想內涵，正好配合國民黨在台灣的發展走向。隨著台灣與亞洲地區資本主義經濟的日益發展，儒家知識也傾向於爲現代化做合理的解釋。

在台灣推行的現代化理論是美國式的現代化，把美國式的民

(續)

社會結合全體條件下之總關係，在「各種異質的交會中尋得共識」，而牟宗三的理解「似乎總是遺漏了人性當下最具體的質性」。參考楊儒賓，〈人性、歷史契機與社會實踐〉，《台灣社會研究季刊》第1卷第4期，頁139-179。

21 在楊儒賓看來，民國以來，儒家學者的主要工作之一是在政治—社會秩序重構之間找到連接點，所以在理論建構上不斷地努力，力求將所持信念下貫到實際的政治、社會生活中。參考楊儒賓上引文頁177。

22 陳忠信曾指出，在牟宗三的認識中，歷史構造或社會構造中一切具體而特殊之事物的發展，無一不是由「良知」來做目的論的決定。參考陳忠信，〈新儒家民主開出論的檢討——認識論層次的批判〉，《台灣社會研究季刊》第1卷第4期，頁101-138。

主政治與經濟繁榮等同起來。這是一種帶有進化論色彩的信念，把社會的發展視爲一種有方向的過程來分析，特別強調傳統社會與現代社會的二分。從當時世界的經濟現實來看，所謂現代社會幾乎就是美國、歐洲等西方國家，傳統社會則是指歐、美以外的地區。如此一來，現代的意義不僅出現在傳統與現今的時間區別，也反映在西方與非西方的空間關係中。「現代化」所蔓延的問題，因此是儒家知識分子眞正要面對的社會現實。儒家知識分子或許在維持傳統知識的活力上曾經努力過，但與國民黨的關係及中國大陸變革的現實，卻使他們未曾抵達反省「西方」與「非西方」之間眞正的關鍵。徐復觀的反省較爲深入踏實，卻一閃而逝。傳統知識分子對「社會」的變遷一直維持高度關注，這是他們轉化知識、保持活力的方法，卻也因爲順應時代的解釋方法讓自己陷入困境，日趨合理化現代社會的轉變。

新儒家思想在台灣十分尷尬，一方面是傳統知識面對「西方」的百年困局，另一方面則文化政治向來與新儒家較爲靠近的國民黨，本身也在美國推動現代化的壓力下逐漸走向「現代」。但1970年代一開始的石油危機卻給新儒家一線曙光，順應國內的十大建設與第二次進口替代，傳統知識再度有機會扮演重要角色[23]。經濟需求與文化關係的解釋，開創了儒家知識體系的新局。到了台灣經濟快速發展的1980年代，儒家知識對亞洲經濟發展成就的解釋更形流行，傳統知識體系轉而成爲促成經濟發展的動力。這是從東亞四小龍的經濟成就著手進行的傳統文化考察，方法上來

---

23 當時台灣開始大量出版唐君毅、牟宗三的作品，兩位先生也相繼來台灣講學，其盛況頗有「顯學」的光景。參考蔣年豐《文本與實踐一》（台北：桂冠圖書，2000），頁28。

說，固然儒家精神在此可以獲得重生，但此一重生卻是在失去自身批判性的前提下開展的。因為，儒家知識再度與「現代」的反省失之交臂，甚且成了「現代」的推手。但同樣的歷史時刻，文學上藉由對現代主義的批判延伸至整體社會現代化發展的反省，卻正要展開。

三、鄉土回歸與大眾文化的萌芽

1967年1月出刊的《文學季刊》中，陳映真發表小說〈唐倩的喜劇〉，嘲諷了當時台灣知識界的流行現象。這篇小說後來成為「台灣知識界的重要文獻」[24]，除了它是一篇諷刺台灣現代主義盛行期間知識分子的盲從外，更重要的是，它提點出陳映真對這些外來知識之脈絡的思考。在陳映真的認知中，「現代主義」之所以在台灣盛行，其實是有更大的體系在支撐著，這個體系就是以存在主義、邏輯實證論、美國式價值為依歸的「現代化生活」。這篇作品發表於1967年，其要旨直指美國透過知識的傳達使台灣成為其附庸，而不只是在於檢討現代主義作品之文字晦澀、疏離等技術問題而已。〈唐倩的喜劇〉因此成為1970年代「鄉土文學論戰」的先鋒，它所反省的知識附庸問題，在陳映真下階段的寫作裡，近一步演化成了與美、日等資本主義強權國家的經濟附庸問題。

1972年2月，關傑明在《中國時報》的海外專欄上發表了〈中國現代詩人的困境〉。他回顧現代詩創作的「西化」問題，認為

---

24 呂正惠，《小說與社會》（台北：聯經出版公司，1988），頁65。

這是從徐志摩、五四運動以來的西化結果[25]。關傑明這篇文章雖然只瞄準現代詩的表現方式，但它觸及到的問題卻不只是詩藝問題，而是把詩的表現手法視爲「社會的產物」。1972年9月，關傑明在《中國時報》又發表〈中國現代詩的幻境〉；同年11月，史君美在《中外文學》發表了〈先檢討我們自己吧〉聲援關傑明。其後，李國偉也發表了〈詩的意味〉、〈文學的新生代〉、〈略論社會文學〉等文章呼應關傑明。李國偉的文章有一個特色：他把當時文壇劃分成「上一代」、「前行代」與「新生代」，而「前行代」作家表現出來的疏離心態正是「政治現狀制約的結果」[26]。

李國偉認爲，「新生代」作家必須揚棄「前行代」的疏離心態，而以關心而非閉鎖、現實而非超現實、平民而非貴族的態度，來找到自己的位置。可以發現，關傑明對現代詩的意見延續著陳映眞從知識西化的角度理解現代主義的脈絡，並且認爲這是一個從五四運動以來的老問題。李國偉雖然進一步強調文學的社會性，同時把文學與社會的問題以斷代的方法分別出不同代之間的差異，但這只在道德感的訴求上頗具說服力，對現代主義的「西化」本質，反而沒有陳映眞與關傑明的敏銳。

1973年7月到9月之間，唐文標也陸續發表四篇文章，分別是〈什麼時代什麼地方什麼人：論傳統詩與現代詩〉、〈詩的沒落——台港新詩的歷史批判〉、〈僵斃了的現代詩〉、〈日之夕矣：獻給年輕朋友的自我批判〉。唐文標的文章是繼關傑明、李國偉之後，文壇上再一次對現代主義的批判。但唐文標的文風更

---

25 關傑明，〈中國現代詩人的困境〉，《文學，休走》（台北：遠行出版社，1976），頁138。

26 李國偉，〈文學的新生代〉，《文學，休走》（台北：遠行出版社，1976），頁218。

為犀利，批判的對象非只是現代詩
的詩壇，而是整個現代主義文學與
風氣。對比性強烈的唐文標指出現
代主義的逃避風氣之餘，在〈論傳
統詩和現代詩〉中甚至認為，中國
詩的傳統乃是糾正現代主義文風的
方法[27]。

　　在唐文標的思考裡，詩經傳統
與楚辭傳統是與西方的、廉價的現
代詩對立的，而社會意識也在這些
傳統中浮現。至此，從陳映真開始
對現代主義西化知識的批判，連成了一個社會現實意識的傳統。
他們從帝國主義侵略的角度來理解台灣的西化現象，並且呼籲在
文化上承繼五四運動。新詩論戰從關傑明、李國偉到唐文標，反
對現代主義的言論都以社會現實的狀況作為他們與現代主義者
之間的差距。在他們的文章中不時出現一種對現實缺席的焦慮，
彷彿為當時文壇尋找關懷社會的方向，成了這些反對現代主義者
責無旁貸的任務。從新詩論戰的內涵可以發現，1970年代開始的
台灣社會，是一個文化影響力日漸擴大的時代，各種「社會現象」
清晰可辨[28]，其中，新興的文化工業與脫離現實的文風都是他們
批評的對象。正是這個新興「社會」的走向讓唐文標等人擔憂，

27　唐文標，〈什麼時代什麼地方什麼人：論傳統詩與現代詩〉，《文
　　學，休走》（台北：遠行出版社，1976），頁97。
28　唐文標認為《文學雜誌》在上倡導媚世文派，瓊瑤則「在下面灑其
　　煙雨濛濛之迷藥」，這兩者構成當時文壇的景況。參考唐文標，〈詩
　　的沒落──台港新詩的歷史批判〉，《文學，休走》，頁59。

也正因爲這個尚在發展中的「社會」已經迫在眉梢，才使這一波的新詩論戰明顯不同於「中西文化論戰」時那種知識分子之間的爭辯。

《大學雜誌》在1971年7月刊出的〈台灣社會力的分析〉，雖然也代表一種新興社會力量的焦慮，但它主要的注意力則放在對國民黨要求分享政治權力上，與陳映眞、唐文標等人從西化知識的衝擊來理解台灣社會，有本質上的差異。雖然新詩論戰10年後的1980年代，才是台灣文化工業興盛的年代，類似瓊瑤這樣的通俗小說，也是到了1980年代才少了負面批評[29]，但是，唐文標以同樣的標準來看現代詩與瓊瑤，卻是1973年的事。換言之，在唐文標爲文批判現代詩的時候，文化工業的產品還沒有到達氾濫成災的地步，但是大眾文學已經在社會上形成力量。對即將來到的大眾文化提出預警，是這一波新詩論戰的另一個重點。它的箭頭不單指向現代主義，也瞄準足以承載大眾文化的現代社會[30]。把戰線從文學討論延伸出去，加入對社會現實的批評，成了現代主義對立者的特色，但它的立論基礎又明顯不同於同一時間的〈台灣社會力的分析〉。

從〈台灣社會力的分析〉到被唐文標點名的瓊瑤，這些「新力量」彼此扮演的角色不同，有從政治面、有從文化面出手，它

---

29 根據林芳玫的說法，瓊瑤之類的通俗文化「由長期以來被視爲商品與休閒品到了八○年代並不再引起知識分子的負面批評」。文學定義的轉變是這個時代的特徵之一。參考林芳玫，《解讀瓊瑤愛情王國》（台北：時報文化出版公司，1994），頁184。

30 「七○年代對瓊瑤的批評是源於文學社區的內部，其成員想要劃清界線，在文學（亦即純文學）與非文學之間建立清楚明顯的區隔。」參考林芳玫，《解讀瓊瑤愛情王國》，頁177。

們彼此之間甚至是互相爲敵的，但它們的出現卻清楚說明，台灣社會開始進入一個非國民黨可以一手囊括政治、文化的時代。大眾文化與〈台灣社會力的分析〉雖然代表新的力量，但它們與陳映眞、唐文標這一脈絡並不相同。陳映眞要反省的是西化知識來襲背後的政治與經濟勢力，而〈台灣社會力的分析〉與開始萌芽的大眾文化，卻欣喜暗示著一個現代化的時代將要來臨。

1970年代之後，台灣遭逢國際政治挫敗，接下來的國際石油危機，更讓二次戰後因爲全球經濟蓬勃發展而有黃金時代之稱的美好時光告一段落，全世界的經濟發展面臨新的問題。，對此，國民黨藉由十大建設讓台灣的經濟發展得以繼續，這是國家力量的再一次展現。但國際資本主義的運作卻已經做了改變，石油危機之後原本以大量生產與大規模消費爲特色的福特主義已逐漸走進死胡同，代之而起的是強調彈性生產的後福特主義。台灣七〇年代的十大建設與產業分工轉包，正好在形式上符合這股即將來臨的後福特生產模式，台灣在石油危機短暫的經濟衰退後，遂又開始了新一波的經濟繁榮。但是，產業分工的形式雖然給台灣的經濟帶來希望，新的彈性生產方式卻是建立在小型企業的形成上。爲了加強競爭力，犧牲台灣的自然環境。當時從農村遷居都市的勞動者，也無法組織工會爲自己爭取工資和改善福利。回過頭來看，整個戰後台灣的工業發展，建立在一些人的犧牲上，尤其是農民轉成工人者爲然。

農村、農民的困境，政府並非沒有察覺，只是國民黨的利益在工商業而不在農業，農民的力量並不足以撼動國民黨的政權穩定性。再者，七十年代初期，出口的繁榮使工業發展仍需要大量來自農村的人口，補助農村的農業政策實施將會影響人口外出的意願，發展工業爲主的政策不可能接受這樣的論調。榨取農村剩

餘的政策雖然四十年代就在進行，但勞動密集化的工業在台灣開始成為一種國家發展的政策時，就必須同時用政治的手段強迫勞動力脫離農業。而農民面對國民黨政府的政策，既無力反抗，又因為各種新型態的農業生產方式，逐漸失去原有的生活模式[31]。農民轉變為工人，離鄉背井，在早期低工資低保障的工作環境中固然苦，但繼續成為農民也苦。農村的問題除了是經濟的問題外，因為傳統農村的價值崩壞，農業文化不受到尊重，工業文明使農村的文化日趨邊緣，而被視為落伍、退步、保守[32]。這些現實的、活生生的台灣社會景況，讓孕育現代主義的泥土逐漸失去養分。取而代之的，是對都市與農村文化差異的關心、是對從農村到都市移民現象的更多關注，台灣的知識分子於是展開了一波「鄉土回歸」的浪潮。國內外的政治、經濟局勢都明顯有了不一樣的氣氛，文化界敏感的察覺到這股變化，現實主義的浪潮因應這個時代而即將來到，現代主義則即將退場。

但真正的社會衝突還在醞釀中。鄉土文學論戰的時間還沒有來到，只是知識分子的觀察力與台灣的社會現實，已經提供了現實主義向現代主義反撲的能量。1973年8月，《文季》創刊。創刊號即以唐文標的〈詩的沒落〉繼續展開對台灣現代詩的反省。同一期尉天驄發表〈站在什麼立場說什麼話〉，批評王文興〈家變〉中的極端個人主義風格。黃春明與王禎和也把小說的內容擴大到台灣經濟發展與美、日資本主義的關係中。《文季》在1974

---

31 由於農村人口外流，機械化的耕作技術破壞原有的社區規範；商業價值滲入農村，農民追求非農工作帶來的金錢，以致農村裡的家庭、人際關係產生了重大變化。參考陳玉璽，《台灣的依附發展》，頁144。

32 陳玉璽，《台灣的依附發展》，頁142-144。

年5月停刊。這一段時間正好是國際石油危機期間，1974年很短暫的時間裡，台灣的經濟也因為國際經濟問題而陷入衰退，成千上萬被解雇的青年返回農村，尋求家庭保護以躲避流離之苦。社會問題再度進逼，鄉土回歸的現實基礎也逐漸成熟。

四、結語

1950年代中期的台灣，經濟水準不可能達到現代化的標準，所以表面上看起來，似乎沒有供現代主義醞釀的泥土。但事實是，因為台灣知識分子面臨國民黨戒嚴體制與對三十年代文藝的「失根」，所以跟西方現代主義的疏離性格特別親和。除此以外，現代主義的菁英色彩與西化傾向，也容易吸引知識分子模仿；現代主義引進以來的特殊優位性，讓它在形式上充當西方最先進思想的模式。一旦來到台灣，它已失去對日常生活殖民化的批判，反倒以進步、科學、合邏輯的品味，建立一個符合西方標準的現代社會。這段時間以來，東亞發展模式、現代化模式都曾經試圖為台灣的發展訂定一個理論，但它們的理論已經證明，無法從自身特殊的政治語境中剝離出來，對本身存在的歷史淵源與特徵進行反省。

自啟蒙的規劃開始，理性一直被當成一個社會不斷合理化、官僚化以及科學化的過程。隨著社會現代性的加強，工具理性伸展到社會生活的每一個角落，社會控制的機械主義宰制了所有的生活領域。工廠勞動的集體化、人的職能的進一步分工，城市興起，技術增加對生活的控制。在西方，這些現象成了培育現代主義與時代頑抗的溫床。但，具有批判資本主義效用的現代主義被引進到台灣，是不是仍舊保持著它的批判性？九十年代以後的研

究者傾向做這樣的解釋，這是把台灣現代主義的精神與現代性的反省並列思考。但試圖以西方現代主義的內涵來理解台灣現代主義發展，卻很可能設定了一個錯誤的目標。因為當時台灣並沒有一個令人窒息的資本主義社會，有的只是一個龐大的黨國體制，可是當時台灣現代主義的宣揚者，卻未必站在這個體制的對立面。換句話說，事後想要藉由黨國體制的崩毀來重塑台灣現代主義的批判精神，與事實並不合。況且，這樣的思考更可能放過了真正主導1970年代充斥在台灣的「現代化」思想。

回過頭來看待1970年代那段知識分子之間的思想辯詰，真正對現代化政策或即將到來的現代化社會提出質疑的現代主義，並未曾出現，反倒從當時「反現代主義」的批評者身上，可以找到各種不同脈絡的反省聲音。從現代主義的批評者身上可以發現，「現代」是一個持續百年受到知識分子關注的焦點。雖然目前看來，現代化發展經歷1970年代初短暫的頓挫後，在國家意識型態與大眾文化兩面滲透之下，已經以資本主義的經濟模式占據了它全部的意義，成了台灣社會最大的共識。

詹曜齊：現任板橋社區大學主任秘書，並擔任文學與社會、台灣的現代主義等課程講師。偏好詩與小說。多半時間用以陪伴四隻狗小孩，閱讀與研究則持續以台灣現代化過程、中國思想史為重心。

威權統治下的國族認同：
隱蔽與公開、連續與斷裂 蕭阿勤

　　1980年代以來，台灣政治與文化的重大變遷，以及其中引發的爭議與衝突，經常涉及國族認同。在這段時期的政治與文化的本土化、台灣化趨勢中，不少人——包括政治或文化菁英以及一般民眾——都經歷過「從傾向中國到傾向台灣」的國族認同變化。夾雜在其中而構成這種變遷的一個重要部分，是人們對於集體的或個人的過去，重新挖掘、闡述與評估。這些涉及台灣歷史的重新探究，不少在於研究中國國民黨威權統治下人們的國族認同現象。探討這個問題，既牽涉到事實的確認，也牽涉許多關於概念、理論、社會變遷的歷史過程性質等知識建構上的基本問題。這些都關乎如何理解戰後台灣的歷史，因此值得討論。筆者從事相關的研究，幾年來對這些問題累積一些看法。在這裡就從個人的研究經驗出發，將這些看法提出來，就教於讀者。

楔子：台灣1970年代的回歸現實世代與文化政治變遷

　　讓我們先回到30幾年前的一段歷史。1971年夏天，現任副總統的呂秀蓮女士，在美國留學後回台灣，於同年底開始提倡「新

女性主義」，相當活躍而備受矚目。
這段期間的她，與當時一般戰後世
代的知識分子一樣，懷抱著鮮明的
中國國族認同，自認是生長在台灣
而「接受了二十多年正統中國教育
的女孩」，並且認為推動新女性主
義具有承接清末民初中國婦女運動
的歷史意義[1]。1974年春，她在報紙
上的專欄文章集結成書，相當受歡
迎而再版。在這本書的〈再版序〉
中，她如此誠摯地表白自己的國族
認同，流露強烈的使命感：

有位朋友說我的話：「剛健中帶著嫵媚俏皮，革命中帶
著和平中正」，有位讀者則謂此書「充滿了中國的儒家
思想」，前者我固愧不敢當，後者則欣然承受。我這樣
說，並無意為自己的狂肆放煙幕，乃因我已體認到生為
中國人，死必為中國鬼的事實，我於是更加努力於使自
己做一個中國人──一個更比〔筆者按：應為「為」〕
現代，更比〔筆者按：應為「為」〕邏輯，更比〔筆者
按：應為「為」〕活化的中國人。

或許這正是此書能引起高速度共鳴的原因所在吧？斯
時斯地，你我所追尋的，所需要追尋的，不正是一條現

1　呂秀蓮，《新女性主義》（台北：幼獅月刊社，1974），頁4, 36-41, 206。

代的，邏輯的也活化的中國之路嗎[2]？

　　然而在倡導新女性主義的過程中，除了逐漸遭受各種批評之外，國民黨不斷透過情治單位所施加的騷擾與壓制，使呂秀蓮領悟到其中涉及更深刻的政治因素[3]。1978年夏，她再度前往美國。在這次的美國之行中，她接觸到大量以往所未見而關於台灣的史籍，體認到自己與其他人對台灣歷史都缺乏了解，於是開始整理資料與寫作。對於台灣過去的重新認識，使她「深覺婦女的本質問題與台灣人的歷史命運有許多若合符節的地方」[4]。1978年底，她以「黨外」候選人身分，投入桃園縣增額國代選舉。在競選期間，她出版了《台灣的過去與未來》一書，並於美國對台灣斷交、選舉停辦後的隔年再度修訂出版。該書近250頁，分為四部分，分別討論「台灣的過去」（包括一、「關於『台灣』的基本認識」，二、「台灣歷史紀元」，三、「台灣歷史的特色」）、「台灣問題的演變」、「台灣的現在」與「台灣的未來」。在這些過程中，就像呂秀蓮當時對自己的形容所說的，她「從一個社會工作者變成政治工作者，從女性問題的探討走向台灣問題的思考。」[5]《台灣的過去與未來》一書，可以說是七十年代黨外特殊而強烈的歷史感最有系統的呈現[6]。

2　呂秀蓮，〈再版序〉，《尋找另一扇窗》（台北：洪健全教育文化基金會，書評書目出版社，1974），頁1-2。

3　呂秀蓮，《台灣的過去與未來》（台北：拓荒者，1979），頁63-64；李文，《縱橫五十年——呂秀蓮前傳》（台北：時報文化公司，1996），頁98-99。

4　呂秀蓮，《台灣的過去與未來》，頁63。

5　同上，頁52。

6　呂秀蓮分別在1978年11月與1979年7月所寫的《台灣的過去與未來》

在《台灣的過去與未來》一書中，呂秀蓮指出有關台灣歷史的著作不少，但「絕大部分的記載與論述都著眼在中國正史的角度」，「不曾真正以台灣本土作主體」。因此她決定在探討台灣的過去時，「大膽地超越傳統中國本位主義的立場，只單純地站在台灣本土以及居住在台灣本土的人民的立場。」對呂秀蓮而言，台灣的過去是一部充滿移民與殖民過程的開發史：移民者在台灣尋找安身立命之地，能「與台灣認同，老死台灣」；反之，殖民者卻搜刮剝削，壓榨人民，「既不認同台灣，臨危則三十六計逃為上策」。她指出西班牙、荷蘭、明鄭、清廷與日本的「外來政權」，以少數人統治多數人，都是與人民沒有認同、利害相反的殖民者。因此她強調：「綜合台灣的歷史主體，一言以蔽之，在土地、人民與政府的三角關係中，我們赫然發現，台灣歷史的基本特色是，它是一段三百年來沒有主權，身不由己，任人擺佈的悲慘歷史！」（強調處為原文）。呂秀蓮回顧過去、瞻望未來，認為台灣在國際上孤立、前途堪慮之際，有必要「檢視台灣歷史

（續）────────────────

一書〈初版序〉（該書第57頁誤植為「1979」年11月所撰）與〈修訂版序〉，對於寫作此書的緣由，包括與她在七十年代初推動新女性主義、在哈佛大學留學及其燕京圖書館研讀台灣史籍、美國與中華人民共和國即將建交的局勢、參與國代選舉的經驗等的關係，有詳細的交代。在其中華民國第十任副總統任內的2003年，呂秀蓮再將這本書出版，書名改為《台灣：過去與未來》。她在新版〈重印序〉中，對於該書的寫作經過等，又有更多的說明。呂秀蓮在新版〈重印序〉中宣稱「……一字不改，原封不動地讓它重新問世」。見呂秀蓮，《台灣：過去與未來》（台北：知本家文化事業，2003），頁11。不過事實上新版仍有一些文字更動，譬如下文所徵引的「不錯，台灣是中國的一省……」部分，其中「台灣是中國的一省」、「是三民主義的模範省」在新版中已刪除。見呂秀蓮《台灣的過去與未來》，頁166-167；《台灣：過去與未來》，頁118-119。

所具有的時代意義，並探討外交逆流中的自處之道。」這種自處
之道，亦即島上的人民必須「當家做主」，擺脫如同孤兒、養女
的歷史悲運，爭取對土地與政府的主權，自立自救。至於誰是台
灣人民，她強調的是：「台灣歷史指出，台灣島上的住民無所謂
本省外省之分，只有移民先後的不同而已，凡是認同台灣，願意
與台灣共存亡而同甘共苦的都是台灣人」。呂秀蓮進一步指出，
「台灣人是中華民族」，「愛台灣即是愛中國，講台灣話就是講
中國話，珍惜台灣文化就是珍惜中華文化！講解台灣的歷史，當
然也就是講解中國的歷史了。」在這種歷史敘事與認同中，當時
呂秀蓮在政治上的現實主張是未來的「一個中國——但不是現
在」。她呼籲國民黨體認中華人民共和國已被國際社會普遍承認
的事實，放棄中國只有一個、台灣是中國的一部分、以及中華民
國是中國唯一合法政府的堅持。換句話說，務實地「承認當前的
中國是分裂的國家，存在著兩個對立的政權，是件痛苦的事情，
但天下還有什麼比覆亡更痛苦的呢？」於是呂秀蓮明白提出「中
華民國獨立」的主張[7]。

在美麗島事件不過三個月之前修訂出版的《台灣的過去與未
來》一書，作為當時黨外歷史感最有系統的呈現，可以說是七十
年代黨外歷史敘事重要的尾聲。事後回顧，它也是八十年代黨外
「台灣意識」的先聲。呂秀蓮的歷史觀與「中華民國獨立」主張，
預示了美麗島事件後、八十年代上半葉黨外「台灣意識」宣揚中
鮮明的台灣民族主義之歷史敘事與認同，以及獨立建國的行動主

7　以上一段中的引文分別見呂秀蓮，《台灣的過去與未來》，頁58-59,
　　61, 105-108, 161, 166-167, 221-223, 241。呂秀蓮曾於七○年代初加
　　入國民黨，但於選舉停辦後被開除黨籍。當時國民黨的理由之一是
　　呂秀蓮在選舉期間「鼓動台獨思想」。見《八十年代》1(1)：68。

張。當然，如果沒有美麗島事件，黨外政治理念與行動是否會在八十年代後快速地激進化，而在此過程中企圖替代「中國史觀」的台灣民族主義歷史敘事，亦即八十年代之後反國民黨的本省籍政治與文化界人士所謂的「台灣史觀」，是否會快速發展，大概很難分說。

　　台灣在1970年代開始發生重大的政治、文化變遷。套用哲學家雅斯培的概念，這個十年可稱為戰後台灣歷史上的軸心時期。在國民黨統治體制下成長與受教育的戰後世代年輕知識分子，深受七十年代初台灣與日本發生釣魚台主權爭議、美國與中華人民共和國友好接觸、中華民國喪失聯合國席位、與日本斷交等外交挫敗的重大傷痛事件刺激，經歷覺醒轉化，逐漸揚棄六十年代普遍瀰漫於社會而尤其顯現在知識階層身上的流亡漂泊心態。如果說七十年代是戰後台灣歷史上的軸心時期，那麼這些年輕知識分子所構成的「回歸現實世代」，在當時政治與文化轉變中扮演核心角色，也就足以稱為戰後至今台灣歷史上的軸心世代。回歸現實世代當中，挖掘日據時期台灣新文學的文化界人士、鄉土文學作家與提倡者，以及發揚日據時期台灣人政治社會運動史的黨外等三群成員，其文化再現與知識建構之重點都在於重新認識台灣的過去，以理解現在而規劃未來，涉及歷史敘事與認同的變遷。他們與八十年代之後台灣史觀與台灣民族主義的發展密切相關，對晚近政治與文化的本土化、台灣化影響重大。呂秀蓮正是回歸現實世代中黨外的重要成員。

　　回歸現實世代不分省籍，深受七十年代初台灣政局與社會變化衝擊，普遍經歷覺悟啟蒙的過程，產生清晰的世代意識。當時形形色色的各種出版品，承載他們眾多的世代論述（參見附圖）。他們的世代認同，鑲嵌於國族對過去、現在與未來的敘事，是

反映1970年代台灣戰後世代知識分子之世代意識的出版品。

在中國國族的歷史敘事中得到澄清，依附於國族認同而開展。這
些具有回歸現實理念的年輕知識分子在國族歷史敘事中定位自
我、尋求存在意義而積極實踐，成爲特殊的政治與文化發展之承
載者。上述三群回歸現實世代的重要成員，都顯現清晰的中國國
族認同，反映戰後國民黨國族教化與相關歷史敘事的認同形塑力
量。但是他們挖掘台灣的過去，重視現實與鄉土，卻構成八十年
代之後政治與文化本土化、台灣化的重要源頭之一。七十年代回
歸現實世代的普遍籲求，事實上是晚近這個發展的長遠濫觴，而
其中這三群成員則爲更具體的泉源。

　　筆者近年來研究上述七十年代的歷史，乃至於論及八十年代
末台灣社會解除戒嚴、政治自由化確立之前的時期，對於運用當
時公開可得的史料以探討威權統治下的國族認同問題可能遭遇
的困難與批評，深有所感。這些困難與批評，主要來自兩個相互
關聯的歷史事實。首先是由於當時在國民黨威權統治下，台灣社
會深受白色恐怖籠罩，沒有言論自由。其次，則由於許多本省籍
的政治或文化界人士，譬如呂秀蓮，在八十年代之後，陸續成爲
台灣民族主義者，呈現不同於以往他們在公開言行所流露的國族
歷史敘事與認同。這些對威權統治下的國族認同問題的探討所可
能遭遇的困難與批評，大致可歸納爲兩個面向：第一是關於威權
統治下被壓制的弱者是否另有其歷史敘事與認同，亦即所謂「隱
蔽腳本」（hidden transcript）[8]的存在與性質的問題，第二則是涉
及威權統治式微、政治自由化前後的歷史究竟是連續或斷裂的問

8　有些研究者將這個詞翻譯成「隱蔽文本」、「隱性文本」等。不過
　　考察史考特提出這個概念的原意，那麼譯成「隱蔽腳本」應該比較
　　恰當。見下文的討論。

題。

　　上述兩方面的問題，都牽涉到如何理解台灣在威權統治下的社會與歷史過程，因此值得討論。在接下來的部分，針對上述第一方面的問題，筆者將指出，我們必須謹慎對待政治學者史考特基於特定歷史經驗所提出的「隱蔽腳本」概念，不能忽略理論與經驗的密切關係。針對第二方面的問題，筆者則認爲，歷史研究者必須節制其後見之明，不能完全根據過去現象的後續發展結果，來看待這些過去。我們需要釐清歷史行動者處身在不可預知未來的過去脈絡中之觀點，同時關注機遇性的事物變化如何影響人們對過去、現在、未來的敘事理解（narrative understanding）與認同建構，亦即如何影響其「敘事認同」（narrative identity）的發展。在如此的歷史闡述中，社會歷史過程的連續與斷裂並非截然二分，而是一體的兩面。

弱者、隱蔽腳本、與敘事認同轉化

　　以筆者研究的那些七十年代本省籍戰後世代來說，由於學校教育與社會教化的緣故，他們深受中國民族主義取向的歷史敘事影響，懷抱相當程度的中國國族認同。也許讀者會想到：我們如何能認爲在威權統治下，他們這些言行都是出於自由意志？他們的中國民族主義敘事固然顯示國民黨體制的大中國教育與教化之影響，但是我們如何知道他們不是陽奉陰違、做表面功夫而已？學者或許也會舉出史考特的 *Domination and the Arts of Resistance: Hidden Transcripts* 一書，認爲其理論與研究策略，對言論自由受箝制的七十年代，不無啓示，因而認爲在戒嚴統治與白色恐怖下，「台灣民族」的敘事如果不是被壓制而噤聲，就是

以修辭策略來掩飾而迂迴表達，當時難道沒有「隱蔽腳本」的存在嗎？

筆者認爲，我們對史考特該書的經驗研究對象與研究策略、概念與理論，必須有更恰當的認識，才能掌握其適用的範圍，而不會過分擴張、過分推論其關於「弱者」與「隱蔽腳本」的觀點，以致於過度應用到台灣在威權統治下的國族認同現象上。以下我們就以史考特該書爲基礎，從三方面來討論這個問題。

第一、哪一種弱者？理論立基的經驗對象問題

關於史考特的論點與七十年代回歸現實世代研究的關係，一個關鍵的問題在於：理論無法脫離它所立基發展的歷史經驗。史考特的隱蔽腳本概念與相關理論根據的主要經驗對象，與七十年代台灣的回歸現實世代，兩者的性質相當不同。史考特全書的主要論點是：那些處在被宰制關係中的弱勢者，並非完全接受擁有權力的宰制者之意識型態；我們不可以單單憑藉弱勢者面對權力時的公開言行舉止，亦即其「公開腳本」[9]，來理解不平等的權力關係與弱勢者日常的抵抗政治，因爲那不是宰制關係的全部眞相；弱勢者的公開腳本乃出於恐懼與自保的現實性策略選擇，但卻會在權力監視所不及的地方和時機，發展他們未必與公開腳本一致的「後台的」言行舉止，亦即其「隱蔽腳本」，以便嘲弄宰制者、在心理上彌補公開的屈辱、夢想權力關係的翻轉、分享弱勢者彼此的認同等等。因此，史考特批評「假意識」與意識型態「霸權」的概念與理論（特別在其書的第4章），認爲它們片面

9　有些研究者將這個詞翻譯成「公開文本」、「公開言行」等。筆者認爲譯成「公開腳本」，應該比較符合史考特的原意。

地根據宰制關係中的公開腳本，經常將弱勢者不恰當地描繪成接受宰制的意識型態教化、消極地順從。

　　史考特建構理論的經驗基礎，主要是佃農、農奴、奴隸、賤民、被別的種族壓制的種族成員等弱勢者的歷史現象。換句話說，這些都屬於前現代封建制度、殖民統治，或印度種姓社會、種族歧視高度制度化等的時代或社會，其中的階級或族群、種族界線森嚴，而上下二元的權力關係嚴重對立[10]。雖然史考特聲明他也提及其它的臣服類型來闡明其論點[11]，但全書論證的依據，主要是上述的經驗現象，而很少引論這些其它的臣服類型。

　　史考特針對的這些主要經驗所屬的時代或社會，缺乏現代學校普及教育、媒體，及其它的「意識型態國家機器」（借用阿圖色的概念）。這些時代或社會，被宰制者的社會身分與地位經常在出生時就決定，幾乎沒有社會流動，更別談現代西方式民主政體的公民權、公民身分等相關的觀念與制度[12]。我們更可以想像：在通常的情況下，不會有一位地主、貴族、奴隸主、印度婆羅門、美國歷史上的白種主人，致力於教化他相對的佃農、農奴、奴隸、賤民、黑奴等，告訴他們：「我們是一樣的，我們有相同的祖先與文化，我們是同胞」等等，而當然更沒有這種教化的普遍性制度與組織存在。同時，除了在後台模仿嘲弄宰制者、幻想報復、夢想宗教式的千禧年拯救等之外，一般而言，恐怕也不會有佃農、農奴、奴隸、賤民、黑奴等把他們的自由，以及與地主、

10　特別參考 James C. Scott, *Domination and the Arts of Resistance: Hidden Transcripts* (New Haven, CT: Yale University Press, 1990), pp. 20-21, 61.

11　*Ibid.*, p. 22.

12　*Ibid.*, pp. 21, 137.

貴族、奴隸主、婆羅門、白種主人的平等，視爲理念上、制度上自然與當然的事。

然而七十年代的回歸現實世代，以及其中那些發揚日據時期台灣新文學的文化界人士、鄉土文學作家、黨外新生代等，卻是受了16年左右（從小學到大專）「大家都是中國人」的學校與社會教化，深信民主、自由、平等價值的現代知識青年。眾多的史料都顯示他們具有相當程度的中國國族認同，就像本文一開始所提到呂秀蓮在七十年代初的情形一樣。這些歷史文獻呈現的是他們的公開言論，依照一些讀者的觀點，自然可視爲「公開腳本」。不過公開的，是不是就不可能代表他們當時一定程度的真實情感與認知呢？筆者認爲，就他們在國民黨體制下受教育與成長的戰後世代身分而言，這些公開言論在一定程度上足以反映其某種真實的情感與認同。否則我們如何解釋那些他們將自我世代認同、政治投入，以及歷史敘事聯繫起來而相當懇摯、激情的言論？

上面提到，也許有讀者會認爲，回歸現實世代的中國民族主義敘事雖然顯示國民黨體制的大中國教育與教化之影響，但是他們極可能只是陽奉陰違地做表面功夫而已。關於這一點，筆者認爲，我們也可以反問：我們怎麼知道，這些人不是認真的？即使他們的歷史敘事有其行動策略的考慮，我們同樣可以說：何以策略的，就不可能代表行動者一定程度的真實情感與認知？即使史考特也指出：對宰制者的激進挑戰，往往來自那些認真相信霸權意識型態的受宰制成員、來自順從者（譬如他們會認真質疑宰制者未實踐其宣傳的諾言等），而非那些對霸權意識型態冷漠而不信者[13]。

---

13 *Ibid.*, p.106.

　　簡言之，史考特的經驗對象來自前現代封建制度、殖民統治、印度種姓文化、種族歧視高度制度化等的時代或社會，其中的階級或族群、種族的界線牢固不破，處於極其不平等權力關係的兩方幾乎沒有共同的文化與世界觀，也不認為對方屬於共同文化與世界觀的成員。就史考特的研究策略而言，他明白地交代，為了發展其論點，事實上刻意只選擇了他「預期可以發現公共腳本與隱蔽腳本的最大歧異的那些臣服類型」（楷體為筆者的強調），亦即其證據來自「著眼於它們如何可以確證這個觀點而選擇的各種專制嚴酷的類型（various forms of tyranny）」（楷體為筆者的強調）。換句話說，就像他同時聲明的研究「策略」，是選擇那些相似的宰制類型，以便讓相互比較的分析，有連結一致的結果；而這些宰制類型的共同點，在於它們都明白地是「向一臣服的人民榨取勞動、貨財、服侍的制度化手段。」[14]就史考特所刻意選擇的歷史經驗來說，他對那些弱勢者的兩種腳本、以及其間的權力關係實質、弱勢者的日常抵抗等的分析，是具有說服力的。

　　然而我們知道，史考特藉著這些經驗與分析所致力於反駁的「假意識」與意識型態「霸權」的概念與理論，原本就不在針對史考特書中談論的那些時代或社會。馬克思以「假意識」來形容工人階級不能認識到自己真正的利益、未能發展革命的階級意識之情況。葛蘭姆西則以「霸權」來解釋現代資本主義社會中宰制階級對從屬階級與整個社會的控制。這些馬克思主義的概念與理論所涉及的社會，現代教育與媒體等大致發達、社會階層流動相對地可能、知識分子與國家和宰制階級的意識型態之關係糾結複

14　*Ibid.*, pp.20-21.

雜等等。這些概念與理論代表的，是社會分析者對被宰制者／宰制者、被宰制的意識／宰制的意識、同意／暴力、順從／強制等界線混淆，感到相當焦慮——或者借用史考特的用詞，是對弱勢者的公共腳本與隱蔽腳本混而不分，感到相當焦慮。就此而言，史考特的論點雖不無啓發，但恐怕在理論對話的對象選擇上，有失準之處。他對霸權理論的批評、兩種腳本的區分、隱蔽腳本的概念，如果運用到現代社會及其中各種複雜曖昧的權力關係，那麼分析上的效用恐怕相當有限。

　　誠如上述，史考特也提到他用其它的臣服類型，來支持其論點[15]。這些類型包括一、全控機構（total institutions）（監獄、感化單位、戰俘營等，尤其是會進行洗腦的地方）；二、共產黨國家的統治[16]；三、基於性別的宰制；四、工人階級的生活[17]。然而這些其它類型，如果不是和那些主要的經驗現象有類似性質（宰制者與被宰制者的界線森嚴、上下二元的權力關係嚴重對立等），就是在全書後來的討論中很少引用，因此全書論據，仍然是上述主要的經驗現象，而非「假意識」、意識型態「霸權」概念與理論所指涉的現代社會情境，也不是類似回歸現實世代之類的現代知識分子。

第二、隱蔽腳本指什麼？

　　熟悉史考特關於隱蔽腳本的研究之讀者，也許會認爲，依賴回歸現實世代的言論著作等史料來論證中國民族主義對他們的

15　*Ibid.*, p.22.
16　史考特提到的是像蘇聯勞改營的情況，譬如*Ibid.*, p.51.
17　*Ibid.*, p.22.

影響，其證據只是間接的，於是進一步認為我們必須考察其隱蔽腳本，才能知道他們作為被支配者的抵抗策略是什麼。換句話說，讀者也許會認為，隱蔽腳本才能作為更直接的論據。

這裡必須先了解在史考特所針對的經驗現象中，所謂的隱蔽腳本指什麼。除了前面所提到對隱蔽腳本的定義或說明外，在其全書中討論那些主要經驗現象時所實際呈現的，是弱勢者彼此理解的謠言、小道消息、閒言碎語、偽飾託詞、言語上的耍技、反話、隱喻、俏皮話、委婉語、民間傳說、儀式性的表情姿態、匿名方式的威脅與破壞等[18]。正因為其經驗對象來自前現代封建制度、殖民統治、印度種姓、種族歧視高度制度化等的時代或社會，所以史考特明白告訴我們：「制度化的民主規範在晚近發展之前，這種曖昧難解的政治衝突領域〔筆者按：亦即隱蔽腳本所屬的範圍〕——還談不上造反——是公眾的政治論述之所在。對這種世界所屬的同時代大部分臣服者而言——公民身分對他們充其量是烏托邦的想望——情況一直是如此」[19]。隱蔽腳本的內容之所以如此，是因為在那些時代或社會，被宰制者面對宰制，所感到的「對等報復行動的系統化受挫」，亦即被欺壓剝削卻不能任意報復抗拒。因此史考特形容隱蔽腳本的基本性質是「憤怒與報復攻擊的幻想式發洩」[20]。

就七十年代的回歸現實世代來說，可以想像他們也有上述這一類的隱蔽腳本，亦即對既有體制與統治者的調侃、嘲弄、傳說、謠言、隱語、虛與委蛇的言行等，而這些都反映他們對體制與教

---

18 *Ibid.*, p. 137.

19 *Ibid.*, p. 137.

20 *Ibid.*, p. 37.

化一定程度的抗拒與憤恨。許多在台灣戒嚴體制下生活過的人，大概都熟知那些流傳的反國民黨的禁書與笑話之類的隱蔽腳本。不過論者針對七十年代台灣時所指的隱蔽腳本，也可能不是這種「憤怒與報復攻擊的幻想式發洩」而已，而是被壓制噤聲、必須透過修辭策略來掩飾而才能迂迴表達的「台灣民族」敘事，亦即是，七十年代本省籍的回歸現實世代，私下另有一套性質不同的條理化政治信念與歷史敘事，其中的集體認同完全不同於筆者所發現者，亦即他們並不自視為中國人、中華民族一分子的台灣人。

首先，就歷史經驗而言，特別就戰後世代的成長與教育環境、八十年代中期之前海外台獨運動與島內的隔絕、台灣政治反對運動的階段性發展性質、與回歸現實世代有關的大量史料來說，這種隱蔽腳本是否在他們之間的存在，是值得懷疑的。就戰後首次出現集體性地公開提倡台灣歷史文化而言，包括那些挖掘發揚日據時期台灣新文學的文化界人士、鄉土小說家與提倡者、黨外新生代在內的回歸現實世代，雖然仍憑藉中國民族主義歷史敘事模式，但在當時而言，他們的所作所為，對既有政治、文化體制已充滿挑戰，具有高度的政治敏感性，因此可以想見，必然面對極大的壓力。然而他們的中國民族主義歷史敘事模式，以及仍然是作為中國人、中華民族一分子的台灣人之認同位置，也是事實。

其次，就研究策略而言，一個問題是：如何取得隱蔽腳本？曾經有學者認為，類似筆者對回歸現實世代的研究，應該蒐集日記、通信、備忘錄等非正式文獻，並且進行各種細緻的訪談，以取得隱蔽腳本，進而分析解讀出那些本省籍人士與外在社會過程變遷亦步亦趨之動態的、細膩的、隱微的國族認同轉化經過。姑

且不論那些政治與文化界人士有沒有這種紀錄留存下來，一個明顯的問題是，要取得日記、通信、備忘錄等他們個人相當私密的資料，談何容易？就筆者曾經訪問的幾位黨外人士來說，他們可以提供一些粗略的回憶以及圖書館大致也可以找到的歷史文獻，已屬不易。以筆者曾經訪談過的一位重要黨外人士為例，在交談過程中，筆者必須不時出示與他相關的史料，以勾起其模糊的記憶、糾正其錯誤的回想、或甚至提醒他完全遺忘的事實。更何況清楚紀錄自我認同的轉化，是一種需要反身性思考的工作，即使是政治與文化的菁英，可以清楚紀錄自己這種心路歷程的，也相當罕見。歷史上的行動者並非為後來研究者的問題意識而思考、行動，更不會考慮到為後來的研究者而留下完整紀錄。如果以這些政治與文化界人士的個人為單位，企望蒐集到前後通貫、詳細紀錄其國族敘事與認同轉化的資料，恐怕不切實際。再以一般社會研究所採用的訪談來說，處身於今，研究者既不能回到七十年代，我們容易想見的一個方法，自然就是依賴現今對當時當事人的訪談。然而必須注意，民族主義者的一大特色，即為重寫自己與自己所屬的群體之歷史，以符合目前的認同，因此他們關於過去的說詞，往往大有商榷的餘地。現今訪談所得的資料，究竟如實反映當事人當時的情況，或是已受歷史變遷影響的認同與敘事，兩者經常難以區分。所謂台灣民族敘事可能被壓制而噤聲、或者以修辭策略來迂迴表達，這種說法，很類似八十年代末之後台灣民族主義運動在台灣社會明顯發展以來常見的「古已有之」之歷史詮釋，而事實上我們必須謹慎對待。這種古已有之的說法，特別就一些戰後世代的政治與文化界人士之變化而言，可以說是一種「非歷史」的歷史認識，忽略了政治社會運動的角色及其與意識轉化的關係。這方面的問題，則在下一點加以說明。

第三、政治社會運動與意識轉化的問題

由於史考特所論的（更精確地說，是他在研究策略上刻意選擇的）那種隱蔽腳本的性質有如上述，因此當他探討隱蔽腳本突破與公共腳本之間的藩籬而公開宣洩的情形時（農民、奴隸等的公開反抗等），他談論的是一種在宰制者與被宰制者界線森嚴對立的情況下，那些早已普遍存在於被宰制者之間的現象——那些寄託在謠言、俏皮話、小道消息、偽飾託詞、匿名作假等等之中的憤怒與報復的發洩——如今方得以公開的實際行動宣洩[21]。換句話說，史考特不是討論現代社會常見的政治社會運動，也更不必處理這些政治社會運動在漸次開拓的公共領域中，常見的運動領導者本身與群眾的意識可能逐漸轉化的問題。然而現代政治社會運動與公共領域發展、運動者與群眾的意識轉化、政治社會議題轉變與動員能力的關係等，卻是研究現代社會的權力形構與相關政治社會運動的重要課題。亦即研究當代政治社會運動，重點之一往往是運動者與群眾在情境不免轉變中的意識轉化與認同浮現問題，而非從一個原本俱足存在的隱蔽腳本簡單地曝光、變成公開腳本的問題。這也是為什麼筆者認為，史考特的理論在分析現代社會時效用有限的原因。讀者關於「台灣民族的敘事可能存在」的看法，正假設了一個原本俱足存在的隱蔽腳本，並且暗示八十年代後台灣民族主義的發展，是這個隱蔽腳本的公開化而已。然而這恐怕是一種「非歷史」的歷史假設。

筆者的意思是：我們雖然不可以天真地以為，威權統治下公共領域的政治修辭與雄辯代表了政治異議分子所有的認知與情

---

21 *Ibid.*, Chapter 8.

感，但是理解七十年代回歸現實世代（尤其是本省籍者）的歷史
敘事，也不能不考慮其作為戰後世代而深受國民黨體制下大中國
思想教育影響的事實。即使他們在公共領域的歷史敘事有其策略
性、工具性的考慮，但整體而言，眾多史料所呈現他們對世代身
分與台灣歷史的自覺關懷，並未脫離作為中國人、中華民族的台
灣人認同，而且實相應於七十年代普遍的政治社會改良主義。這
個時期是戰後世代發展集體性質的政治異議與行動的初始階
段。從台灣反對運動發展的歷史來看，這個階段的戰後世代仍然
反映中國民族主義及其歷史敘事的深刻影響，毋寧是很自然的
事。否認這一點，恐怕就不能比較「歷史地」認識台灣政治反對
運動的階段性發展性質，以及八十年代後許多本省籍人士意識轉
化的現象。使黨外與文化界等人士的意識轉變而激進化、逐漸成
為台灣民族主義者的重大因素，實為八十年代上半葉國民黨持續
的高壓統治及其所引發的衝突對抗。

　　前面提到，有論者可能會認為，對於政治高壓、沒有言論自
由的七十年代，我們不能以為當時的敘事者是完全依據他們的自
由意志來說話的。筆者認為，在不自由的時代，誠然沒有保障言
論自由的法律的、政治制度的條件，然而什麼算是「自由意志」，
也不能脫離行動者所處的歷史條件來認識、不能脫離影響行動者
的文化歷史因素而以抽象的、絕對的方式來界定。反之，論者可
能也會認為：國民黨的教化體制雖然牢固強大，但是如果認為戰
後世代都受其影響，那麼恐怕低估了行動者發展自主意識的能動
性。不過，什麼算是「自主意識」與「能動性」，我們也不能脫
離行動者所處的歷史條件、不能脫離影響行動者的文化歷史因素
而以抽象的、絕對的方式來理解。那些挖掘發揚日據時期台灣新
文學的文化界人士、鄉土小說家與提倡者，以及黨外新生代普遍

要求回歸現實、倡導回歸鄉土、提倡久受排擠的台灣歷史文化，是戰後前所未有、具有高度政治敏感性的行動。即使他們仍憑藉中國民族主義歷史敘事模式，但所展現的特定歷史階段的自主能動，仍相當清楚。

　　另外，有論者可能也會想到，指出回歸現實世代的中國國族認同，似乎過分強調學校教育等正式體制所傳播的大中國思想之影響力，忽略家庭、親友、各種團體組織等非正式管道的作用。因為即使在中國民族主義的體制教化下，也許有人會因為親友、同儕團體等因素而發展出有別於大中國的意識。關於這一點，事實上歷經釣魚台主權爭議事件、美國與中華人民共和國的友好接觸、中華民國喪失聯合國席位等重大傷痛事件後，不管是本省或外省籍的年輕知識分子，要求社會政治改革的基本精神與出發點，就是回歸台灣社會現實，亦即要求國民黨當局正視統治範圍限於台灣一島的事實，力行內政革新。同時，回歸現實、要求內政革新，也就醒悟到必須關懷自己所生長而熟悉的土地。以當時黨外新生代而言，即使懷抱中國國族認同，但這種認同在政治上落實的國家選擇，至多是沒有排除一個可能涵蓋台灣與大陸的「未來中國」的出現而已。他們關懷的是如何確保「台灣中國」，以對抗「大陸中國」，這些都與大中國意識已有不同。論者或許會假設，也許有人因為家族或同儕團體等因素而發展可能更激進的意識，我們自然難以完全否認這種可能。這種情況，就像一般事實難以排除例外一樣，我們難以斷然否認。不過以筆者的研究經驗來說，去指出國民黨教化與統治體制的影響，目的在解釋戰後世代的中國國族認同的最主要來源，而七十年代的回歸現實世代普遍懷抱中國國族認同，則也是事實。因此，即使讀者假設的那種非普遍的可能情形難以斷然否認，也不妨礙我們上述對回歸

現實世代的國族認同之觀察。

後見之明與歷史的斷裂或連續：1980年代台灣文化民族主義發展的之前與之後

上述的討論指出，從隱蔽腳本的概念出發而可能提出的批評，會認為在那些七十年代本省籍回歸現實世代之間，可能存在著異於中國民族主義的歷史敘事與認同。抱持這種看法的讀者，可能也同時會覺得筆者所論及的威權統治下國族認同變遷的歷史過於「斷裂」，而沒有顯示其「連續」的部分。換一個方式來說，這個質疑是：如果在早先的時期，那些本省籍人士之間沒有存在著某種隱蔽腳本，那麼如何解釋他們後來發展的台灣民族主義？對讀者而言，從這些隱蔽腳本到台灣民族主義，應該有其連續，而不是斷裂的。

筆者進行七十年代的回歸現實世代研究之前，也曾致力於探討八十年代後台灣民族主義在文化界興起發展的過程。這裡所指的文化界，包括文學史寫作與文學創作、業餘與專業歷史探索、語言運動等活動與相關的人士。筆者關於回歸現實世代的研究，是這些先前研究的延續，目的在於探究八十年代之後興起的台灣意識或台灣民族主義在七十年代的起源與聯繫。這些先前的研究經驗與讀者的批評，也都與威權統治下的國族認同問題相關，因此在這裡可以一併來討論。筆者關於八十年代後「台灣文化民族主義」的研究，具體論點認為，整體而言，具有政治異議傾向的本省籍文化菁英投入台灣民族主義運動的時間，要比政治反對人士晚。主要是因為台灣政治反對人士在八十年代上半葉對國民黨政府所進行的民族主義式挑戰，才激發本省籍文學作家與批評

家、福佬台語語言運動者、業餘或專業的歷史學者、民俗學者等
的台灣文化民族主義，亦即政治反對人士先於人文知識分子而成
為民族主義運動的主要推動者。筆者指出，一直到八十年代初，
政治上具有重要性的台灣文化民族主義才因為黨外意識型態動
員的影響而出現。具有反國民黨傾向的上述作家與文學批評者等
人文知識分子開始主張台灣民族主義，要比政治反對運動者的民
族主義動員稍晚。這種過程顯示，台灣民族主義運動在世界民族
主義發展史上的「晚進者」性質[22]。

　　針對筆者上述的研究，曾經有讀者質疑：筆者忽略八十年代
之前一些本省籍文化界人士的作品中的「本土認同」意涵。換句
話說，對這些讀者來說，若沒有這種本土認同的種子，這些本省
籍文化界人士後來的台灣民族主義大樹何能成長出來？張茂桂
在對筆者的深入書評中，就認為筆者

> ……對於美麗島事件以及政治動員的強調，或許過度，
> 這使得台灣「文化」民族主義的發生的過程，被形容成
> 是不連續的兩個階段。單單就「得以公開發行」的文本
> 來說，蕭阿勤的主要論點也許有充分的理由，但是我們
> 也不能忘記白色恐怖，高壓的言論政策對於文本書寫者
> 所產生的自我限制以及壓抑作用，得以公開發行的文
> 本，一定能代表當時的論述者，所認同的想法嗎[23]？

---

22 蕭阿勤，〈1980年代以來台灣文化民族主義的發展：以「台灣（民
　　族）文學」為主的分析〉，《台灣社會學研究》第3期(1999)，頁8-9,
　　39；A-chin Hsiau（蕭阿勤），*Contemporary Taiwanese Cultural
　　Nationalism*（London: Routledge, 2000），p.178-181.

23 張茂桂，〈書評：A-chin Hsiau（蕭阿勤），2000, *Contemporary*

　　吳介民在他一篇精闢的文章中，討論1977、1978年之間的鄉土文學論戰作爲「衝突性的公共領域」原型，也曾經認爲：

> ……蕭文的歷史分析，有以下這個重要的訊息：對於這些本土派作家而言，他們在國民黨統治時代發表的帶有中國民族主義思想元素的言論，是有很高程度的眞確性（authenticity），而非僅是威權高壓之下的「逢場作戲」。這種分析上的蘊涵，會產生一個歷史詮釋上的難題，亦即，以80年代中期以後的政治自由化，來切割同一個論述主體的兩種相互矛盾的論述內容。因此，我們就比較難以觀察到歷史性的論述變化的內在連續性。另一個問題，即便我們承認台灣本土派文人的文化民族主義，具有落後於政治反對運動（政治性的民族主義）的後進性質，並不必然認爲他們在權力面前的公開言行具有眞確性，或者這樣的眞確性具有普遍的性質。
> 史考特關於「公開言行」和「隱蔽文本」之間的微妙關聯，有助於我們重新思索這一段論述史的爭議。……
> 史考特這個觀點，對於我們處理同一段論述史，會產生什麼樣的不同觀點呢？不同於蕭阿勤的詮釋，可能是這樣的：解嚴之後大量冒芽的台灣文化民族主義論述的文本，在某個程度上，是威權時代被統治者集體創作的隱蔽文本的公開化[24]。

(續)

Taiwanese Cultural Nationalism 與盧建榮，1999，《分裂的國家認同，1975-1997》〉，《台大社會學刊》第29期（2001），頁295-296。

24 吳介民，〈鄉土文學論戰中的社會想像——文化界公共領域之集體認同的形塑與衝突〉，《公共領域在台灣——困境與契機》，李丁

　　如何回答？首先，關於公開發行的文本是否一定能代表當時本省籍文化界人士所認同的想法，他們在權力面前的公開言行是否具有真確性，筆者在前面已經強調：何以公開的言行就不可能代表他們當時一定程度的真實情感與認知？我們怎麼知道，這些人不是認真的？這方面的質疑批評，一個根本問題在於它們大致忽略筆者在研究中所提供的眾多史料。我們不應忽略許多史料文獻所呈現這些本省籍文化界人士在威權統治時期具有中國國族認同而相當懇摯、甚至激情的言論，即使這些屬於公開的言行。

　　其次，針對筆者的八十年代後台灣文化民族主義研究，上述的批評，基本上牽涉到**為了特殊的分析目的、問題意識**所採取的概念定義，以及經驗研究層次何在等問題。以筆者的研究來說，對民族主義有著清楚的定義，亦即Ernest Gellner所謂的民族主義是一種政治原則，主張政治單位的界線與民族單位的界線應符合一致，而民族主義情感是違反或達成這種原則所引起的憤怒或滿足感，民族主義運動則是受這種情感所激勵的運動[25]。筆者研究的問題意識，重點不在於私密領域的幽情潛意，而在於個人或特定人群的政治異議如何在公共領域集結進而形成集體動員的過程，亦即質問：台灣民族主義何時在文化界公共領域成為集體動員的重要力量？為何如此？過程如何？關於讀者曾經指出的一些本省籍文化界人士作品中早已存在的本土認同，我們必須分辨是他們對自己鄉土的愛戀深情與省籍意識等可以歸為「族群性」（ethnicity）者，還是筆者上述清楚定義下具有強烈政治意涵、

　　　讚等著(台北：桂冠，2004)，頁311, 313。
　25　蕭阿勤，〈1980年代以來台灣文化民族主義的發展：以「台灣（民族）文學」為主的分析〉，頁2。

希望獨立建國的民族主義？筆者的研究重點在後者，而非前者，問題意識則在於：本省籍文化界的族群意識何時轉化為民族主義的挑戰、為何如此、過程如何等。雖然民族主義經常與族群性有所關聯，但是將民族主義簡單地解釋為族群性的延續是不恰當的。這兩種集體認同類型之間的重要區別，在於它們與國家的關係。在民族主義的意識型態中，民族被視為一個政治社群的基礎，是主權的依據，然而這種概念並非族群性定義的重點。一個典型的民族主義者會認為，國家政治統治的界線應該與民族的界線重疊一致。不過絕大多數的族群並沒有企圖建造一個代表自己的國家。從族群到民族，一個民族主義意識型態的發展，往往涉及一種論述的顯著躍進，亦即從基於族群文化特殊性而堅持追求平等的公民權，躍進到基於獨特的民族文化而企圖建立一個新國家。在筆者的研究中，並沒有否認八十年代之前那些本省籍文學界人士等，對於本鄉本土的熱愛與關懷。事實上，他們以樸實明朗的筆調，在詩、小說與其他作品中呈現他們所熟悉的台灣生活、文化與歷史等，時常使讀者感受到他們對台灣鄉土的深刻情感。與外省籍人士的作品比較，這種題材與流露的情意尤其明顯。這種對本鄉本土的情感，以及在文學與其他作品中加以表現的興趣，一直是文學創作與知識建構的重要動力之一，因此在世界其他地區的作者身上也極容易發現。然而，這種情感未必具有政治上民族主義的意涵[26]。

從本鄉本土的情感，進到民族主義的認同與主張，不應該視為自然的或者必然的連續發展。這中間的關鍵，即在於前面討論所指出的現代政治社會運動與公共領域發展、運動者與群眾的意

---

26 同上，頁5, 41-42。

識轉化，以及政治社會議題的轉變與動員過程等。若能關注到這些因素，則沒有吳介民所認為的因切割同一個論述主體而導致的歷史詮釋難題與斷裂之虞，反而足以呈現既有連續也有斷裂、既有承接也有轉化的實情。事實上，激化本省籍黨外與文化界人士全然突破那「族群政治／文化」與「民族主義政治／文化」之隔的，是從七十年代到八十年代之交，國民黨政府面對黨外挑戰時所主導的壓制、衝突、暴力、流血、構陷、監禁與謀殺，以及這些所帶來的眾多犧牲。美麗島事件後的八十年代上半葉，黨外激進人士的崛起、宣揚台灣意識的黨外雜誌大量出現，以及國民黨各種方式的持續打壓等因素交互作用，尤其是使當時反對運動激進化，由追求民主化轉向台灣民族主義的重要因素。就像前面的討論已指出的，這些都屬於運動者與群眾在情境轉變中的意識轉化與認同浮現的現象，而非從一個原本俱足存在的隱蔽腳本簡單地曝光、變成公開腳本的問題。史考特的概念與理論，在分析現代社會或與其所根據的特殊經驗有所不同的歷史現象時，實有其限制。吳介民也明白認為：「當然，從隱蔽文本到公開化的過程，並非只是將某個早已經創作完成的劇本搬上舞台。相反的，公開化的過程必然也是透過敘事認同（narrative identity）的重構而展開。因此，其言論形式和內容，必然也會發生實質的更迭增刪。故而，論述史的斷裂與連續，是共生並存的。」[27]對許多探討政治、社會、文化變遷的研究者而言，重要的正是所謂的敘事認同的重構、言論形式和內容的實質更迭增刪。如果我們**為了分析的目的與問題意識**，明確區分族群性與民族主義的概念定義，並且

---

27 吳介民，〈鄉土文學論戰中的社會想像──文化界公共領域之集體認同的形塑與衝突〉，頁313。

區別所伴隨的經驗研究層次與具體論點，豈不就在掌握這種敘事
認同的重構、言論形式和內容的實質更迭增刪？讀者會覺得筆者
所呈現的威權統治下國族認同變遷的歷史，忽略了論述變化的內
在連續性、造成歷史斷裂，基本的起因恐怕在於這種明確的概念
定義與問題意識，而非筆者真的忽略那些本省籍人士自覺的族群
性之存在。筆者的七十年代回歸現實世代的研究所受到的批評，
也有這種情形。就七十年代的回歸現實世代來說，其中發揚日據
時期台灣新文學的文化界人士，以及鄉土小說家及支持者、黨外
新生代等，雖然都顯現清晰的中國國族認同，反映相關歷史敘事
對他們的形塑作用，而與八十年代之後台灣民族主義的歷史敘事
與國族認同固然不同，但是他們挖掘台灣的過去，重視現實與鄉
土，確實構成八十年代之後政治與文化本土化、台灣化的源頭。
歷史的斷裂與連續共生並存，誠然如此。

　　關於連續與斷裂，一個關鍵的問題仍在於讀者所認為的隱蔽
腳本指什麼。有的讀者也許不是指前面所提及的那種被噤聲而只
能迂迴表達的台灣民族敘事，而是指某種本土認同「意涵」，或
是如吳介民所認為的，「本土派文人在威權時代的公開言行上的
小心翼翼、怯懦，或者意識型態上的順服，並不能否定他們內心
仍然存在著以『反外省人、反中國人』為對象的素樸的民族主義
的情感種苗，即便這種素樸情感仍在潛伏或低度發展的狀態、或
甚至是一種混同雜燴的形態（hybrid form）。」[28]首先，處於潛
伏或低度發展、或甚至混同雜燴狀態之素樸的民族主義情感種苗
是什麼呢？指出這種曖昧模糊的情感可能存在，也許有利於呈現
歷史的連續。但是如筆者在前面強調的，如果不在概念與經驗層

28　同上，頁313。

次明白區分，界定什麼是、什麼不是民族主義，那麼，我們恐怕不易解答特定的問題意識，尤其是回答本省籍文化界的族群意識何時轉化為民族主義、台灣民族主義何時在文化界公共領域成為集體動員的重要力量、為何如此、以及過程如何等問題。

再者，就像霍布斯邦所論證的，即使擁有語言、族群性等所謂民族主義原型或基礎，對於熱切追求建國的民族主義運動之形成，固然相當有利，甚至是必要的，但是這些因素本身並不足以創造這些運動，兩者並無必然關聯[29]。情感或意念，如果處於潛伏或低度發展、甚至混同雜燴的狀態，如何能稱之為民族主義的種苗或一種隱蔽腳本，主要來自我們的後見之明，亦即由於我們站在已經知道歷史的後續發展或結果的「有利」位置所進行的追溯歸因。接下來，筆者要回到七十年代的回歸現實世代，以例子來說明這種後見之明的有利的認識位置，如何可能變成不利的限制。

1975年左右，本省籍年輕一代的林瑞明曾經與日據時期作家楊逵相處一年，並於1977、1978年間陸續發表了介紹楊逵的著作。當時林瑞明懇摯地認為，楊逵的小說所刻畫日據時期台灣人的痛苦，原是中國人的共同命運；楊逵的作品，是中國文學的收穫。他同時也充滿期待，認為在回歸鄉土潮流中，年輕一代已繼承楊逵的精神，成為未來中國的希望[30]。1979年《光復前台灣文學全集》出版，擔任執行編輯的張恆豪、林瑞明、羊子喬等人說明，日據下台灣新文學運動是中國近代史上抗日的民族文化鬥

29　Eric Hobsbawm, *Nations and Nationalism since 1780: Programme, Myth, Reality*（2nd ed, Cambridge, UK: Cambridge University Press, 1990）, pp. 47, 48.

30　林梵(林瑞明)，《楊逵畫像》(台北：筆架山，1978)，頁187-188。

爭，在中國近代的新文學史上有重要意義[31]。不過到了八十年代末，林瑞明已有所轉變。在探討賴和的文學及其精神時，他認爲日本殖民統治時期賴和等台灣第一代作家，確實從中國五四新文學運動吸取資源，但是，五四文學革命不是近代中國的獨特產物，另含有西學要素。他強調台灣新文學運動自始就有世界主義傾向而汲取廣泛資源，因此「將台灣的新文學運動視爲中國新文學的支流、亞流，是忽略了當時台灣處於日本殖民統治下的特殊環境，也是窄化了台灣新文學。」林瑞明堅定地宣稱「……台灣文學非中國文學，也非日本文學，具有其獨特性」[32]。針對筆者論及七十年代林瑞明等人的情形，曾經有讀者以林瑞明所著的《少尉的兩個世界》一書爲例，提出質疑。林瑞明在1977年10月至1979年8月期間，亦即出版《楊逵畫像》、尚在軍中服預官役時所寫的日記，後來結集爲《少尉的兩個世界》，於1995年出版。讀者舉出此書，認爲其中紀錄林瑞明在這個階段的心路歷程，可以看出在戒嚴時代，「人人心中有個小警總」，而從中華民族主義走向台灣民族主義是曲折變化的。

在這些日記中，林瑞明確實記載對國民黨不當操縱選舉的不滿；不相信軍中宣傳的「神話」；認爲「中壢事件」代表「秦始皇的時代已經過去了」；因爲軍中「未見到中校官階以上的台灣人」而認爲光復後「台灣仍是『殖民地』」；對蔣經國一人參選而當選總統的不滿；主張「台灣之政經結構必須求得根本解決」；

---

31 張恆豪、林梵(林瑞明)、羊子喬，〈出版宗旨及編輯體例〉，《光復前台灣文學全集》，鍾肇政、葉石濤主編(台北：遠景，1979)，第1卷，頁1。

32 林瑞明，〈賴和的文學及其精神〉，《台灣文學與時代精神：賴和研究論集》(台北：允晨，1993[1989])，頁329-330。

認為「台灣人還須一番鍛鍊！爭取民主！」；對國民黨的政治符號與政治現實脫節的不滿；認為「台灣人有當家作主的意念，才可能完成革命，台獨在歷史的行程中有正面意義」；認為國民黨「打擊余登發，即是打擊台灣人民的反抗力量」；佩服「台灣獨立派」的魏廷朝是「一條漢子」；認為國民黨對黨外人士「壓迫過分，民權活動只有轉入地下」等[33]。但是相對地，林瑞明在其中也記載了在雙十節想到「先烈的犧牲精神一向是我崇仰的，他們的血絕不能白流」；認為男人服兵役的勞苦「有民族的大我在」；認為「〈國父紀念歌〉雍容爾雅」而「甚喜歡，每次聲音響起，總是內心跟著唱」；引用林煥彰懷想祖國大陸的〈中國·中國〉一詩，談到凝望中國地圖時「每有一種撕裂的痛苦」；認為「如果是抗戰時期，當兵打日本人想必另有一番意氣飛揚！」；談到自己「最希望當海軍，中國當向海洋發展！」；認為自己「親臨現代中國的焦點」，應以歷史的智慧來面對等[34]。因此即使作者表示服役中的日記「無法完全記下真實的感受，因為不能不小心提防安全檢查」、「寫來綁手綁腳」而「實不能看出我思想的歷程與活動」[35]，但綜觀全書，作者當時的政治社會批判與主張大致仍屬體制內的改良主義。當然，對照全書前後，可以看出作者對國民黨的統治與壓制政治反對人士，愈來愈不滿。然而日記寫作開始後的一個多月，就發生中壢事件。全書涵蓋的時間，大致就是中壢事件到美麗島事件之前。這期間，由於中壢事件、國

---

33 以上的引文，分別見林梵(林瑞明)，《少尉的兩個世界》(台南：台南市立文化中心，1995)，頁22-25, 55, 57-58, 142, 213, 229, 255-256, 301(另參頁370), 342(另參頁349), 370。

34 以上的引文，分別見《少尉的兩個世界》，頁2, 4, 19, 40, 89, 121, 132。

35 同上，頁55, 200, 240-241, 334。

民黨加緊迫害反對人士、美國與台灣斷交等因素，許多戰後世代成員（尤其是本省籍者）的反國民黨態度更加發展。因此《少尉的兩個世界》所反映的這種發展，已經是七十年代末期的事，並不能用來否定戰後世代遠從七十年代初期到美麗島事件之前的普遍情形。

再者，這本日記中與中國國族認同相混雜的那些反國民黨言詞、台灣人意識、對台獨的肯定等，大致相當符合所謂處於潛伏或低度發展、甚至混同雜燴的台灣民族主義種苗或隱蔽腳本。就算我們將林瑞明後來之傾向於台灣民族主義，比喻成一株長成的樹木，他早期思想中的種子也是有好幾類、好幾種的，並不是只有那些會導向台灣民族主義者。到底那一顆種子會被引發出來，成長茁壯，接續發展為他後來的國族認同、政治態度與行動等的樹木，關鍵在於現實政治和歷史情境變化的激發。那些他思想中各種潛伏混雜的種子本身，並非充分的要素。如果歷史不是像後來那樣發生，那麼我們如何排除另一種可能，亦即他思想中的台灣民族主義的種子甚至可能不會發芽，反而中國認同的種子有機會長成大樹？張茂桂認為：「只要我們不把『民族』當成一種不變的、本質文化，而是與外在環境不斷進行理性與道德的思辨過程，那麼，『文化民族主義』也許真的是『瓶中精靈』，而這裡所謂的『瓶子』，就是箝制人類自由表達的高壓政治牢籠。」[36] 這樣的看法值得商榷：既然無法將民族當成一種不變的本質性存在，那麼如何確定它源自什麼種子或瓶中的精靈？民族無法成為不變的本質性存在，豈不正是由於人們在企圖打破高壓政治牢籠時，要與外在環境不斷進行理性與道德的思辨過程？這正是筆者

---

36 上引張茂桂書評，頁296。

在前面提到的政治社會運動與公共領域發展中運動者及群眾的
意識轉化現象；由於人們不可能脫離時間存在，時間卻不停地往
前推移，人們對於過去、現在與未來的關係，隨時在進行敘事的
理解，發展其敘事認同，造就了這種現象。

學者卡爾有一段話，提醒歷史研究者要避免後見之明所帶來
的害處：

> 歷史研究者不只能夠根據過去事件的實際後果來看待
> 它們，而且他們經常**無法避免**這麼做。歷史闡述中的興
> 趣與價值，經常正在於重新找回一種對事件的觀點，而
> 這種觀點是由於我們的後見之明才使得我們看不到
> 的。馬丁路德並沒有計畫、預想、或者企望那個因他的
> 行動所激發的新教的宗教改革。看待這樣一個人的行
> 動，就像他看待它一樣，小心謹慎地將我們所知道後來
> 發生的事情全部凍結不論，無疑應該是歷史的想像的最
> 困難技藝之一。我們應該順便指出，這個問題不只局限
> 於敘事史的範圍，它也不只是與一個遙遠的歷史人物
> 「同情共感」的問題而已。心態史或概念史，亦即傅科
> 所啟發的那種歷史，也類似地拒絕將過去的事件（包括
> 理論或著作）僅僅當成後來發生者的前驅先兆，以便排
> 除事後領悟的洞見。因此，要觀察牛頓的理論，必須考
> 慮到他所屬時代的宗教的宇宙論，而不能僅僅被視為我
> 們自己的時代的物理理論之先驅而已[37]。

---

37 David Carr, "Getting the Story Straight: Narrative and Historical
Knowledge," in *Historiography between Modernism and Postmodern-*

歷史研究者與他們所研究的歷史上的行動者之差別，可以比擬成已經知道故事結局的讀者，與故事中面對不可知未來的人物。前者的有利位置，來自於其後見之明。歷史研究者由於知道了後來出現的所謂公開腳本，才知道先前有哪些可以歸為隱蔽腳本，因而可以理出歷史的連續。不過我們不應忘記，歷史研究者與他們所研究的那些人物與絕大多數的人們一樣，都無法避免敘事式的理解，亦即將經驗或事件放到一個具有時間前後與情節性質的關係中，去求得其相對的定位與意義，追求一種整體的掌握與認識。在敘事式的理解中，人們對先後發生的經驗或事件的認識，彼此形塑而相生相成。然而站在後見之明的位置上所進行的敘事理解或歷史分析，經常以結果「解釋掉」歷史過程，而被遺落的就是非預期的歷史機遇，與人們在其中不斷進行選擇所呈現的因徑依賴（path dependence）過程[38]。歷史機遇與因徑依賴，豈不就是造成人們與外在環境不斷進行理性與道德的思辨過程，以及因此而導致敘事認同重構、言論形式和內容實質更迭增刪的根本社會過程？

　　讓我們再回到上面談過的一個問題：公開發行的文本，是否一定能代表人們在威權統治下所認同的想法？他們在權力面前的公開言行是否具有真確性？七十年代的戰後世代，因為國民黨教育或家庭教化而堅持中國、中華民族認同，與他們對戒嚴統治及白色恐怖的反感和提防，不是不能並立的。即使有讀者認為林瑞明、張恆豪、羊子喬等人在戒嚴統治下強調中華民族主義，是

（續）————————————

　　ism: Contributions to the Methodology of the Historical Research , ed. Jerzy Topolski（Amsterdam-Atlanta, GA: Rodopi B. V., 1994）, p.125.

38　柯志明，〈歷史的轉向：社會科學與歷史敘事的結合〉，《台灣社會學》第10期（2005），頁158-160。

刻意之舉，有保護其出版品與身家性命的用意，但這並不表示他們在公共領域宣稱的中國人、中華民族認同是「假的」，他們的中國民族主義的歷史敘事，只是暫時應付白色恐怖的權宜之計。如果有人告訴我們說，許許多多回歸現實世代成員充滿熱情的表白，譬如本文開頭所提到呂秀蓮副總統在七十年代初自許「生為中國人，死必為中國鬼」，都只是他們有意識的自保之計，那是令人難以理解的一件事。這可以說是認同研究中不恰當的工具論觀點：去假設這些歷史上的行動者始終為高度自我監控的理性人，其國族認同、敘事認同只是達到另一種目的之手段或工具而已，並非他們內心真實想法的表達。

卡爾曾經針對敘事史指出，要重新找回被我們的後見之明所遮蔽的歷史行動者對於事件的那些觀點，固然困難而重要，但這不過是更大、更困難的工作之一部分而已。那個更大、更困難的工作，在於考慮到歷史經驗或事件後來的發展，在許多對於它們的不同陳述中選出正確的或最好的，或者面對許多不恰當的故事而說出一個優於它們的故事。卡爾強調，敘事史不能劃地自限，只是重複歷史行動者過去的敘事，而忽略其獨特任務，亦即構築它自己對於這些事物的敘事、說它自己獨特版本的故事[39]。筆者的研究，一向較近於心態史的考察，不過卡爾所言也同樣適用。關於晚近台灣與國族認同文化、政治有關的社會過程，要說出一個比民族主義者自己的訴說、比一些歷史研究者的闡述都更為恰當的故事，就必須將我們的後見之明暫時懸而不論，而去把梳那些個別的歷史行動者在過去時段所表達的當下觀點。同時也唯有

---

39 David Carr, "Getting the Story Straight: Narrative and Historical Knowledge," pp.125-126.

關注機遇性的事物變化所輻湊的作用如何影響人們對過去、現在、未來的敘事理解與認同建構，歷史研究者的後見之明，在闡述這個更恰當的版本中，才可能轉成有利的認識位置。在這樣的故事中，所謂社會歷史過程的連續與斷裂，並非截然二分，而不過是一體的兩面。這種連續與斷裂的共生並存，原本就是社會歷史過程的本體。

蕭阿勤：中央研究院社會學研究所副研究員。專長為文化社會學與政治社會學，研究興趣為民族主義、集體認同、敘事、與世代等。著有 *Contemporary Taiwanese Cultural Nationalism*（2000），與 John Makeham 合編 *Cultural, Ethnic, and Political Nationalism in Contemporary Taiwan: Bentuhua*（2005），中文論文著作重點則在於探討台灣1970年代戰後世代與國族政治及文化變遷的關係。目前正從事台灣1960年代的現代化論述與國族敘事、文化創傷、世代認同、省籍關係，以及知識分子角色關係的研究。

■ 漢娜・鄂蘭（Hannah Arendt）百年紀念

從極權主義批判到共和民主政治：

漢娜・鄂蘭政治思想的遺產[*]　　　　蔡英文

一、緒言

漢娜·鄂蘭（1906-1975），這位被尊崇為20世紀重要的政治思想家，在晚年的文集《黑暗時代群像》（1968）中，描述她所經歷時代為「黑暗時代」，其間人類受盡了前所未有的殘酷暴虐政治的折磨，以及戰亂的磨難。政治的幽黯橫掃了公共領域及人文世界，使人類彷彿置身於荒原當中。處於這種境況當中，鄂蘭說，每一位男女「皆有權利去期待與尋究光亮之照明」[1]。作為一位政治思想家，一位自實踐之公共世界撤離，而駐足於「無所聞見」之思辨世界的觀想者，她所能為的，乃是在這個「最黯淡的混亂狀態、最陰森的生命本能之遺傳，以及最陰狠的殘酷」[2]的世紀脈絡當中，了解與闡釋我們的生活世界發生了什麼事，尋思我們做了什麼以及能做些什麼。她所提供的，是有關生命與世界的一種理論。它雖然是抽象思辨的產物，但是承載著具體之事件的敘事。以鄂蘭本人的話來說：思想本身源自具體生活經驗的事故，而且必須不斷地受它們的激發，宛如唯一的指標，藉此確認思想的處境情勢[3]。

＊ 本文初稿發表於2006年6月14日在東吳大學德文系的演講，感謝系主任石斌宏教授熱忱邀請。本文寫成後，承蒙蕭高彥教授細心閱讀，並提供許多寶貴的修改意見，在此特別表示感謝。

1 Hannah Arendt, *Men in Dark Times* , （New York：Harcourt Brace Jovanovich Press, 1968），p. ix.中譯本見鄧伯宸譯，《黑暗時代群像》（台北：立緒，2006）。

2 *Ibid.*, p.119.

3 Hannah Arendt, *Between Past and Future,* （London: Penguin Press, 1963），p.14.

鄂蘭政治思想的面貌及發展，乃是1930年代以降的納粹極權主義的政治及其發動的席捲全球的戰爭所構成，這即是她所稱的「黑暗之時代」。這段經歷觸及了焦慮、虛無、壓迫、殘殺、憂懼、恐怖與死亡，以及在其中所面臨的種種道德困境。這種經驗或許可稱之為「極權主義的經驗」，乃構成鄂蘭政治思想的主軸；它既是一個沈重的負擔，但也是一種解放的力量。在經歷「非常態」的極權主義政治之後，鄂蘭殫精竭慮構思「後—極權主義時代」如何可能走向真實的、具健全之生命力的政治實踐。

以鄂蘭個人特殊的見解，極權主義的殘暴政治摧毀了歐洲的政治倫理與道德的穩定傳統。處在歷史傳統斷裂的處境中，一種新的政治科學如何可能？因極權主義政治的緣故，西方人才有可能覺察潛伏於現代政治的暗潮，了解什麼樣的現代性的政治社會實踐與理念構成，醞釀出極權主義政治的勢力。有了這樣的理解，才能有一種新的視域，尋究那已被重重灰燼覆蓋的傳統，尚有哪些值得一再揭發的「寶藏」。

自1958年的《人之境況》以至1975年的《心靈之生命》，鄂蘭以人之行動（*vita activa*）與觀想的活動（*vita contemplativa*）（或生命之兩種形式）為解釋的架構，反思批判西方哲學與政治思想的傳統，並針對「後—極權主義時代」真實之政治實踐活動（*praxis*）的可能性，形構她自己的政治理念。這些理念雖然沒有形成一套首尾一貫的體系，但鄂蘭之政治思想已表現其基調，即公民的政治實踐以及實踐得以表現的「公共領域」（或公共世界）。環繞此基調，鄂蘭闡釋實踐的特質與德行，分析權力、權威與暴力的意義，詮釋革命之共和的理想，以及透過「政治之惡」的解釋，說明公民之審議與判斷的可能條件。整體來看，鄂蘭的政治思想呈現豐富多樣的論述，時時閃現其政治的慧見。

在這個剛跨越20世紀，正值鄂
蘭百年冥誕的時刻，我們如何評估
她留下的思想遺產？對於並非生活
於西方文化當中的人們，鄂蘭政治
思想為什麼值得學習，並費心去了
解與闡釋？這個問題跟另一個問題
相關，那就是，我們依什麼問題意
識以及什麼政治與思想的立場去詮
釋鄂蘭的政治理念？關於這個複雜
的問題，筆者在此先以鄂蘭自己的
政治思想經歷做一解釋。

二、鄂蘭政治思想的生涯

鄂蘭之思想的孕育與養成，上接德國的政治與文化的傳承。
她14歲即以極大的熱情閱讀康德的哲學著作與歌德的文學作
品，特別是《浮士德》。1924年，鄂蘭先後進入馬堡、佛萊堡與
海德堡大學，受業於胡賽爾、海德格、雅斯培與布特曼門下，修
習哲學與神學。是時，現象學—存在主義的思潮，正受這幾位哲
學家與神學家的主導發展，鄂蘭的思維特別受到海德格與雅斯培
的影響，前者的「基本存有學」與古希臘哲學的詮釋觀點，以及
後者的「溝通」之哲學，成為鄂蘭日後塑造其政治思想的主要資
源。鄂蘭在1928年完成大學教育後，本來選擇成為學院的哲學教
授。但1933年納粹的執政以及公開迫害猶太人，讓鄂蘭的生涯與
思想方向有了巨大的改變。納粹迫害猶太人激發鄂蘭之猶太人認
同的政治意識，在這一年，鄂蘭參與猶太復國運動的地下組織，

被納粹的特務逮捕，但幸運地被釋放，鄂蘭遂潛逃至巴黎，繼續從事猶太人復國運動的社會工作。直至1941年，她才與丈夫布魯契納(Heinich Blucher)流亡至紐約。

自1941年一直到她去世，鄂蘭在美國定居，在這塊被她稱為「自由共和」(liberal republic)的土地上，開始她的新生活，並發展她的學術與思想生涯。在1951年，她出版了《極權主義的根源》，奠定了她在美國學界的地位。在這本書當中，鄂蘭分析希特勒之納粹與史達林共產政黨之極權主義的意識型態與政權的特殊性格，並解釋造成極權主義的「現代性」條件。在這理論解釋與歷史敘述的脈絡中，鄂蘭隱約顯示她的基本關注點：威瑪共和之自由憲政的腐敗與崩潰，以及德國公民——特別是知識菁英——對納粹極權政權的順從。從這裡，鄂蘭開始反思批判以德國為主的「歐陸」哲學與政治思想傳統，尋求真實的政治。這個思辨的歷程也牽涉了鄂蘭本人的「猶太」認同，以及在美國體認的自由民主及其聯邦體制的經驗，它們構成了相當龐雜的思維叢結。儘管如此，我們在其中可發現下列的政治思想軸線：(1)隨著極權主義的解釋，鄂蘭面對第二次世界大戰後德國公民的集體責任問題，從法律、道德與政治層面，解釋責任之歸屬；在這個解釋的脈絡中，鄂蘭在1961年針對艾克曼的審判，提出「(政治)罪惡之浮淺性」(the banality of evil)的解釋觀點，引發劇烈的爭議。因這爭議，鄂蘭在其晚年沿順先前闡釋實踐與政治的脈絡，處理公民之審議(deliberation)與判斷。(2)隨著她思辨真實的實踐與政治理念的問題意識，鄂蘭基於對歐洲現代性的批判，轉向古希臘羅馬共和之政治經驗，並建構其實踐與公共領域的理論。鄂蘭重返古典的共和理想，一方面是受到她求學時代德國政治文化的「古希臘風尚」的影響；另一方面則來自海德格對古希臘哲

學——特別是亞理斯多德哲學——的詮解[4]。(3)在尋究真實的政治實踐上，鄂蘭先是闡釋古典與共和的政治理念，最後則肯定了美國的憲政民主及其主權分散、多元的「聯邦體制」。鄂蘭反思批判歐陸的政治思想傳統、追尋真實之政治的思想歷程，在終點處肯定了共和主義式的民主憲政。同時，對她縈繞於心思的「極權主義之罪惡」的問題，鄂蘭經由她對公民之責任與審議及判斷的解釋，提出了「公民基於了解所下的判斷即通向寬恕」的道德理念。

　　本文以民主政治為題，闡釋鄂蘭政治思想的遺產。鄂蘭一生並沒有直接且有系統地闡釋這個主題。儘管如此，從她經歷威瑪共和之危機與極權主義的經驗，我們可以說，她在尋究真實之政治上必然關注的問題乃是：威瑪共和的憲政民主的失敗，以及能取代極權體制的民主制是什麼。雖然鄂蘭政治思想發展的脈絡及其依據的資源跟我們的自有不同，但是我們在「民主化」過程中所遇到的各種問題，諸如衝突與共識、族群的認同，以及如何實現穩定性之民主等問題，鄂蘭的政治理念是有某種程度上的現實相關性。從這個角度來看，鄂蘭的政治思辨歷程及其形成的政治理念，雖然爭議不斷而難有定論，仍然可以提供反思批判性的資源，因應自由民主的困境。

三、威瑪共和的虛無主義與納粹興起的機緣

4　關於這方面的解釋，參閱Jacques Taminiaux的 *The Thracian Maid and the Professional Thinker: Arendt and Heidegger*, trans. and ed. by Michael Gendre（New York: State University of New York Press. 1997），特別是第3章，pp. 84-121.

　　上面說過，鄂蘭本人並沒有直接處理民主的課題。要解釋她的民主理念，只能從她政治思想發展的「思想線索」中，嘗試做一種合乎其政治想宗旨的建構性的闡釋觀點。有關民主的理論與實踐的闡釋相當分歧，爭議亦相當繁雜。鄂蘭的民主理論亦是如此[5]。與此相關的問題是，鄂蘭的民主理念是屬於哪一種的範疇？是憲政或代議民主，抑或參與式或激進民主？與此相關的問題是，鄂蘭的民主論證表現出什麼具原創性的論點以及不足之處？依筆者之見，鄂蘭所關心的問題在於：經歷極權主義的災難之後，若要重新建立民主的政治生活，其根本的條件爲何？另外，民主社會中的公民對他（她）的政治實踐（包括政治的了解與判斷）如何可能有眞實的認識？她闡釋這些問題時，威瑪共和之代議民主制的挫敗以及極權主義政權摧毀自由民主之政治社會的體認與解釋，像陰影般籠罩著她的理論發展。若無法掌握鄂蘭此一基本的關懷，便無法適切解釋其民主理念的要義。

　　鄂蘭在《極權主義的根源》一書中，闡釋構成極權主義之「現代性」條件（或者以她的話語：歷史之情勢的暗潮）時，分析了下列的幾個趨勢：（1）金融資本主義的擴張以及由此形成的歐洲列強的帝國主義的侵略；（2）中歐與東歐因種族與文化的複雜性，以及無法建立現代之民族國家的體制，形塑了「部落式的民族主

5　關於鄂蘭之民主理論的解釋，可參見如下的重要的論文：George Kateb的 "Arendt and Representative Democracy"（1983）、Jeffery C. Isaac 的 "Oases in the Desert: Hannah Arendt on Democratic Politics"（1998）、Sheldon S. Wolin的 "Hannah Arendt: Democracy and the Political"（1983），上述的論文收集於Garrath Williams編纂的 *Hannah Arendt: Critical Assessments of Leading Political Philosophers,* vol. Ⅱ, *Arendt and Political Philosophy*（London and New York: Routledge, 2006）, pp. 93-155.

義」，強調血緣、泥土與神秘之「民族之靈魂」爲認同；(3)民族國家的式微以及因金融與工業資本主義帶來的「群眾社會」。以此作爲敘事與解釋的構景脈絡，鄂蘭說明威瑪共和的憲政民主的腐化。這腐化的因素來自於第一次世界大戰後之世代所形成的虛無主義風潮、代議民主政治的失靈，以及攻擊性的民族主義。這些因素相互催化，終至輻湊而凝聚出以優秀種族之統治爲歷史目的的集體主義意識型態。

　　基本來說，威瑪共和建立在現代之憲政民主的基礎上，這種民主體制，如果依照當時的法學家漢斯‧凱爾森(Hans Kelsen, 1881-1973)的觀點來看，乃是以絕對之國家主權爲主軸，並以憲法與人權(包括政治與社會經濟之權利)作爲規約主權的基本原則。在憲法的規範下，確立議會、政黨與選舉制的政治系統。透過這個系統的運作，現代社會的多元分歧的價值可以相互協調，並且因此得以將社會明顯的各種衝突，轉移成議會與政黨的辯論與協商，配合有效的司法管轄，社會中各種激進的社會與政治運動可以被緩和[6]。

　　但是，德國在一次大戰後的經濟、社會與國際的處境，並不利於這個新建立的民主共和體制。層出不窮的危機、動亂不到20年的時間就摧毀了這個新興的民主。1933年1月30日，納粹黨透過合法的選舉程序取得執政權，並著手建造以種族主義爲意識型態基礎的極權主義政權。這代表德國自「君主立憲」轉型爲「民主共和」的挫敗。威瑪之憲政民主(或代議民主)的挫敗，是表示這個民主制有其內在的脆弱性格，或者只是因歷史的適然因素所

6　見漢斯‧凱爾森，《法與國家的一般理論》，沈宗靈譯(北京：中國大百科出版社，1995)，特別是第4章。

造成？對於鄂蘭的政治思想的發展，威瑪共和的經驗提供什麼政治反思的問題與資源？

依照鄂蘭的闡釋，威瑪共和的腐化崩潰，來自德國第一次世界戰後「戰壕之世代」的虛無主義[7]所造成的崇尚鬥爭與戰爭的政治美學及其救贖性的政治理念。在這種時代氛圍中，冷酷之鬥爭以及對政敵的殘酷無情，被視爲政治的本質；只要能達成偉大崇高的政治目的，暴力之使用皆被視爲正當；鄂蘭敘述了當時的社會主義思想家羅莎・盧森堡（1871-1919）如何被反動軍官暗

7　這個世代在經歷了生死交關的慘烈戰爭之後，無法回歸戰後正常的市民社會，因此對社會產生一種疏離的心態，以鄂蘭的用語，這個世代即喪失了其生活世界（worldlessly），在這種存在的處境中，他們孕育出生命的無望、沈悶以及沒有出路的「虛無主義作風」：一切皆是虛無，包括被給予的個人的生命也是一種錯誤。在虛無中，個人所能抓住的即是縱慾於極盡犬馬聲色之感性生活，然後墬入生命極端的無聊沈悶。鄂蘭藉由評論威瑪共和時期偉大的左派劇作家布列赫德（Bertolt Brechet），闡釋當時的虛無心態：「我承認自己聊無希望。盲人在找尋出路，但我耳聰目明，當所有的錯誤皆已用盡，曲終人散，所剩下的最後的伴侶……即是虛無！」（見鄂蘭，*Men in Dark Times*，頁234）「戰壕之世代」將這種虛無主義轉化爲「反人文主義」、「反自由」、「反個人主義」與「反文化意識」的基本心態。他們將戰爭的暴力、死亡解釋成人存在的一般處境，即：時時活在死生攸關的處境才能體認眞實的人之存在，據此，他們無限地張揚暴力與殘酷的美學，渴望他們所處的布爾喬亞的社會，這個「粉飾太平、充斥虛幻的文化光景與矯飾之生活的整個世界全然倒塌崩潰」。在這種「摧毀性之意志」的支配下，他們蔑視所有一切既定的規範，企望推倒整個文化與社會，他們把鬥爭與戰爭視爲個人在這腐化的社會中的靈魂與精神的淨化，換言之，他們企圖拆解布爾喬亞社會的虛僞性，崇尚政治暴力之美學，他們不惜透過顚覆、爆破，以及殘酷的所謂壯烈的途徑，摧毀這個虛僞的社會。見鄂蘭著，蔡英文譯，《極權主義》（台北：聯經，1982），頁62-78。

殺，以及她的男友如何被逮捕與未
經審判處決，兇手不但沒有伏法而
且升官，來襯托威瑪共和的政治風
氣[8]。

這種政治理念貫穿威瑪共和的
政治、社會與法學理論，其中最具
影響力的即是卡爾‧施密特
(1888-1985)所揭示的，政治乃是主
權者在其決定的「異常狀態」當中，
分判敵友的鬥爭。鄂蘭藉由評論施
密特之門生瓦德瑪‧居利安
(Waldemar Gurian, 1903-1954)的學說，說明政治鬥爭之本質：

> 政治即是靈魂與觀念，而非身體的戰場，政治是唯一的
> 領域，在此觀念只有在彼此鬥爭的情況下才成形；唯有
> 在戰鬥中，才得以萌發真實的人之境況的實體，以及人
> 心最深刻的主宰……只有在這個領域中，觀念的激情才
> 得以完成人共同生活的物質條件。因此，政治意識，基
> 本上來說，是在歷史中、在政治中、在人與人、靈魂與
> 靈魂、觀念與觀念彼此間所有的接觸中的戲劇意識[9]。

政治意識即是戲劇意識，這種理念即是政治美學的一種形
態，是威瑪時期流行的政治之虛無主義的版本。

8　Arendt, *Men in Dark Times,* p.47.
9　*Ibid.*, p. 259.

　　政治的鬥爭唯有在具體的處境，針對某種特定的對象（或施
密特所稱的敵人），才有其現實的意義。這種鬥爭從個別的觀念、
意識型態延伸至政黨、國家與民族的集體性之鬥爭。在威瑪共和
時期，政治鬥爭的理念特別跟德國政治文化中的兩種主要元素連
結：一是強烈的國家意識，強調國家乃是支配的主體，這種支配
不需取得人民之同意即具有正當性[10]；另一則是，18世紀以來德
意志浪漫主義的民族意識。在威瑪共和時期，政治多元性所造成
的動盪不安以及國際的屈辱所孕育的悲情，強化了此民族意識內
含的肯定文化與語言之特殊性（如赫德所倡議）以及強調民族之
使命（如費希特所宣揚）的理念。政治之敵友決斷的鬥爭與民族意
識相互催化，形成了民族之鬥爭的觀念。對內，當政治的虛無主
義者宣揚不惜以顛覆、暴力手段，摧毀當前的虛偽的布爾喬亞社
會時，他們企圖在這廢墟上建立起「鮮血與泥土」(Blood and Soil)
的新民族主義；對外而言，爲了有效地塑造德國「人民」或「民
族」(Volk)的同質性，有必要塑造境內與國外的敵人，從事集體
性的鬥爭。威瑪共和的知識階層延續「1914年的觀念」，高舉英
國所代表的資本主義、物質主義、自由主義、代議民主、科學主
義與經濟主義等爲腐蝕德國民族精神與團結的敵人[11]，既爲民族
（或人民）的敵人，則必須整合全體人民的力量將之鬥垮。

10　Ernst Vollrath, "Hannah Arendt Views the United States, "收錄於
　　*Hannah Arendt and Leo Strauss: German Emigre's and American
　　Political Thought after World War II,* ed. by P. G. Kielmansegg et al.
　　(Cambridge: Cambridge University Press, 1995), p. 49.
11　關於德國的「1914年的觀念」與威瑪共和之反動保守主義的關聯，
　　見 Göran Dahl, *Radical Conservatism and the Future of Politics*
　　(London: Sage, 1999), p. 41-49.

在政治鬥爭之理念的催化下，強烈的國家意識與民族主義結合，形構了新的民主理念。這種理念廢棄了英美式的代議民主制，而改行能將「主權者」（或領導者）與「人民」緊密結合的民主，藉此才能重構一個新國家；這個國家建基於人民之有機的、集體的（或同質性）之整合及其表現之上；換言之，建立在民族的同一性之上。就如施密特所宣揚的「獨裁式的民主」，其基本理念即是主權者能全盤控制「軍事、政治勢力、宣傳、透過媒體操縱民意、〔建立〕政黨組織、議會、民眾教育、學校，據此塑造人民的意志。」[12]這個人民意志即是民族的權威。

威瑪共和的憲政民主被捲入了激進之思潮的漩渦，自由民主論者不僅無力回應這種激進的思潮，甚至因爲憂懼社會主義與共產主義黨派的奪權，反而順從「反自由民主」的理念，冀望威權政治的手段可以解決當時的複雜的社會與經濟的問題。英國歷史家馬克・馬佐渥（Mark Mazowear）解釋道：「自由主義者深感普選的壓力，他們面對左派、保守派、民族主義與天主教政黨的勢力，深懼自己淪爲無足輕重的政治角色。自由主義者遂認同威權主義的政權，他們肯定唯有它才能解釋當時的社會難題。他們與其他社會菁英，如工程師、商業經理人與科技官僚攜手合作，共同設想運用科學的、非政治的手段解決社會弊病，他們對於代議政治的無能與不穩定，皆深感痛心。」[13]這股激進的思潮沒有任何政治的理念與實踐足以對抗，結果它更深化自身，轉爲更激進

---

12 施密特，*The Crisis of Parliamentary Democracy*, trans. by Ellen Kennedy（Cambridge, MA: The MIT Press, 1988），p. 29.中譯本請見馮克利譯，《當代議會制的思想史狀況》（台北：聯經，即將出版）。

13 Mark Mazowear, *Dark Continent*,（New York: Alfred A. Knopf, 1999），p. 24.

的意識型態。

在1933年2月28日的新憲法中，納粹主義吸納了威瑪共和的這股激進概念，將新民族主義推向種族主義的意識型態，將主權者的決斷轉化成領袖膜拜的統治原則。基於這種意識型態，偉大的領袖必然完成人類歷史的進化所賦予的使命，即滅絕劣等的種族，並以阿利安之優秀種族支配整個世界帝國。這位領袖操縱國家的教育、宣傳、政黨、媒體……等機構，將國內少數的、劣等的種族(如猶太人、吉普賽人等)塑造成為人民公敵，進行種族肅清；對外則將英美國家塑造成腐化、邪惡的敵人，並展開全面性的戰爭。以鄂蘭的解釋觀點來說，納粹的極權主義政權，利用現代民族國家的機制實行其全球性的種族主義之意識型態，而摧毀了民族國家及其憲政法制體系。

鄂蘭之思想的養成，適在威瑪共和時期。德國的歐陸哲學，特別是現象學——存在主義，構成她日後發展政治思想的重要資源。在《極權主義的根源》一書中，她以猶太人身分，闡釋這個犯下「根本之惡」(radical evil)的極權主義政治的本質及其形成條件。對她而言，威瑪共和代表自由(或憲政)民主制的失敗，失敗的理由在於一戰後的虛無主義、其追求的政治救贖的激進理念，以及德國公民(包括她的猶太同胞)過度順從納粹的極權政體。這種順從的態度不是出於政治的無知，就是只顧及個人及家庭、工作的保障，要不然就是肯認極權的政治乃是解救德國民族內外煎熬的危機困境的唯一道路，或者認為極權主義及其政權乃是人類歷史發展之必然。自1958年以降，這類反思批判構成了鄂蘭政治思想的問題意識。但在政治理論的層次上，她的反思批判必然涉及前述德國政治文化的兩個重要的構成要素，亦即：國家主權的理念以及民族理念。威瑪共和之民主共和的挫敗、現代民

族國家及其絕對主權的理念與民族主義，成爲重構鄂蘭之自由民
主理論的主要課題。

四、對代議民主制的批判

　　從威瑪共和的憲政民主的挫敗當中，鄂蘭學習到，自由民主
的維繫不能光靠周全的憲法典章及其制度的安排。就如龔斯當所
言：任何人都可以在斗室中，起草自認最完備的憲法[14]。問題是，
威瑪共和時期的德國公民是否對自由民主有充分的了解？是否
表現豐沛的公民情操與精神而得以落實自由之憲政？基於這樣
的問題意識，鄂蘭對代議民主制有諸多批判。她的基本論點在
於：代議民主制的形構與資本主義的市場經濟接合，造成公民的
政治實踐過度偏向經濟利益的考量與競逐。結果造就出來的公民
性格純係自我的考量(self-regarding)，喪失了維繫自由民主制度
所需要的諸如勇氣、榮譽、公共事務之關懷等公民之情操。由於
過分注重經濟(或社會性)的課題，政治的治理就著眼於技術性的
行政管理，導致政府的官員與一般公民誤解了眞實政治的意義，
以爲滿足了人民的基本經濟需要，政治治理便有了它的正當性，
即使批判資本主義體系與強調分配正義的左派知識階層，亦不免
有此誤解。根據她的特殊解釋，服膺馬克思學說的左派分子雖強
調實踐的能動性，但卻把實踐化約爲勞動生產的經濟活動，致使
「勞動生產轉變成爲首要的公共性之政治事實」[15]。除此之外，

14　引自A. Kalyvas與I. Katznelson的 "We Are Modern Men: Benjamin Constant and the Discovery of an Immanent Liberalism." 登載於 *Constellation,* Vol.6, IV, 1999, p. 520.

15　Arendt, "Karl Marx and the Tradition of Western Political Thought," in

左派知識階層強調分配正義為政府之行政管理的首要職務，致使他們在極權主義政權的時期，肯定這些政權實施此平等理念的成效，而將之視為一正當性的政體，但盲昧於極權政治的重大政治罪惡[16]。

針對代議民主的選舉制度，鄂蘭亦以同樣的理由，批判它淪為類似市場的經濟交易，議會淪為「合法性」的利益分贓。要言之，當經濟支配了政治的領域時，隨之而來的是政治內蘊了「腐化」的因素[17]。

鄂蘭雖然批判代議民主制，她批判的重點在於代議民主制在與資本主義市場經濟的掛搭，易走向經濟支配政治的途徑。鄂蘭並沒有那麼天真地認為經濟（包括勞動生產的）不構成人生活世界的重要活動。依她在1958年之《人之境況》一書中，所劃分的人活動的三種方式——勞動、製造與實踐（或行動）——的觀點來看，這三種人之活動形式雖各有其本質特性，不能相互化約，但三者成互補的關係。據此，鄂蘭批判某一種活動侵犯或支配其他種活動形式。因此，勞動力所構成的經濟生產是人類的重要生活之一，但它有其界限，不得侵犯其他活動的領域，或者視它為其他活動的基礎。鄂蘭之批判代議民主制的「經濟掛帥」的傾向，乃基於這種行動理論。另一方面，鄂蘭對代議民主的質疑也與威瑪共和的經驗有深刻的關聯。

基於這種批判的觀點，鄂蘭尋求足以強化自由民主之政治實

（續）————————————

Social Research, Summer 2002, Vol. 69, II, p. 284.

16 鄂蘭在評論德國左派之劇作家布列赫德時指出，這位偉大劇作家因服膺社會主義之分配政治的理念，致使他無視這些政權造成的更嚴重的政治罪惡。同前注，p. 234。

17 鄂蘭的這種觀點，見注5George Kateb之論文。

踐的其他資源。她透過歷史發掘的
途徑，重新闡釋與重建傳統積澱中
被遺忘的實踐意義的底層。鄂蘭採
取的這種返古的解釋並非「玩賞古
董」，而是援古今用，以現實問題
爲意向，發掘政治傳統中足以強化
現實政治實踐的概念。這種工作就
如在「歷史的碎石堆裡找尋珍珠」
一般[18]。這被尋獲的「遺失了的珍
藏」，即是她從古典共和思想傳統
中重建的「公共領域」與實踐理論

[19]。依據此理論，鄂蘭在1963年的《論革命》一書中，繼續闡釋
以美國革命爲主軸的傳統，提出了開端啓新（或者說，創制）的正
當性理據的問題，並表述了公民之溝通行動以及「民主之社會契
約」的概念[20]。鄂蘭依據這些觀念爲主軸，形成了共和主義式的
民主憲政理想。

五、共和主義式的民主憲政理想

---

18 關於這種解釋觀點，見Helmut Dubiel的 "Hannah Arendt and the
   Theory of Democracy," 收錄於 *Hannah Arendt and Leo Strauss*（同注
   10）1995, p.13.
19 關於「公共領域」與實踐理論的闡釋，參見蔡英文，《政治實踐與
   公共空間——漢娜‧鄂蘭的政治思想》（台北：聯經，2002），特別
   是第3章與第4章。
20 見注18所引Helmut Dubiel之論文，p.18.

希特勒與史達林的極權政府，雖然否定自由主義的法治、人權與寬容的基本理念，也摧毀了代議民主制；但這個政府亦透過意識型態的宣傳，動員全體的人民進行社會改革，而這些改革是先前自由民主政體所未能及的。簡言之，它們並沒有停止「民主化」的進程[21]。儘管如此，這個政權的「民主化」卻走向了「反民主」的途徑。依鄂蘭的解釋觀點，極權政府之「反民主」的主要作為在於政府執行意識型態所指示的人類發展的終極目標，依此劃分該被消滅的人種與階級的「敵人」，並以集中營與勞改作為此政治實驗的設施。透過這樣的過程，政府剝奪了人的公民身分、權利、甚至內在道德的良知，並試圖藉由國家的權力及其官僚體系的行政支配，把社會塑造成整齊劃一的集體性結構。極權政府的這種統治的行為，摧毀了公共領域以及連帶對個人私領域生活的支配，繼而扼殺了人的實踐能力。從鄂蘭對極權政權的解釋，我們可以說鄂蘭政治思想的發展乃針對極權主義的「民主」的弔詭進行思辨，其中公共領域與人的實踐能力以及公民的政治，即構成了鄂蘭民主論述的基礎。

---

21 美國一位研究極權主義的學者約翰·盧卡表達這種解釋觀點：「大約從1922年以至1934年，在歐洲絕大部分的國家（以及中南美國家），自由代議政府崩潰，走向了更具現代性的政制（但並非一般人所指稱的「反動」）……在這時期，法國與英國（包括美國在內）顯示出代議政制的腐敗與虛偽及其引發的沈悶、煩躁、抑鬱與不滿……重要的是，〔我們〕得承認：這些改變，也就是說，自由主義的式微以及在某些時候的崩潰，並不必然或根本不表示『民主化』的退卻。相反地，在放棄代議制與自由主義，而改行獨裁或半獨裁的國家，絕大部分都透過立法或透過行政命令的途徑，從事先前自由體制所不能為之的社會改革……」（John Lukas, *Democracy and Populism: Fear and Hatred*（New Haven & London: Yale University Press, 2005）, pp.108-109.

鄂蘭在1968年的《黑暗時代群像》一書中，重述她在1958年所構成的公共領域之概念。如她所言：

> 公共領域的功能即提供一「顯現的空間」（a space of appearance），在這其中，人們能夠以言論與行為表現自身，無論言行的好壞，以及表現他們的身分（who they are）與所能為者。藉此，公共領域照明了人間事務。如果是這樣，那麼所謂的「黑暗」乃是這道照明的光被「公信力的落差」（credibility gaps）、被「隱匿的政府」、被掩飾的語言〔或謊言〕、被道德的或其他的訓誡──這些是說，在聲張舊有之真理的藉口下，將所有的真理淪落成為毫無意義可言的瑣碎、平庸之言論──給熄滅掉了[22]。

公共領域意指一種地域及其意識，這個地域既為公共性的，就意涵它並不是某個個體或團體可以獨占，而是為生活於其中的每一個個人共享的。公共領域的開展，作用在於，有一個場域（或「舞台」）讓個人得以表達其言行，而就此對其他人顯現他的人格、個人的獨特精神[23]，或者說，個人的自我彰顯。除此之外，

22　見Arendt, *Men in Dark Time*, p. viii.

23　在這裡，「人格」（personality）一詞意義不十分明確，鄂蘭本人亦承認難以掌握這個概念的確切意思。勉強釐清，鄂蘭以古希臘的 *daimon* 與古羅馬的 *humanitas* 說明「人格」的意涵，前者意味主導人一生的精神，但此精神並非個人可以透徹了解，反而是與他相交往的人較能體會與認識，因此「這個人之人格質素只有在公共領域存在的地方才能夠顯現；這即是公共領域最深層的意義所在，它超出了一般我們所意指的政治生活之外。就此而言，公共空間也是一種

在這個領域中，人相互溝通、談論共同關心的公共議題、相互結社、表達他們對此公共議題的意見，以及凝聚力量（power）抗爭政治的不義、腐敗，甚至在特定的歷史時刻（如革命的處境）中，這股力量亦可創立新的憲政。

公共領域是為人的言行的實踐而開展的。但必須說明，在公共領域中，人不是以「私民」而是以「公民」的身分進入。以鄂蘭的觀點來說，乃生活於一特定的國家裡，以及在公民當中。他的「權利與責任必須受其他公民、受國界所限定，而有其界線。」順此而言，政治乃處理「許多國家的國民（nationals），以及承襲許多過去〔之傳統〕的繼承者；它的法即是實證法所建立的藩籬，它保護與限定了某個空間，在其中，自由不是一種概念，而是活生生的政治現實。」[24]

顯然，一個人的公民身分及其基本權利的享有乃來自現代國家的賦予，並透過憲法加以保障；有此屏障，公民才得以在公共領域中以自由與平等的身分從事實踐的活動。如上面所提示的，公共領域與其他領域的最大不同在於人身分的不同，前者是公民，而後者乃是在家庭、社會與經濟活動領域中個人扮演的角

（續）────────────────

　　精神的領域，展現了古羅馬人稱之為 *Humanitas*，此意指，人性（humanness）最高超的表現，這表現之事物的有效性不在它的客觀性……有效的人格一旦被塑造，它就伴隨人的一生，即使他的體能與心智的天賦隨時間的進程而衰弱。但 *Humanitas* 不是在孤獨中，或者透過製造的活動（即使此活動的成品具公共性格）可以被取得；只有一個以他的個人與生命拋向公共領域的冒險，才能取得這個 *Humanitas*。在此過程中，人冒著自我彰顯的風險，這個自我的彰顯不是『主觀性的』，也因此非個人可以辨識與掌握的。」見Arendt, *Men in Dark Time*, pp. 73-74.

24 *Ibid.*, pp. 81-82.

色，可以互換。這些角色彼此不一定平等，有時甚至構成一種等級的秩序(就如一個人在職場中的職位關係)[25]，唯有在公共領域裡，作爲公民，人才是自由與平等的。鄂蘭所說的自由並非哲學意義的意志之自由，也非自公共(或政治)世界撤退的內在心靈的自由，而是公民在公共領域裡從事公共事務所享有的現實性的、具體的自由。它一方面表示個體的自我實現，這種實現意味一個人能夠實踐他所要實現的事物；另一方面表示公民參與公共事務時的共同的審議、判斷與決策。所謂「平等」，鄂蘭所指的並非分配的正義，而是指公民之「同儕」身分的平等，以及法治的平等性。分析至此，我們可以說，公共領域乃是公民之政治實踐的場域。但什麼是政治實踐？鄂蘭對這個問題並沒有確切的說明。在1958年的《人之境況》一書中，鄂蘭透過「勞動」、「製造」與「行動(或實踐)」的三分，闡釋行動與人之其他活動形式不同的一般性特質及其德性。扼要地來說，鄂蘭的行動(或實踐)

---

25 在說明一個人非公民身分的角色時，鄂蘭引用古希臘戲劇演員帶著其扮演角色的面具，即*persona*，以及羅馬法中的*persona*(法定人格)——意指人所擁有的市民權利——來解釋人在社會的活動：「我們在社會中的顯現不是以公民身分，也就是說，我們不具有公共領域中的平等地位，因爲公共領域是爲政治的言行而設，也保留給政治的言論與行動。然而，在社會中，我們被承認，是作爲純粹的個體，而非作爲一種族類的成員。我們經常顯現於一個世界當中，這個世界即是一個舞台，在其中，我們被承認乃依據職位加諸於我們身上的角色，諸如醫師、律師、作家或出版家、老師或學生。透過這個角色，猶如演員透過其裝戴的面具發聲，才能顯現某些事物。」當然，這些角色是可以互換，也可以轉讓，這不同於我們常言及的「不可讓渡的權利」，它們也不是與我們的內在自我——即大部分相信的，人之心靈不斷自我承載的良知之音——相關聯的恆定的設置。見Arendt, *Responsibility and Judgment*, ed. by Jerome Kohn (New York: Schocken Press, 2003), pp.12-13.

的概念標明了行動者之言行的自我顯現、行動者彼此之間的溝通、聯繫以及互動而形成的「人際之網絡」，在其間，行動表現出不可逆料性、含混性、開放性，以及創新性。人的這種行動（或實踐）有其人的基本條件，亦即：多元性與「新生」（natality）。

從上述的行動（或實踐）的一般性特質給予「政治的」特殊限定時，鄂蘭強調了多元性，就如她所言：政治之概念乃以多元性爲論述的基礎[26]。除此之外，政治亦涉及國家憲政法治，以及民族性所給予的限制。公民的政治實踐既然是實踐的活動，它亦蘊涵了上述的行動的特質。但行動者既是公民，那麼他們必然身處在一定的結構當中。儘管如此，鄂蘭的政治概念在極大的程度上並不以「結構性」的事物（不論是國家、社會或經濟的結構）作爲闡釋的主軸，反而從行動的多元性與「新生性」爲起點，嘗試消解結構性之事物的統一性、恆定性或集體性。依據此種思想的主調，鄂蘭難以接受自布丹與霍布斯以來的統一性的、絕對性的主權理論，也無法肯認現代民族國家所塑造的「同質性的人民」以及「國族主權及其國家之理」（national sovereignty with its *raison d'état*）[27]。

鄂蘭強調，個人的實踐力，在某種特定的情況下，足以衝破既定的政治體制及其維繫的秩序，開端啓新。這種強大的行動力量具體表現在革命的實踐當中。在1963年《論革命》一書中，鄂蘭以法國與美國革命爲歷史事件，闡釋革命實踐的自由民主意涵。法國與美國的革命開啓了現代民主憲政與民族的理念與實踐。依鄂蘭的歷史解釋，法國革命的失敗，歸因於革命志士同時

---

26 Arendt, *Men in Dark Times*, p. 81.

27 Arendt, *Responsibility and Judgment,* p. 4.

欲解決不相容的經濟與憲政的問題，以及法國人民長期在專制王朝的統治下，缺乏實踐民主自治的經驗，其政治文化無法擺脫深植的國家與人民主權的概念；相對而言，美國的革命因特殊的經濟與政治處境，而在某種程度上，避免了法國革命失敗的因素。

從政治理論的角度來看，鄂蘭關切與嘗試解釋之主題在於革命實踐具體顯現了行動之開創性，並追求「公共性之自由」。這種行動需求一部憲法 (constitution)，俾能確立新創立的政治領域的界線及其法則，也讓後繼的世代享有參與公共事務之自由的熱忱與歡愉。同時，在新建立的共和政府的治理下，個人也能自由地抗拒政治權力的濫用[28]。但這個新共和憲政的「創制」，其正當性 (legitimacy) 的基礎何在？鄂蘭從闡述革命之歷史事件的脈絡中，提出了盧梭式的「創制」(founding) 之正當性的理論問題。在既定的自由民主制當中，憲法是確立在此制度中的各種治理與政治行為的「合法性」。但在革命處境中，舊政制被推翻，在創立新憲法及其制度的時刻，論證新憲政的存在理由，就不是「合法性」(legality) 的問題，而是「正當性」(legitimacy)。

關於革命「創制」之正當性的問題，鄂蘭考察法國革命志士對於新制訂的憲法及其共和體制，如何致力尋求一論證其正當性的理據，如羅伯斯比的「理性之膜拜」(the cult of Reason) 與偉大的立法家的信念。這種理據秉具超越性，意味跨越人之具體實踐的界域之外，設法確立此實踐活動及其結果的正當性。這論證基礎可以是自然法則、正義原則、民族主義……等等。但依據鄂蘭的見解，當西歐經歷了「世俗化」的現代性之後，在傳統的、以基督宗教為基礎的超越性之論據失去其有效性之後，在這現代

---

28 Arendt, *On Revolution* (New York, Viking Press), p. 126, 137.

性的處境中，致力建立這種超越性的正當性論證基礎，是否歸於徒勞？對於這個問題，有兩種觀點：一是堅持尋求具超越性的正當性基礎及其權威；其次是肯定「一種純世間性之正當性基礎的內在邏輯與尊嚴」[29]，鄂蘭以美國之獨立革命爲例證，闡述後者。透過美國「前革命」階段的政治實踐的解釋，鄂蘭提出了「溝通性之實踐與權力」的概念，以及洛克式的自由民主之契約理念，其論證要旨在於，人民透過實踐之溝通，相互承認彼此爲平等與自由之公民身分，繼而形成結社性的（associative）團結，凝聚成「公民之權力」（civic power）。就此脈絡，鄂蘭重新解釋17世紀的契約論，提出了洛克式的「水平性的」（相對於霍布斯式的「垂直性」）契約論理念。這理念表示，任何現代憲政及其政治制度的基礎，在於公民相互承認平等與自由，以及由此形構的權力。值得一提的是，鄂蘭以古羅馬共和的創制，闡明美國的制憲的正當性乃建立在創制，或者說「開端啓新」（making a new beginning）的根源時刻，據此，新憲政取得其權威。但此權威並非一成不變的。鄂蘭援引古羅馬之「權威」一詞的字源意義（*augeo*），說明權威的另一個意義，亦即：因應於繼起之新世代的政治實踐之變遷，對原始之憲法的修正與擴充。以古羅馬共和的理念：「權力在民，權威在元老院」，憲法之修正與擴充的機關乃在於國會。

這個憲法所確立的國家政府，不像歐陸的現代國家一樣，依據統一、絕對性與不可分割性的主權，而是建基在「權力的組合」（the combination of powers）所形成的「聯邦原則」（the federal principle）之上；其落實條件在於：「結合了相互分離與彼此獨立

29　同注18所引Helmut Dubiel之論文"Hannah Arendt and the Theory of Democracy," p.15.

的〔各州的〕憲政體制，即使所謂的『邦聯』（confederation）一詞亦表示『結合』與『各結社之會和』（consociation）……。」[30]對於這個「權力之組合」的體系，鄂蘭闡釋其理論資源來自孟德斯鳩的「分權與制衡」。美國的建國之父將此原則應用於新憲政體制的安排，並擴展至整個憲政秩序上。這種分權不但沒有削弱，反而增強了權力的運作，她說：

> 權力唯有在彼此之間維持相互的制衡，才能保持各自的完整實力。因此，權力分立的原則不只防範政府某一部門的擅權與濫權，也提供政府建置核心的一個機制，經由它的運作，新權力可以不斷地產生，但不至於過度擴張而摧毀了其他權力的核心與資源。在這種權力多元且相互制衡之原則的主導下，新憲政得以在共和體制中，始於一致地取消了主權[31]。

在闡釋革命實踐的意義上，鄂蘭關切的另一個主題是：新憲政體制是由革命所砌造，這個體制必須包含革命之動態之權力以及「自由憲政之權威」。但是，在憲政體制的制度架構下，革命原初所體現的「開端啓新」之自由以及自發性的權力能否既得以持續與強化，也不至於帶來專制獨裁？鄂蘭認為，憲政體制之基礎來自公民透過溝通及結社而形成的權力。既是如此，既成之憲政體制的正當性及權威性必須不斷地受公民的批判，甚至挑戰。為此，鄂蘭在《論革命》一書中，跟隨傑佛遜的構想，提出了具

30　Arendt, *On Revolution,* p.168.
31　*Ibid.,* p.153.

烏托邦色彩的「鄰里系統」（ward system），或所謂的「初級的共和」（elementary republic），也就是公民從其地方鄉里的生活領域，自發地形成各種討論公共事務的結社與集會，形成公共之輿論，據此表達公民對執政者之政策與作為的同意或不同意；另一則是強調非暴力性的「公民不服從」。這兩種理念基本上來說，乃是將在「異常」之革命狀態所體現的「創制」之「開端啟新」的實踐，轉變成「日常生活」中的政治實踐。如果革命政權旨在創立一自由之公共領域並以憲法保障此自由，那麼它必須允許公民不斷地行使此自由的基本權利，即使是公民表達對此憲政不同意的理念。

針對這兩種民主政治實踐的方式，深諳「政治之幽暗面」的鄂蘭不會不了解它們蘊含衝突或甚至暴力的風險。在以「鄰里系統」為基礎的「諮議體系」中，公民之結社與集會乃針對政府之決策與行為之不當不義而發，公民之不服從亦是如此。在此，我們雖然肯認公民有權利去闡釋何謂正當的或不正當的決策或治理的行為，但是有哪種客觀的準則能擔保公民的解釋觀點不是主觀臆測的？另外，在民主社會中，任何有關政治議題的意見，極易傾向兩極化的對立。是故，當有一方發出抗議的意見時，必有反制的意見跟隨其後。當兩者堅持己見，並各自賦予絕對性之道德（或正義）的觀念時，若缺乏任何協調之機制，那麼衝突，甚至暴力相向便容易爆發開來。再者，民主國家的治理權威雖然來自公民的同意，但亦承認公民不同意的權利；然而，國家的職責之一在於維繫其管轄疆域內的和平秩序，以此觀之，任何抗議或不服從便具有破壞和平秩序的威脅，針對這種威脅，政府是否亦可以動用軍警之暴力以防制之？

針對公共領域中的各種衝突，鄂蘭肯定公民的言辭理性

（logos）以及各種相異相左之觀點彼此間的制衡。在這裡，鄂蘭最後訴諸公民之判斷所秉具的容受多元分歧之觀點所形成的「擴大的心靈」（enlarged mind），透過公民的這種能力與彼此的言辯，終至能達成某種政治之共識，得以緩解政治的衝突。

針對暴力的問題，鄂蘭雖然將暴力排除於政治領域之外，或者視暴力乃處於政治之邊緣，因此並非政治本身。可是她亦承認「脅迫與暴力往往是保護、建立或擴充政治領域的手段。」[32]就此而論，在某種情況下，使用暴力是正當的，如二戰期間，法國地下解放軍之抵抗納粹的占領。但鄂蘭更闡揚非暴力性的抵抗，如甘地反對英國殖民所採取的不服從，或者如丹麥公民透過策略性的抵抗與談判，抵禦納粹政府的猶太人政策。這種處理政治現實的論述方式，顯現鄂蘭不立於某種特定的立場之上。誠如鄂蘭自己所言稱的，她的政治思辯不著任何支點，這意味她一方面否定歐洲政治哲學的形上學傳統；另一方面對任何絕對性之原則（如，絕對性之道德，或者知識之真理）在公共領域的有效性，則抱著保留、不做正面肯定的態度。

從這樣的觀點所發展出來的共和民主，無異肯定民主之不確定性。就如她在闡釋人之實踐活動的特質所表示的，任何從事實踐的公民（包括政治理論家）皆無法全盤了解與掌控人所啓動的行動的歷程。這歷程處處充滿著偶然性與不可逆料性，但也時時體現行動在開端啓新上的「奇蹟」。若肯認行動的這種特性，我們亦能接受共和民主的不確定性。由於這種性格，共和民主的進程處處是風險、危機，但也是自我轉化的生機。對公民而言，民主是試煉他們之實踐、判斷與德性的機緣。

32　Arendt, *The Promise of Politics,* p.130.

六、結語：未竟之政治思辨旅程

　　鄂蘭的共和民主理想，肯定公民政治之參與審議及其凝聚的「公民權力」乃是民主體制之正當性基礎，也是防止現行之代議民主走向官僚化與政黨政治化的力量。無可諱言，這種共和民主理念蘊含某種程度的「抗拒性政治」。公民權力的凝聚，旨在批判與對抗既成政府治理的不公不義以及腐化無能。就此而論，民主政治意味了抗爭。在肯定「抗拒政治」的激進民主理念之同時，鄂蘭也強調：憲法之規約、法治與制度之安排也是一種機制，在於防止公民權力走向「無政府之混亂」或民粹作風，同時促使民主穩定發展[33]。鄂蘭共和民主理念的這一「保守」面向引發受她影響之激進民主論者的批判，如安東尼奧・涅格利批判她走向「憲政民主」；以及如亞倫・巴度批評她走向「議會政治」的途徑[34]。

　　鄂蘭明言：任何政治思辨必須兼具「激進」與「保守」的面相[35]，但終其一生，她並沒有對其共和民主憲政中所表達的這種兩元對立的觀念，如制憲權力與合憲權力（或憲政與政治）、道德與政治、權力與暴力等進行系統性的「調節」。若強做解釋，筆者依照個人對鄂蘭政治思想的了解，提出以下的試探性的觀點：

　　(1)公民的政治實踐及其開展的公共領域，乃落置在特定的

33　Arendt, *Crises of the Republic* (New York: Harvest, 1972), pp. 79-80.

34　這些批判性的觀點，見Antonio Negri, *Insurgencies: Constituent Power and the Modern State*, (Minneapolis: University of Minnesota Press, 1999), pp. 15-21；以及Alain Badiou, *Metapolitics* (London: Verso, 2006), pp. 21-35.

35　Arendt, *On Revolution,* p. 223.

憲政制度與文化的處境情勢當中，公民的理性言說、言辭溝通雖然針對公共事務的議題，但不論批判、抵抗或者顛覆，公民的言行必然受到制度與文化之結構的牽制，而且這些結構性的事物也必然構成公民言辭的課題。憲政與公民之權力在公共領域中，形成了互動的關係。

(2)公民的言行的表現以及互爲主體的理性言說、溝通，形之於公共領域。這個領域構成了憲政制度與公民權力互動的中介。鄂蘭在晚年發展公民之政治判斷力的理論，雖未完成，但從其論旨可見，公民對他們自身的實踐是否有眞確的了解與判斷，才是主導民主政治積極發展的關鍵。

(3)公民的政治實踐與他們的判斷無法分割。姑且不論鄂蘭的判斷理論引發的爭議，她的論證主題在於：公民德行的養成有賴公民之明晰的判斷。這種判斷，從規範的層次來說，即是分辨公共議題的法律、道德與政治的層次，並且防範以一種單一的、抽象的意識型態（如民族主義，或者階級、族群、種族之區分等）主導公共議題的爭論。

(4)公民的政治實踐與判斷涉及達成共識的可能性，是否存在？鄂蘭相信公民透過理性言說，互爲主體的溝通，針對實際的公共議題的爭議，終究可以達成其共識。但共識的達成預設規範性的條件：公民在各種爭議與衝突中，必須留有協商、妥協的空間。在這裡，鄂蘭跟自由民主論者一樣，強調民主乃是衝突與妥協的進程。鄂蘭在闡釋公共領域之德性時，將絕對性的道德與眞理排除在公共領域之外。這雖引發爭論，但以她的觀點來看，公民的實踐與判斷若在公共領域中訴求絕對性的道德與眞理，就喪失了公共言辭、審議與協議的可能性，繼而將形成尖銳的對立。

(5)公民之政治判斷的形成倚賴公民之「擴大的心靈」，這

心靈的作用在於容受多元的論點，持之中肯，細作思量，而得以在適當的處境，針對適然的人與事，做出周延的判斷。但是這種審慎的判斷（phrönesis）並非絕對正確。公民在跨越個人的審議判斷，而跟其他公民的判斷相互攻錯時，彼此之間亦可能形成嚴重的對抗。在這裡，鄂蘭一方面肯定公共領域之中的「爭勝的政治」（agonistic politics）；但另一方面強調，爭勝的政治必須依賴更積極的公民德性。這種德性的基礎在於公民們真有心願共同生活在一起。鄂蘭揭櫫基督教倫理的「承諾」與「寬恕」的德行：公民彼此的承諾，才可以緩解公民實踐所面臨的各種不可逆料性；彼此的寬恕，才能治療與解脫過去的實踐所犯下的各種錯誤與罪衍的羈絆。鄂蘭在晚年對她所探索的公民之政治判斷力的意義，下了這樣的斷言：「公民基於了解所下的判斷乃通向寬恕」[36]。除此之外，她從亞理斯多德的倫理學中，重新闡釋政治之友誼的意義。公民的政治論辯與實踐若要不因為彼此的爭勝而導致黨派的對峙，其關鍵在於公民相互之間的欣賞與尊重。有了這種政治友誼的培養，對立與爭勝的政治領域才能有其諧和的完整性（integrity）。

終其一生，鄂蘭真誠地面對她親身經歷的威瑪共和危機、極權主義的統治以及1960年代美國共和的憲政危機，她的政治思辨是從反思「政治之惡」而來；她殫精竭慮思考在世俗化的現代處境中，如何可能不倚傍任何形上或終極性的原理，重塑「新的政治學理」（a new political science），她重新闡釋共和之民主憲政的理想。在理論的形構上，她力圖調適自由憲政主義的共和民主政治的兩元性，但不成一連貫的思想體系。儘管如此，她的問題意

36　Arendt, *Men in Dark Times,* p. 248.

識以及思想的觀點激勵了後繼之憲政與政治思想家的探索。鄂蘭
的政治思想並無定論，但沒有定論正是她偉大之所在。

蔡英文：現任中央研究院人文社會科學研究中心研究員。著有《政
治實踐與公共空間：漢娜·鄂蘭的政治思想》（台北，2001年）、《主
權國家與市民社會》（北京，2006年）。

歷史‧知識論‧社會責任：

高木羅納(Ronald Takaki)訪談錄

2006年5月24日於美國加州柏克萊

文／圖片提供　單德興

高木邀請學生到家中授課，圖左為主訪者。

前言：

　　高木羅納（Ronald Takaki）1939年出生於夏威夷，是第三代日裔美國人。高中時得到良師俊治仁志（Shunji Nishi）博士的啓迪與賞識，主動推薦他前往美國大陸就讀大學，對他一生影響重大。高木因此也熱愛教學，多年來以良師的風範來傳道、授業、解惑。

　　1967年高木獲得加州大學柏克萊校區的美國史博士學位（博士論文主題為美國黑人歷史），前往加州大學洛杉磯校區任教，開設第一個非裔美國歷史課程。後因帶領學生要求設立多元文化相關課程而遭到解僱，遂於1972年到柏克萊校區甫創立的族裔研究學系任教，三十餘年間教過上萬名學生。

　　高木從多元文化的角度反思美國歷史，挑戰主流論述，提倡民主歷史，將社會科學融入歷史書寫中，並納入文學、歌謠、笑話等，發展出個

人的「敘事寫作」，著有專書11本，其中1989年出版的《來自異岸的陌生人：亞裔美國人歷史》（*Strangers from a Different Shore: A History of Asian Americans*）被《舊金山紀事報》評選為20世紀最佳的100本非小說類書籍之一，1993年出版的《一面不同的鏡子：多元文化美國史》（*A Different Mirror: A History of Multicultural America*）榮獲美國全國書獎，被譽為多元文化研究的經典之作，已售出40萬冊。

除了教學、著述之外，高木也參與社會活動，以深厚的學養為基礎，扮演公共知識分子的角色。如為柯林頓總統的種族演說獻策，為二次大戰的日裔美國人平反，致力於加州的平等促進法案，與施萊辛格（Arthur Schlesinger, Jr.）、格雷澤（Nathan Glazer）等名家辯論並折服對手，投入多元文化美國史的推廣，如籌劃紀錄片、為移民學生撰寫教科書等。由於學術上的卓越貢獻，高木獲選為地位崇隆的美國歷史家學會會員（the Society for American Historians），並獲得7所學校頒贈榮譽博士學位。

多年前我閱讀《來自異岸的陌生人》，便深深為其文字風格及敘事手法所吸引，其中穿插的文學典故更讓人覺得親切。數年前從他同事口中聽說他罹患重病，不得不提前退休，但仍未完全放棄熱愛的教職。2004年我赴柏克萊研究訪問，他的身體已漸好轉。我的專長雖不在歷史，但基於對亞美文學的研究以及對良師的敬重，特地旁聽了他秋季班一整學期的課，親身體會他對學生的鼓勵和啓發，其間他更邀請學生到家中，出示資料與手稿，詳述自己的寫作方式，並請妻子訴說兩人合作的情形，亟思將金針度與年輕學子。

在旁聽一學期之後，我決定與他進行訪談，於是約定時間，自住處出發，步行在綠意盎然的柏克萊街上，呼吸著北加州初春的氣息，半小時左右就到他家。在兩小時左右的訪談錄音中，高木展現了誠懇的態度和驚人的記憶力，對我的問題一一回答，條理清晰。錄音稿謄出後，高木仔細校閱，並提供個人小傳以供參考。

家族歷史與教育背景

單德興（以下簡稱單）：我們能不能從你的家族移民史談起，談談它如何影響你看待歷史和世界的方式？

高木羅納（以下簡稱高）：經常有人問我：「你到這個國家多久了？」「你在哪裡學會講英文的？」問這些問題的人不把我當成美國人，而是來自異岸的陌生人。我的長相不像美國人，我的姓也不像美國姓。我的外祖父於1886年移民美國，比許多歐洲移民都早，但他一直無法成為美國公民，因為當時法律不允許有色人種移民歸化為美國公民。直到我開始研究亞裔美國歷史，才知道我的家族史，才知道我的外祖父從來沒有成為美國公民，也才知道為什麼我的外祖父要來美國，以及他如何被逼離開日本。19世紀末，日本明治政府積極進行軍事化與西化，對農民課以重稅，致使許多農民離開日本，到美國謀生，寄錢回家，我的外祖父就是其中之一。許多人就此待了下來，成家立業。其實，當時的日本女子也會為了特定原因出國，她們大多受過教育，因為日本為了和西方競爭，以西化和現代化為目標，建立了一套教育制度，讓日本女子都能上學，認識世界，尤其是美國。許多日本女子認為前往美國就能擺脫日本文化的箝制，於是冒險前來，我的外祖母也許就是其中之一，她隻身來美，在農場工作，外祖父也是。他們在這裡相遇，結婚。這就是我家族移民的根源。

單：你有沒有回日本尋根？

高：我回去過。高木家族在日本九州熊本。我曾造訪父親成長的村落。他於1918年前來夏威夷，年僅13歲。我找到那個村落，拜訪那裡的親戚。知道自己有根在日本，有個日本家族把我當成自己

人來歡迎，讓我感覺很歡喜。即使我連一句日文都不會說，但他們依然認爲高木羅納是家族的一員，熱情款待，讓我覺得很溫馨。

單：能不能談談你的教育背景？

高：好的，1939年我出生於夏威夷，當時夏威夷的公共教育有差別待遇，採用雙軌制：英語正軌與非英語正軌。英語正軌的學生可以上高中或大學。想要進入英語正軌，在幼稚園階段就得參加考試。我記得自己參加考

少年高木於夏威夷。

試，也記得老師跟母親說，你兒子沒通過……

單：……當時你5歲？

高：……5歲或6歲。我母親很失望，知道自己的兒子上不了大學，只能念非英語正軌的學校，接受低人一等的教育。因此，五年級時，父母親把我從公立學校轉入私立意奧蘭尼中學，那對全家是經濟負擔。我母親在農場出生，只受過8年級的教育，但她要確保兒子不只讀完高中，還要上大學。因此，我必須感謝母親，今天才能以學者和教授的身分和你在這裡見面。

單：後來你就上高中，然後上伍斯特學院（Wooster College）？

高：高中四年級時，有位老師對我畢生影響重大，他就是俊治仁志博士。學生一進到仁志博士的教室，就覺得很不一樣：我們的老師俊治仁志是位哲學博士！當時夏威夷也有其他亞裔美國博士，但都是醫學博士，只有這位是哲學博士。記得我回家後問母親：「媽，我們的老師是俊治仁志哲學博士。什麼是『哲學博士』？」她望著我說：「我不知道，但他一定很聰明。」那個念頭始終在我腦海盤

旋，心想也許有一天我也能成為「高木羅納哲學博士」。因此，仁志博士就成為我的榜樣，我開始努力用功。仁志博士要學生每兩星期寫一篇作文，討論世界問題和人類處境。對仁志博士來說，寫作就是思考。作文交上去後，仁志博士會在旁邊加上很長的評語，大都問些知識論的問題。這裡所謂的知識論是指：「你如何知道你知道你所知道的？」。重點在於：「如何」知道比知道「什麼」更重要，因為「如何」決定了「什麼」。

對我來說，仁志博士不只是良師，也是益友。之所以說是「益友」，是因為他把我當成朋友，關心我這個人、我的教育、我的未來。我開始跟著仁志博士認真學習，要為他好好表現。四年級最後一學期，有天我走在校園裡，仁志博士叫住我：「羅納，等一下，我想問你個問題。我認為你最好能出去唸大學，那對你個人成長和知識發展都有好處。俄亥俄州有一所很好的小型文理學院，伍思特學院，不知道你願不願意去。」我說：「喔，不，不，俄亥俄州太遠了。」他就問：「我可以先寫信給那所學院，向他們介紹你嗎？」我說：「好啊。」一個月之後，我接到伍思特學院院長的來信，信上說：「高木先生，伍思特學院已同意讓你入學，請填寫所附的申請表。」因此，就是仁志博士那一封信讓我上了伍思特學院。多年後，我出版了《一面不同的鏡子：多元文化美國史》，伍思特學院頒發榮譽博士學位表彰我的學術成就，並派記者到我家為校友雜誌採訪。這位記者回母校查閱檔案，找到仁志博士當年為我寫的那封信，並引述其中的字句。其實，我在夏威夷上高中時，學業平均分數並不是很高。因此，仁志博士在推薦函中說：「高木羅納的成績在班上並不是最高的，但他的心思最敏銳，積極探索，努力發掘我們理解的底蘊。」那就是仁志博士對我的評價——我有一顆深入探索的心靈。

單：你有沒有機會回夏威夷拜訪仁志博士？

高：我高中畢業後仍然和仁志博士保持聯絡。伍思特學院畢業後，我就來柏克萊攻讀美國史的博士學位，因爲我要像仁志博士一樣。那時仁志博士已經離開夏威夷意奧蘭尼中學。由於他有博士學位，教高中是大才小用，所以前後只待了兩年，就到加州柏克萊的太平洋教會神學院擔任教職。我當研究生時，他是柏克萊

高木的書被改寫為青少年讀本。

這裡的牧師，因此再度成爲我的牧師，在校園裡不時看到他。1967年我拿到博士學位，到加州大學洛杉磯校區待了5年，於1972年回柏克萊擔任族裔研究的教職。1975年左右，我接到太平洋教會神學院秘書的電話，她說：「仁志博士要退休了，我們要爲他舉辦歡送會。聽說你是他的高中學生，不知道願不願意參加並且致詞。」我說：「榮幸之至。」我是個把所有報告都留著的學生，於是就從家裡找出高中時所寫的文章，上面有仁志博士的許多評語。我帶了四、五篇文章到歡送會場，當眾唸那些評語，引得那些神學院學生哄堂大笑，他們說那跟仁志博士詢問知識論問題的方式一模一樣：你如何知道你真知道你所知道的。能向高中的良師益友致敬，真是我的榮幸。一有機會我就會講述仁志博士的故事，因爲我要以這種方式來紀念他、榮耀他。在我自己的教學中，一直試圖「仁志博士」我的學生。我把他的名字轉化爲動詞，那就是我的教學方式──「仁志博士」我的學生。我不只教他們，也輔導他們。

單：那真是非比尋常，因爲我旁聽你的課，親眼目睹了一整個

學期。我很喜歡上你的課，也很欣賞你和學生互動的方式。你用自己的學術和經驗來協助學術生涯剛起步的學生，很有啓發性，也很有鼓舞作用，能當你的學生眞是福氣。接下來能不能談談你的柏克萊經驗。你來這裡修博士學位，除了主修歷史，也修文學，爲什麼？

　　高：柏克萊的美國史博士課程要求學生也得選非本行的科目，我選的是美國文學研究，必須到英文系修一些美國文學的課，於是修了《處女地》(1950)的作者史密斯(Henry Nash Smith)所開的課。他教了我許多有關文學批評的東西，也教我如何閱讀小說，我認爲他影響了我的思考方式、研究方式，以及把文學研究納入歷史研究的方式。我運用文學的方式有兩種。一種是把文學當成歷史文獻，因此莎士比亞的劇本《暴風雨》在《一面不同的鏡子》中就成了歷史文獻。換句話說，它可以用來研究殖民主義，像是英國殖民美洲。那部戲1611年於倫敦首演，是英國在美洲建立詹姆士鎮之後的第4年，那幫助我透過劇本來呈現英國殖民的脈絡。那部戲就成了一個主題：劇中的普洛斯培羅把整座島自卡力班手中奪走。此外，我也把文學當成寓言，是針對現實提出見解的奇幻之作。因此，《暴風雨》不只是英國殖民美洲的寓言，也是反抗的寓言。我必須肯定莎士比亞的表現，他是強有力的藝術家，在故事中納入了卡力班這種像是非洲人、美洲原住民的人物，但他所呈現的卡力班不是單面向的角色，而是頗爲複雜的：他有聲音、有心靈、有意志。殖民者普洛斯培羅教他語言，但他反過來用那個語言來詛咒普洛斯培羅，還帶頭造反，準備擊殺他。因此，卡力班有他的能動性(agency)，而不只是單面向的角色。這個寓言闡明了複雜的現實。

學思歷程與學術論述

單：你著作等身，要是回顧起來，你會如何劃分自己的學術生涯？

高：1961年我進柏克萊博士班，1960年代的柏克萊改變了我的一生——不只因為柏克萊，也因為1960年代。那是民權運動的時代，數以千計的柏克萊學生受到金恩博士道德願景的感召，成為民權運動中的學生積極分子。1964年，美國大學生發起「密西西比自由之夏」的運動，許多年輕學生從各地到密西西比州協助黑人居民登記為選民，其中有3位民權工作者遭到殺害，葬身密西西比，這則消息令我震驚，於是想要了解這種種族仇恨和種族暴力的起源。當時我正在找博士論文題目，因此決定集中於奴隸制度的探討。1965年爆發瓦茨動亂[1]，經過幾天的燒砸擄掠，整個洛杉磯滿目瘡痍，有如遭到轟炸。因此，UCLA決定在歷史系增添一個新教職，開設第一個有關黑人歷史的課程。由於我有關奴隸制度的博士論文已大致完成，所以就去申請，並且通過審核，受聘到UCLA去講授第一個黑人歷史課程，從此開始我的學者生涯。後來我修訂博士論文，在1971年出版了第一本書《支持奴隸制度的聖戰》（*A Pro-Slavery Crusade: The Agitation to Reopen the African Slave Trade*）。

有鑒於瓦茨動亂和金恩遭暗殺後全美各城市發生暴動，當時的黑人暴力，像是高喊著「燒吧，寶貝，燒吧」，盤踞在我的內心，於是我的第二本書取名為《黑人想像中的暴力》（*Violence in the Black Imagination: Essays and Documents*, 1972）。在這本文集中，我決定

1　1965年8月11日，洛杉磯市警察以超速為由，逮捕一名黑人青年。事件發生後，瓦茨區（Watts）的黑人群情激憤，集體走上街頭示威抗議，與警察發生衝突。黑人搶劫白人商店，焚毀建築物，5天後才平息。整個事件導致35人死亡，上千人受傷，數以千計的人流離失所，震驚全美。

《世界日報》報導高木於柏克萊加大舉行的反移民法示威集會中發言。

集中於19世紀的黑人小說，因此就得研究像是勃朗和德拉尼這類的小說家[2]。在這個過程中，我發現了道格拉斯寫的一部小說[3]。我們都曉得道格拉斯的自傳，但我深入挖掘哈佛大學的檔案時，居然發現他寫的一篇中篇小說《英勇的奴隸》（*The Heroic Slave*）。我就說：「喔，道格拉斯還真的寫過小說呢，卻沒人知道這回事。」因此，我決定在文集中納入這部作品，使它重見天日。這部小說令人吃驚

2　勃朗（William Wells Brown, 1814-1884）生為奴隸，後來逃往北方，從事廢奴運動，並有多種著作，被奉為第一位非裔美國黑人小說家。德拉尼（Martin R. Delany, 1812-1885）積極投入廢奴運動，被奉為主張美國黑人民族主義的第一人。

3　道格拉斯（Frederick Douglass, 1817-1895）生為奴隸，後來投入廢奴運動，是著名的作家、編輯、演說家、政治家與改革者，以自傳《美國奴隸道格拉斯的生平敘事》（*Narrative of the Life of Frederick Douglass, an American Slave*, 1945）聞名。

的地方就是，一般人所記得的道格拉斯是支持加里森的非暴力信徒，但在《英勇的奴隸》這部小說中，主角卻舉刀反抗奴隸制度，因而成爲叛徒[4]。我心想：「這裡呈現的是個複雜的道格拉斯，他相信非暴力，當布朗要他加入武裝反叛時，他回答：『把武器給那些使用武器的人，你用你的槍、我用我的筆當武器。』」[5]因此，我們所記得的道格拉斯是像加里森那樣，相信以非暴力作爲結束奴隸制度的手段，但在他的小說、幻想、想像中，卻以武裝暴力出擊，所以眞實的道格拉斯比一般人印象中的他更爲複雜。

記得那是在1969年，1965年的移民法剛通過不久，開始出現新的亞洲移民潮[6]。我當時正在從事黑人研究，但我講授黑人歷史時，望著班上學生的面孔，發現他們的祖先不僅來自歐洲，也來自非洲、墨西哥、亞洲。班上學生的這種多元性，使我不禁問自己一個知識論的問題：我如何知道我知道我所知道的美國多元族裔歷史？這個知識論的問題引導我重新思考對歷史的想法。我想要超越黑白二元對立，在歷史研究中納入美洲這塊大陸上的原住民、墨西哥裔美國人，以及來自日本、中國、菲律賓、韓國和印度的移民。1969年我教亞裔美國歷史時，看不到任何有關亞裔美國人、墨裔美國人、美洲原住民的書，不得不靠自修來了解美國民族的歷史。因此，我是在1970年左右踏上新的思維之路，生平第一次研究亞裔美國歷史。

4　加里森（William Lloyd Garrison, 1805-1879）曾擔任多家地方報紙編輯，獻身於廢奴運動及道德改革。

5　布朗（John Brown, 1800-1859）是首位主張以武裝來推翻奴隸制度的白人，後失敗被捕，以叛國罪判處絞刑。當時梭羅（Henry David Thoreau, 1817-1862）曾公開演講、撰文爲他請命。

6　美國國會於1965年通過修改1952年的移民與國籍法，廢除原先的國籍配額，並將家庭重聚予以優先考慮，造成大量的亞洲和拉丁美洲的移民進入美國，大爲改變了移民美國的來源國家。

　　1972年我加入柏克萊族裔研究系的教學行列。我發現離開歷史系對我是個解脫，因為在以題材來重新思考歷史時，我也開始重新思考研究這種多元性時所要採用的方法學。我不會只是研究歷史，而是要帶入社會學、經濟學、文學、人類學……換句話說，我要使我的學術不只是多學門（multidisciplinary），而且是學門整合（interdisciplinary），在歷史研究中交織不同的學門。我先是寫出了《鐵籠：19世紀美國的種族與文化》（*Iron Cages: Race and Culture in 19th Century America*, 1979）。這本書以比較的方式來研究美國的種族不平等，其中帶入了馬克思、韋伯、佛洛伊德、涂爾幹、米爾斯，特別是葛蘭西的理論。我在歷史研究中帶入這些思想家，自己也就不再是傳統的歷史學家。因此，我不只研究各種形式的種族歧視，也運用許多不同的學門和方法學。

　　這些都呈現於《鐵籠》這本書中，由頗負盛名的柯諾夫出版社出版，被《紐約書評》的編輯選來評論。通常《紐約書評》刊登的書評一次會同時評論兩、三本書，但這篇卻只單評我的書，撰稿者是耶魯大學美國史的院長伍德華（C. Van Woodward）。伍德華針對我的書寫了一篇負面的評論，名為〈美國惡人？〉，刊登在《紐約書評》頭版。書評者指控我反對白人，犯了逆向的種族歧視（reverse racism）。他說：「高木應該採用跨國、比較的方式，比較美國與巴西、南非的種族歧視。」我心想：「伍德華是美國南方史專家，他自己連全美國的歷史都沒研究，竟然要我研究全世界的種族歧視。」

　　我想在這裡我代表了美國史的一個新的、批評的思維方式。但願伍德華能更仔細讀我的書，因為我並沒有反對白人。我處理的是傑佛遜的複雜和人性的一面。傑佛遜在一封信中寫到，「我占用了我的奴隸的自由」，但他知道奴隸制度與他撰寫的美國〈獨立宣言〉矛盾，於是把「自由」一詞槓掉，改為「勞動」，整句話就成了「我

占用了我的奴隸的勞動。」我能看出這些層次的複雜性，但伍德華並未明察這一點，只是一味批評。就某個意義來說，《鐵籠》還是傳統的、由上而下的歷史，是從有財有勢者的角度來撰寫的歷史，其中呈現的非裔美國人、亞裔美國人、墨西哥裔美國人、美國原住民依然是別人對他們的看法。所以，我這裡所做的其實正是我對薩依德的《東方主義》的指控：他以歐洲殖民思想家為研究對象，並未把亞洲人當成有聲音、有心靈、有意志的真人看待。

我是在夏威夷寫完《鐵籠》的——1977到1978年我回夏威夷研休，計畫在夏威夷寫出《鐵籠》。寫作接近尾聲時，我去探望我最喜歡的舅舅尾川理查(Richard Okawa)。我是家族裡第一個上大學、得到博士學位、在世界級學術機構教書的人，舅舅很以我為榮，也喜歡跟我坐下來聊天。他對我即將完成的書很感興趣，有一天問我：「嘿，羅納，你一直在寫有關美國大陸的書，為什麼不寫一本有關我們的書？畢竟，你母親出生在夏威夷的農場，你的舅舅、阿姨也都在農場出生，不是嗎？」這個問題很尖銳：「為什麼你不寫一本有關我們的書？」因此我對舅舅說：「有何不可？」這讓我興起研究移民夏威夷的農場勞工的念頭，這些人不只來自日本，也來自中國、菲律賓、韓國、葡萄牙。我花了大約3年時間回夏威夷鑽研檔案，蒐集他們的聲音。《已竟之業：夏威夷之農場生活與勞動》(*Pau Hana: Plantation Life and Labor in Hawaii*)這本書的研究和寫作，是我身為學者、歷史學家以及作家生涯的轉捩點，因為我記得這個研究是為我舅舅而做。與《鐵籠》那種由上而下的方式不同，我要透過平民百姓的生活、故事、聲音、經驗，由下而上寫這段特別的歷史。在寫《已竟之業》時，我心想：「這本書不只要有學術性，而且要有可讀性，讓像理查舅舅這樣的讀者普遍都能閱讀。」因此，我發展出一種新的寫作風格，稱之為「敘事寫作」(narrative writing)，目

的就是透過講述與重述故事，建構出一個連貫的敘事。1983年《已竟之業》出版，與《鐵籠》相隔4年。出版時，我到夏威夷的農場舉行簽書會，發表演講，並當場朗讀書的內容。農場工人從勞工營、家裡來，聽我說了些什麼。活動結束後，他們買我的書來讀，並且傳給他們的子女。他們感謝我寫了「我們的歷史」。我清楚了解為社群寫歷史的重要性，而《已竟之業》就是為社群所寫的歷史。

在《已竟之業》之後，我決定寫有關美國大陸的亞裔美國人的故事，於是開始蒐集自己從1972年以來有關亞裔美國史的授課資料，授課內容根據的是我的研究，後來成為書裡的章節，於1989年出版《來自異岸的陌生人：亞裔美國人歷史》。我之所以會轉到這個方向，就是因為理查舅舅要我寫一本「有關我們」的書。在《已竟之業》中，我不只注意日裔或亞裔美國人，也納入了葡萄牙人。《來自異岸的陌生人》則集中於亞裔美國人，其中也納入了印度移民，因為我認為他們也是亞裔美國人，在此地的經驗也是亞裔的經驗——他們同樣遭到排斥，無法取得美國公民資格。那本書出版後，許多人問我：「你為什麼納入印度人？你為什麼納入菲律賓人？」我就說：「我們都來自亞洲，我們發覺自己在這塊土地上都屬於來自異岸的陌生人，具有一些共同性。你去亞洲時，找不到『亞洲人』，而是中國人、日本人、韓國人等等。但我們來到美國時，全被擺在一塊，冠上『亞洲人』之名。我們需要知道我們的共同之處。」

剛才提到我在UCLA時想要研究美國所有不同民族的歷史。因此，1989年《來自異岸的陌生人》出版後，我回到當年在UCLA以《鐵籠》開始的研究計畫。我採用這種比較的方法，寫出了《一面不同的鏡子》。因為這本書的緣故，我捲入了一場政治抗爭，那跟我在柏克萊開設課程有關。1972年我來到柏克萊，1974年我創立了比較族裔研究的大學本科課程，連課程提案都是我寫的。10年後，

也就是1984年，我爲比較族裔研究的博士班課程撰寫提案，努力讓它通過各級的審核，我也成了比較族裔研究博士課程首任的負責人。1987年，我加入學生抗爭，要求學生在畢業前必須修族裔研究方面的課程。因爲之前學生問我：「種族歧視也是柏克萊校園裡的問題，我們應該採取什麼措施？」我對學生說：「我認爲我們應該從課程開始，因爲課程是大學的核心，就讓我們在課程裡處理種族歧視。」因此，我們就想到了這個主意：要求所有學生必須了解美國社會的多元性。在辯論中有人提到：「那麼來自俄羅斯、愛爾蘭、義大利、匈牙利、波蘭的移民呢？」這些人都被排除在傳統盎格魯中心的課程之外。我就說：「我認爲這個主意很好，藉由檢視不同族裔團體的經驗，以及不同種族團體的經驗，我們可以了解族裔和種族之間的區別。」因此，我就開始研究猶太移民。由於當時我已經開始研究愛爾蘭移民，所以也納入愛爾蘭裔美國人，確立了我的研究興趣。結果，《一面不同的鏡子》不只研究有色人種，也包括了不同族裔的移民，像是愛爾蘭裔移民、猶太裔移民。我把他們的故事蒐集、編織在一塊，納入書中，這個故事就是美國的歷史：來自世界各地的人如何形成聯盟？如何齊聚美國？如何創造美國？如何重新創造自己成爲美國人？1993年出版的《一面不同的鏡子》是我的作品中最多人閱讀的，銷售超過40萬冊，讀者遍及美國各地。

　　《一面不同的鏡子》出版後，我就在研究第二次世界大戰。如果你讀過《來自異岸的陌生人》或《一面不同的鏡子》就會了解：二次大戰是我們歷史的轉捩點，因爲美國首次面對納粹那種種族歧視的意識型態，而不得不捫心自問：「我們如何有別於納粹？」二次大戰是個機會，讓美國有色人種參戰，爲這個民主政治奮戰，並且說：「我們的奮戰也是爲了把民主政治帶回家，爲我們這些非裔美國人、亞裔美國人、墨裔美國人、美國原住民而奮戰。」因此，

我認為自己必須為那些參戰的不同族裔寫這本書。書中有一章是寫為什麼美國人在廣島投擲原子彈。我心想，一本有關二次大戰的書怎能撇下廣島不談？1994年秋天我任教於博士班——類似你旁聽的那個課程——要班上每個學生找題目、寫論文，而且我說我也要寫一篇有關廣島和杜魯門的論文，於是找了許多有關杜魯門的精采資料，一邊教書，一邊寫論文，最後寫出了一篇長達70頁的論文。我說：「這篇論文可真長」，還秀給學生看。

　　1994年的秋天也是多事之秋，因為史密松尼恩博物館（Smithonian）為轟炸廣島50週年策展。策展人在展覽中納入了1945年7月艾森豪將軍的一段話，表示美國沒有投擲原子彈的軍事必要。艾森豪在歐洲告訴美國國防部長史汀生：「我知道我們已經研發出一種很可怕的新武器，但我們不該在世界上帶頭使用這種武器。況且，日本已經輸了這場戰爭。」其實那段話在歷史學界廣為人知，因此史密松尼恩博物館的策展人要納入展覽中，但退伍軍人協會攻擊史密松尼恩博物館，要求開除策展人，改寫展覽的介紹文字，以示美國採取了正確手段，因而避免登陸日本，拯救了美國士兵的生命。我心想：「我知道這種『軍事必要』的說法是個迷思，因為我不只研究過艾森豪，也研究過當時負責攻打日本的麥克阿瑟。他說：『沒有投擲原子彈的軍事必要。』」因此，我要挑戰這個迷思，並且教育美國人，讓他們知道：杜魯門堅持無條件投降，以致在廣島和長崎投擲原子彈，但在摧毀長崎之後，日本依然以維持天皇制度為條件，否則拒絕投降，於是杜魯門改變原先的想法，接受日本可以有條件投降。我要把那個事實公諸於世。

　　1994年秋季班結束時我做了一個大膽的決定：「這原先是一本大書中的一章，我決定讓它單獨成書，在1995年原爆50週年出版。」因此，我就得研究，並且快馬加鞭地寫。我告訴我當時的李特布朗

出版社，自己有一本關於廣島的書要在該年出版。他們原本想把它
納入有關二次大戰的一本書中，不過我說這本書得在今年出版，我
要教育美國人，讓他們知道為什麼美國會在廣島和長崎投擲原子
彈。編輯答應了。但這麼一來我就得在1995年2月完成書稿。我在秋
季班的專題研討課上已經寫出了70頁，再加把勁就能成為一本小
書，可以搭配赫希（John Hersey）的《廣島》（*Hiroshima*）。結果就是
那本100多頁的《廣島：為什麼美國投擲原子彈？》（*Hiroshima: Why
America Dropped the Atomic Bomb?*）。赫希描寫發生了什麼，而我要
解釋為什麼發生。為了寫這本書，我翻閱了一些國家檔案，接觸到
許多美國軍方的解密文件，像是蓋著「極機密」字樣、後來又被劃
去的參謀首長聯席會議紀錄，所以知道當時軍方的事。我想我該把
那些納入書中──我希望日本也能開放軍事檔案，讓人民能發現二
次大戰時日本軍方的真相。因此，我那本《廣島》像是史密松尼恩
博物館爭議所產生的副產品。在討論軍方投擲原子彈的決定中，我
是唯一強調種族之意義的歷史學家。在麥克婁（David McCollough）
那本暢銷的杜魯門傳中，杜魯門說他是為了避免登陸日本本土而做
了那個正確決定。但也有其他人批評杜魯門，主張那是因為冷戰開
始的緣故。而我認為不只是因為冷戰，也涉及種族。

在《廣島》這本書之後，我回到有關二次大戰的計畫，於2000
年出版了一本二次大戰時的美國之比較研究，內容包括猶太移民和
猶太大屠殺。然後又編了《有關多樣性之辯論》（*Debating Diversity*）
和《一個更大的記憶》（*A Larger Memory*），前者是有關美國之多樣
性的多種辯論的論文集，後者則是從世界各地來到美國的不同族群
生命故事的合輯。以上就是我大致的學術軌跡。

單：你的記憶力真好，把自己的學思歷程描述得如此仔細。你
提到仁志博士和他對知識論那種繞口令式的說法──你如何知道你

知道你所知道的。我們能不能說，你的學術生涯就體現了這種知識論？

高：那是我們所有人都在做或應該做的：如何理解世界？爲了理解世界，我們就得知道我們如何知道。如何知道我們政府知道伊拉克有大規模毀滅性武器？「我們如何知道這回事？」——開始時就像那樣，結論則是伊拉克沒有大規模毀滅性武器。爲什麼布希政權要發動戰爭？這就引發了一連串的問題。但知識論讓我們在知識上和政治上能保持靈活的思維。

單：我記得我們在課堂上討論過你的方法論和研究手法，比方說，由下而上、比較的、多族裔的、多元文化的。而且，除了統計數字、政府檔案、法律文件之外，你也用了許多有趣的材料，像是文學、民歌、勞動歌謠、笑話等等。

高：我認爲許多歷史學家錯失了這個圖像，我則要傾聽不同的聲音。我想要描述的就是詩人惠特曼所謂的「美國各式各樣的頌歌」（the varied carols of America）。爲了要聽到各式各樣的頌歌，必須傾聽各種不同的聲音，其中包括歌曲、獨白、私人信件。其實，沒有什麼是私人的，一切都是歷史。即使私人的經驗也成爲歷史。笑話則告訴你有關現實的一些面貌及人們的感受。

單：以《鐵籠》爲例，連書名都取材自韋伯，書裡也用上了葛蘭西的文化霸權的觀念、米爾斯的社會學想像的觀念等等。在我看過的你的著作中，這本書似乎是最具理論性的。你認爲呢？

高：那的確是理論最明顯的一本，全書一開始就揭示了我的手法和方法論，提到了馬克思、韋伯、葛蘭西等人的名字。但在寫《已竟之業》時，我心想一定要納入馬克思、韋伯、葛蘭西等人的理論，但要把那些理論隱藏在敘事、隱藏在說故事裡面。所以讀《已竟之業》時，會在書裡找到馬克思的產業後備軍的觀念，而那個後備軍

來自亞洲；也會在書裡找到葛蘭西的文化霸權的觀念，因為那些農場主人試著把階序（hierarchy）的觀念加在工人的意識上，讓菲律賓工人和日本工人、韓國工人對立，所以就成了文化霸權。但我並沒有直接用上「文化霸權」這個術語，只是呈現這種現象。我不必拿葛蘭西來裝點門面；我不要讀者認為這本書很嚇人——《鐵籠》那本書一開始時就很嚇人。我想讓讀者覺得《已竟之業》這本書很平易近人，然而不僅理論依然在那裡，政治願景也在那裡。那個政治願景依然推動著我——依然是馬克思式的、葛蘭西式的政治願景。

學術專業與社會責任

單：當前的學術界講究職業化和專業化。你認為學院裡的年輕學者能有那種「奢侈」來做你所做的事嗎？儘管那些事對你和一般讀者來說都很有趣。

高：坦白說，我倚賴專業研究，它們協助我了解不同族群的經驗，例如，拉丁美洲族裔的專業研究對《一面不同的鏡子》中的相關章節很有幫助。因此，我很尊重專業學術。我認為重要的是，我們之中有些人會成為公共知識分子，或者構思一幅大圖像，並試著在學術中完成那幅大圖像。我會讓個別學者去選擇，而我已經做了我的選擇。

單：有沒有為你的選擇付出任何代價？

高：有啊，我遭到UCLA開除。

單：因為你積極投入政治活動？

高：是的，我帶領學生要求設立亞裔美國研究、墨裔美國研究和原住民美國研究的相關課程。UCLA歷史系的資深教師認為我威脅到西方文明，說我「不乖」（uppity）、「不忠」（disloyal）。仔細

思量的話，這種說法其實頗堪玩味，「不乖」就是一個例子。南方奴隸社會稱不服從、不柔順、不努力工作的黑人為「不乖」，該受到鞭笞、懲罰。那是白人描述他們不喜歡的黑人的用語。資深教師不但把我描述成像不聽話的奴隸那樣「不乖」，而且也「不忠」。想想二次大戰時日裔美國人被指控為「不忠」於美國，而我被指控為「不忠」於歷史系。這種語言成了歷史系的符碼。是的，1971年我被UCLA開除，當時我有3個小孩，分別為7歲、5歲、3歲。一些資深教師試著封殺我，讓我無法在美國任何歷史系找到工作。我應邀面試，就會有人打電話給面試我的人：「你不會想要雇用高木吧，他到處惹事生非。」結果我當然過不了面試這一關。當時我心想，那就去社區大學或高中教書好了，雖然我有博士學位，但我需要工作。就在那時柏克萊打電話給我：「要不要來我們這裡的亞裔美國研究和族裔研究面試？」我說：「好啊。」來這裡面試時，我心想，「這是個機會，可以在傳統學科之外另闢一個名叫『族裔研究』的新領域，挑戰傳統學者，這對我來說也是重新思考研究美國史的方式。」在UCLA我已經著手於多元文化的美國歷史。是的，我得付出代價，而且很高興付了那個代價，因為如果當年我不被UCLA開除，你今天就不會在這裡訪問我了。那把我從傳統的歷史系轉到創新的族裔研究系，轉到一個新的領域。當時我自問：「我如何來界定這個新領域？」就課程創新和我個人的學術而言，那就是我所做的。

單：我在一篇訪談中也讀到，你自認是族裔研究學者，而比較不是歷史學者，也就是說，你比較認同於族裔研究。

高：是的，的確如此。但什麼是歷史？《一面不同的鏡子》以史詩開始，是歷史，《鐵籠》以梅爾維爾《白鯨記》中的瘋船長追捕白鯨結束，也是歷史。

單：能不能談談你寫作歷史或實
踐歷史的方式？你把《一個更大的記
憶》一書獻給妻子：「獻給卡蘿，挑
戰美國史主宰敘事的合作者」。這個
短短的獻詞中大有文章。首先，它宣
示了你的立場，這與你的定位和議程
（agenda）有關。其次，你在每本書中
都會提到與妻子密切合作，而你寫作
或敘事的方式就像文體家（stylist）和
說故事的人。最後一點，就是所謂的
主宰敘事及對它的不滿，因爲你嘗
試提供另類的或修正的敘事。因

高木與其「共謀者」卡蘿年
輕時參加畢業舞會。

此，即使從短短的獻詞中都可看出許多因素交相作用。

高：其實我認爲用「共謀者」來形容卡蘿會比「合作者」更恰
當。（大笑）主宰敘事是一種意識型態，一種強有力的意識型態。大
家耳熟能詳的故事是：這個國家是由歐洲移民建立的，美國人的祖
先是歐洲白人。這個主宰敘事不僅存在於課程，也存在於娛樂界、
新聞媒體，甚至深入語言和決策者的思維裡。布希總統揚言一定要
逮到賓拉丹，「活要見人，死要見屍」，你從他的思維中可以發現，
那就是意識型態，那就是主宰敘事，那就是西部邊疆心態（frontier
mentality）。我覺得由於我和卡蘿運用這種技巧和視角來挑戰主宰敘
事，因此我們是合作者，也是共謀者。她協助確保我的寫作清晰、
易懂、好接受。她會批評我的文稿，「你這裡的重點是什麼？你這
裡的組織能不能更清晰？」甚至小到遣詞用字都不放過。我剛剛說
過，我不只是歷史家，也是作家。我要讀者把我的書當成文學來閱
讀。那也就是我在《鐵籠》、《一面不同的鏡子》和《來自異岸的

陌生人》中用上隱喻的緣故。當你進入這些書時，不要認為只是在
讀歷史，其實也是在讀文學。我的目標是試著寫得讓讀者感覺像是
在讀小說，我希望讀者會認為我達到了目標。

寫作之道

單：你在課堂上也提過自己的寫作過程，先是計畫書、大綱，
然後是資料。能不能跟我們分享你的一些祕訣或敘事的藝術？

高：我寫書都會先記筆記，在筆記本上寫下書名。我喜歡先有
書名，書名對我來說是靈感。

單：後來會不會更改書名？

高：會的。其實，《鐵籠》原先的標題是「不滿的文明：19世
紀美國的種族與文化」，但編輯不喜歡。我之所以用上「不滿的文
明」，是因為我認為那會凸顯佛洛伊德的《文明及其不滿》。我交
給柯諾夫出版社的編輯的標題之一是「鐵籠的範圍內」，他說太長
了，「如果只用『鐵籠』如何？」很好，就是它，既簡短又切題。

在寫《來自異岸的陌生人》時，我在李特布朗出版社有個新編
輯，而我們都知道亞裔美國人口逐漸攀升，於是她接受了我的計畫
書。原先的標題類似「亞裔美國人社會史」，她說：「羅納，我們
需要一個更吸引人的標題。」因此我挖空心思，後來心想：「我要
用上德國社會學家齊美爾（George Simmel）的陌生人的觀念。」又想
到美國歷史學家海厄姆的《土地上的陌生人》（John Higham,
Strangers in the Land）。之後也想到哈佛大學歷史系教授漢德林的《連
根拔起》（Oscar Handlin, *The Uprooted*），因為我們從亞洲連根拔起。
我終於想出了「來自異岸的陌生人」這個標題。

在那本書之後，我考慮到那個海岸的不同，以及那個不同如何

塑造了我們在美洲的獨特經驗，於是為下本書想出了「一面不同的鏡子」這個標題：套用的是美國歷史學家塔克曼（Barbara Tuckman）有關14世紀歐洲的專書《一面遙遠的鏡子》（*A Distant Mirror*）。我要把美國想成是一面鏡子，而我們都能從這面鏡子中看到自己的面孔，那就是標題的來源。當我想到一面不同的鏡子時，就想到自己當初在UCLA看到班上學生面孔的那種經驗。我要舉起一面鏡子，讓他們能看到自己。至於「雙重勝利」（Double Victory）這個標題則來自一位非裔美國人的信。他在信中說，這場大戰應該是為了雙重勝利：在國外打勝法西斯主義，在國內打勝種族歧視。

我在寫書時用日記本記下一些想法，比方說，如果你去看我日記中有關《雙重勝利》那本書的條目，就會發現在有關廣島那一章卡住了，而那是我想要研究的題目。我是先有大綱，然後寫出10到20頁的計畫書，在計畫書中問3個問題：研究什麼？如何研究？為何研究？在我所有著作的緒論中都有這樣的計畫書。因此在《鐵籠》一書中，研究什麼──19世紀美國的種族與文化；如何研究──透過葛蘭西、馬克思、韋伯、佛洛伊德和米爾斯的觀念，以及證據、書信、政府文件……；為何研究──要讓世人了解各式各樣壓迫的結構，包括種族壓迫的結構，階級壓迫的結構，資本主義本身那種壓迫的結構，而不僅限於科技和工業化的問題。因此，計劃書指出研究什麼，以及如何與為何研究，引導我進行研究。

單：你對敘事史很感興趣。能不能談談當你安排敘事時，如何使它成為情節，也就是所謂的「情節編排」（emplotment）？

高：我心裡對《一面不同的鏡子》有幅大圖像。我知道自己要研究所有這些不同的族群，也知道要按照年代順序。然後我試著標示不同的主題，依照不同主題把書分成四部分：第一部「無際」，第二部「邊界」，第三部「距離」，第四部「跨越」。我試著在各

部的章節中強調各個主題，因此「無際」的主題在於美國的美麗新世界和各種可能性。然後出現了「邊界」，以及加諸其中的種族結構等等。而在《來自異岸的陌生人》中，開始時是「過度之憧憬」——懷抱著許多希望前來此地的那些人，真正體驗到在美國身為陌生人的現實；接著是「必要之現實」——他們必須努力工作，融入社群；然後是「多樣化」——二次大戰後就出現了多樣化的現象。

單：閱讀文學或文學方面的訓練對你有任何幫助嗎？

高：我不確定。在《鐵籠》一書中是有意為之，讓人讀起來像是在讀長篇小說。所以第一部「共和主義」把不同角色介紹給讀者，第二部「企業」談論工業化的經濟，第三部「科技」談論蒸氣引擎、鐵路和電報的出現如何使經濟日益科技化，第四部「帝國」談論科技如何使美國像帝國一樣巨幅擴張，先是橫越美國，之後擴及墨西哥，然後遠達亞洲，最後以美西戰爭和併吞菲律賓結束。併吞菲律賓這件事之所以重要，是因為海軍藉由蒸氣動力展現了科技的先進。而在這個帝國結束時，出現了三種鐵籠：共和的鐵籠、財團的鐵籠、魔鬼的鐵籠。我為了要闡明帝國的真相，便決定在「魔鬼的鐵籠」帶入梅爾維爾，並為了一己的目的重新詮釋作品。因此，這本書有意寫成像長篇小說，一路鋪陳到底，結尾是瘋狂的阿哈船長追逐白鯨——甲板下的船員代表來自世界各地的工人，捕鯨船則被詮釋為商業化美國的結構，因為捕鯨業當時是美國的重要產業。我把這本書當成長篇小說來寫。

單：我注意到你在《鐵籠》、《來自異岸的陌生人》和《一面不同的鏡子》中都引用了梅爾維爾。

高：是的，我很迷梅爾維爾，他的作品闡明了有關美國的許多真相。但在《來自異岸的陌生人》開頭，我引進了費滋傑羅的《大亨小傳》來談亞裔美國經驗。男主角原名 "Gatz"，為了成為美國人

而改名 "Gatsby"，並和盎格魯－撒克遜裔的女主角結婚。費滋傑羅說，荷蘭水手來到這裡時，心想整個世界在他們面前開展，所以摒息面對這個新世界。因此，我在《來自異岸的陌生人》裡說，這些亞洲移民橫越太平洋而來，當年想必也摒息面對美國，卻不能改名，因而是來自異岸的陌生人。

民主歷史與社會參與

單：我們可以從你的許多著作中看到，一方面你要挑戰美國歷史的主宰敘事，另一方面你提倡民主歷史（democratic history），也就是民有、民治、民享的歷史，並以此來挑戰主宰敘事。

高：是的，就是這種民主歷史，它的基礎就是重新肯定明列於美國〈獨立宣言〉的建國原則。我認為我們必須記住這個國家是奠基於、奉獻於——套用林肯在〈蓋茨堡演說〉的話：「這個國家孕育於自由，並奉獻於人類生而平等的主張。」我喜歡他選用的「主張」這個字眼，因為我向來思考的是平等的「主張」，而不是「原則」。我想要在這個民主歷史中重新肯定〈獨立宣言〉和林肯的〈蓋茨堡演說〉。〈蓋茨堡演說〉雖然簡短，卻還有另一個我喜歡的用語：追求平等的奮鬥是我們的「未竟之業」。我認為我們和我們為平等所做的奮鬥，都是在從事於這個「未竟之業」。對我來說，我的學術就奠基於為美國的這個「未竟之業」而努力奮鬥。

單：《已竟之業》一書〈前言〉的最後一句話說：「希望《已竟之業》能協助我們記憶。」而你把《來自異岸的陌生人》中的一章題為「鑑往知來」。身為資深歷史學者，你對歷史的作用和歷史學家的角色有何看法？

高：我認為研究歷史、寫作歷史是為了未來。如果不是我對未

來有所擔當，是不會研究過去的。我想要看到一個民主、平等的美國未來。非裔美國詩人休斯(Langston Hughes)曾說：讓美國成為美國，讓美國成為夢想者可以夢想的國度；讓美國成為美國，讓平等洋溢在我們呼吸的空氣中。難道你不喜歡嗎？平等就像我們呼吸的空氣般，成為我們生活的一部分。我不是民權領袖，也不是決策者，而是學者，這就是身為學者的我協助美國成為美國的努力。

單：既然你提到了自己身為學者的角色，我也想提一提你身為行動者的角色。比方說，你努力促成1988年美國政府平反並補償二次大戰時遭到拘禁的日裔美國人，2000年你也參與起草加州平等促進方案。因此，其實你已經運用自己的學術力量來促進平等的觀念。

高：是的，我認為學術和行動主義彼此相關。有人主張立法，將沒有登記的移民視為罪犯，我發言反對，根據的就是我對美國歷史的深切認知——這個國家是由移民打造的，而我們在這個國家必須繼續像移民一樣工作。把新移民當做非法，這種反挫行為帶有種族歧視的意味。如果他們的膚色不是褐色或黃色，我認為就不會有人那麼擔心所謂非法移民的龐大數字——其中1100萬是拉丁美洲裔，150萬是亞裔。這種情況目前在全美各地引爆，我覺得有必要發言反對、指明這種種族歧視。

單：當今在美國也有人提議立法把英文當成國語。

高：同樣的，如果這些非法移民說的是法文，就不會有要把英文當成國語的這種激昂情緒。我們要記住，的確有些學者覺得拉丁美洲移民大舉湧進這個國家會是威脅，尤其是施萊辛格，他在《美國的解體：多元文化社會的省思》(*The Disuniting of America: Reflections on a Multicultural Society*)中寫到他擔心拉丁美洲裔會接管美國。

單：你參加過文化戰爭的辯論，比方說，你和施萊辛格的辯論，

你也反對布魯姆的《走向封閉的美國心靈》(Allan Bloom, *The Closing of the American Mind*) 的觀念，以及賀許的《文化素養》(E. D. Hirsch, Jr., *Cultural Literacy*) 的觀念。

高：施萊辛格和布魯姆不同，他是自由派，而布魯姆是大保守派。施萊辛格擔心多樣化會造成美國的解體。1997年我有機會在外交關係協會主辦的會議中和施萊辛格進行一對一的辯論，這個協會在美國極負盛名，這次會議的出席者必須要有邀請函，總數大約100人，都是外交官、國會議員和學者。協會把會議呈現為《美國的解體》的作者和《一面不同的鏡子》的作者之間的辯論，由美國有線電視新聞網的吳特理 (Garret Utley) 主持。進場前吳特理告訴我們：「大會希望你們各以10分鐘進行開場白，接著進入辯論。」接著他問我：「高木教授，能不能請你先發言？」我原本預期自己是第二個發言，因為施萊辛格是年長、資深的學者，但我還是答應了。

前一天晚上我在旅館裡正好翻閱他那本《美國的解體》，其中有一段躍然而出，我想就從這裡切入，以開場白的10分鐘來談這一段。我上場時，就說自己要念這特別的一段給大家聽。施萊辛格在那段中指出，美國的解放觀念——自由、民主、人權、法治——都來自歐洲，是西方文明的觀念。我望著施萊辛格教授說：「你漏掉了『平等』這個解放觀念——〈獨立宣言〉裡就有平等。」此話一出，語驚四座。（大笑）我說這只是個疏忽，卻另有深意。他在答辯時說，他把平等納於法治之下。但我回應時說，那不一樣。我得說施萊辛格不但是位資深學者，而且是位溫文有禮的紳士，我也表現得很有禮貌。他開始發言時，拿起《一面不同的鏡子》說：「這是一本重要的書，我認為在座的各位都該讀。」因此，他能看出我這本書的優點。而他在痛批族裔研究和多元化研究時，其實是在痛批非洲中心論這類東西。但他願意承認有些像高木這樣的嚴肅學者，

不該跟那種族裔中心論者混爲一談。那對我來說是個重大的時刻，能直接與施萊辛格交鋒。

你知道我和格雷澤的辯論。1975年他的《平等之歧視》（*Affirmative Discrimination*）出版，成爲全國暢銷書，他本人也成爲攻擊平等法案的知識領袖，人們在他的率領下起而反對平等法案。他把這個政策稱爲「逆向之歧視」（reverse discrimination），主張平等法案是歧視白人。1979年《鐵籠》出版，拜《紐約書評》那篇評論所賜，我立刻被視爲知識領袖。

單：我還以爲那是篇負面書評。

高：沒錯，但得到《紐約書評》的負面書評總比完全沒有評論好。大家都在問：「高木是何許人也？爲什麼伍德華要痛批這本書？」1980年威斯康辛大學邀我與格雷澤進行一對一辯論。那時我還年輕，大概39歲。我與格雷澤辯論時，完全推翻《平等之歧視》的立論。知識論就是：歷史家如何知道歷史是眞的？我當研究生時，教授就告訴我：「要一直追著腳注走。」格雷澤在第一章〈美國族裔類型的出現〉中主張，黑人應該像歐洲的義大利、愛爾蘭、猶太移民族群那樣，透過努力和學習而有所成就，不該仰仗平等法案，並以此歧視白人。我心想：「我要挑戰這一點，因爲這是他反對平等法案的基本理論。」我很仔細閱讀他的第一章，他在第一章中引用傑佛遜的話說：美國是個普世的國度，而我們就是要如此創造這個新國度。格雷澤想要主張的就是，美國有個長遠的兼容並蓄的傳統。我心想：「他引用傑佛遜的那句話是打哪兒來的？」我查他的腳註，發現是來自二手資料。我說：「咭！他並沒眞的去看原文。」我就去查二手資料，發現來自傑佛遜於1817年寫給佛羅爾（George Flower）的一封信。圖書館裡有傑佛遜的書信全集，我就去找那封信，發現傑佛遜在信中的確提到一個普世的國度，接著他提到來自

法國、瑞士和德國的移民。因此，我與格雷澤辯論時就說：「嘿，你誤引了傑佛遜的話，而且傑佛遜本人也蓄奴。」接著我提出反證，指出傑佛遜說要廢除奴隸制度，把黑人送出這個國家。聽眾中有許多學者，結果讓格雷澤顯得相當外行。

　　單：格雷澤受的是哪方面的訓練？

　　高：他是社會學家，但還是得確知自己的知識論。如果你要說傑佛遜相信這個，那麼最好能證明，我就是這樣揭穿了格雷澤的腳注。我把他那章和我的論文〈美國種族模式的省思〉收錄於《有關多樣性之辯論》中。1980年的辯論之後，我和格雷澤又有3次辯論：1994年在密西根州立大學、1995年在柏克萊大學、1996年在菩及灣大學。在菩及灣大學的辯論中，他宣告自己已經改變心意：「現在我支持平等法案。」1997年他出版了《大家都是多元文化主義者》（*We Are All Multiculturalists*），書裡描述他於1980年與高木羅納在威斯康辛大學的辯論，還說高木強烈攻擊他。因此，他承認我的確在最初的辯論中與他交鋒，不過他也寫道：「最能讓人將心智敏銳地集中於一個議題的，莫過於發現其中的錯誤。」這顯示他是位知識分子，能針對自己的結論提出知識論的問題，發現自己的錯誤，並在書中認錯。我很敬重他，因為他能改變自己的想法。

　　忘了是在1995年還是1996年，我被票選為美國歷史家學會的會員。要加入這個學會，必須由會員推選。學會名額限定為250位，遇有出缺才補選新會員，因此是個很受尊崇的組織。施萊辛格和伍德華也都是會員。值得玩味的是，我原先被UCLA開除，現在卻獲選為美國歷史家學會的會員。

　　單：你的演講往往結合了時事和你對美國史的精闢見解，例如你在一次演講中提到，小布希發動反恐戰爭的原因有三：黨派政治、石油資源和布希的邊疆心態，尤其是邊疆心態。

高：《廣島》一書的讀者會發現，布希和杜魯門之間有著驚人的相似之處。第一，兩人都有邊疆心態，都用邊疆語言：杜魯門「我負全責」（The buck stops here）的說法來自邊疆，而布希「活要見人，死要見屍」的說法也來自邊疆。其次，兩人都是因緣際會成為總統：杜魯門是因為小羅斯福病逝，布希則是因為最高法院停止佛羅里達州的計票。第三，兩人都成為歷史的焦點：杜魯門決定投擲原子彈而結束了戰爭，布希則因為911事件突然成為歷史的焦點。他到遭受襲擊的紐約世貿中心廢墟現場演講時，那就成為他施展的舞台。另外也存在著種族的因素。杜魯門把在太平洋的敵人——日本人——稱為「小日本人」（Japs）。至於布希，雖然我不能說他種族歧視，但他確曾把反恐戰爭定義為「十字軍東征」（crusade）。這種語言甚為明顯。那就是主宰敘事。

單：從你的學術生涯中，可以看出你一直嘗試挖掘被壓抑的聲音，為市井小民發聲，強調來自底層的聲音，重新發掘被埋沒的歷史。身為修正派的歷史學家，你如何從歷史學家的角度來看亞洲的情況——特別是像日本政府否認有關慰安婦的史實，因而激怒了韓國人和台灣人，或是日本政府對於中國人心目中的「南京大屠殺」的態度？

高：我希望我的例子能鼓舞日本學者修訂日本歷史，堅決要求日本政府公開軍事檔案，供外界發掘慰安婦和南京當時的事實真相。我一直認為提出知識論的問題很重要：我們如何知道我們知道我們所知道的。日本人民應該知道日本軍方在中國的所作所為。我們對於過去負有責任。我認為日本領袖和日本政府的問題在於：他們試圖否認並隱瞞過去。比方說，日本首相小泉參拜靖國神社，這就是繼續尊崇過去的表現，但同時也掩埋過去的醜陋行徑。我們必須記得，日本人民本身也是日本軍國主義的受害者，數以百萬計的

日本青年因爲軍方而喪生。日本軍方發動「七七事件」，以示在中國作戰有理。我希望日本學者能揭露這段狂妄的日本史，希望日本學者能重新思考如何研究日本史，重新思考如何研究日本人，因爲日本很多樣化。我記得曾經和日本文部省的官員見面。我告訴他，我正在寫一部美國多元民族的歷史，並問他：「你在思索有關日本人的歷史課程時，會不會把日本的韓裔納入日本史的課程和教科書？」他說：「不會。」我問，「爲什麼？」他說：「他們不是日本人，他們是外國人。」的確如此，儘管他們待在日本已經五代了，但仍然拿韓國護照，至今都還不是日本公民。我又問：「那麼北海道的愛奴族呢？」他說：「他們正在消失。」我希望日本學者能研究日本民族的多樣性，去揭發這種虛僞。我認爲日本學者並沒有這麼做，沒有面對軍方的過去，也沒有面對多樣化的現實。其實，日本經濟仰賴這種多樣性。今天你到日本，會發現來自菲律賓、泰國的工人。日本人口逐漸減少，很需要服務業和製造業等方面的勞力。

另類的歷史，多元的民族

　　單：你訪問過很多人，書中也用了很多訪問紀錄，而我們現在也正進行訪談。你認爲訪談的性質與作用爲何？

　　高：那該由身爲主訪者的你來決定。這也就是爲什麼我同意接受你訪談的原因，因爲你是一位學者，想多知道我做了些什麼、如何做、爲何做。因此，你是以同爲學者的身分來研究高木。我發覺有趣的是，你是以文學學者的身分來訪談不寫文學的高木。你覺得我寫的東西有價值，甚至也許有些文學性，因此我心想：「這可能會是個深入的訪談」，情況也的確如此。你詢問我的生平和作品，這幫助我反思自己的生平和作品。我把《鐵籠》當成長篇小說來建

構，歷史的核心到底爲何——這些思考對我都是很有意思的。你也幫助我更認清〈獨立宣言〉和林肯的〈蓋茨堡演說〉。我在跟你談話時，想到林肯的「未竟之業」一詞。所以，我一邊跟你談話，一邊也在思考。

單：上次你邀全班到府上作客時，提到目前正在進行視覺歷史的計畫。

高：是的，我和製片家歐代爾（David O'Dell）合作，想要根據《一面不同的鏡子》來拍攝歷史片或紀錄片。我們的想法是：讀書的人口遠不及看電視的人口，爲了使我們的學術成爲改變社會的工具，必得透過最有力的媒體來呈現我們的學術，而那就非電視莫屬。但導演和製片必須先募到600萬美元，那可是一筆龐大的數目，因此我們正要成立一個非營利的基金會，希望財團法人和公共電視能共襄盛舉，贊助這個計畫。讓我們拭目以待。

我正在進行的另一個計畫就是爲以英文爲第二語言（ESL）的學生編寫美國歷史教科書。我和卡蘿再度成爲共謀。我們相信把我所寫的歷史分享給來到美國這裡而覺得不受歡迎的新移民，是很重要的。我們要教導他們：他們是美國漫長的移民史的一部分，他們也屬於美國。即使他們是晚近的移民，即使他們可能不是合法的移民，但他們在這裡工作、成家、定居，所以就是美國人。我們所要做的就是重寫《一面不同的鏡子》和《來自異岸的陌生人》中的資料，提供給高中和大學裡的ESL學生。每章都會有些練習——閱讀練習、寫作練習、會話練習以及批判思考的練習。因此，那不會只是歷史書，而是設計給高中和大學裡的ESL學生使用的教科書。

單：你提到根據你的書來製作歷史紀錄片，能不能談談透過影像和透過文字所呈現的歷史有何異同？

高：你說的對，電視是不同的媒體，我們得運用影像，所以照

片和舊的紀錄影片就變得很重要。我也希望其中有聲音，因此或許
會找人來訴說自己的故事。其中也會有演員，像是扮演在紡織廠工
作的愛爾蘭移民女子。牽涉到夏威夷的部分，可能找來自夏威夷的
人唱工作時所唱的日本歌，然後翻譯成英文。我們想要把這段歷史
弄得更生動，讓人能看到、聽到。

單：我認爲你系上的同事丁碧蘭已經做了一些類似性質的紀錄
片。

高：是的，她做了一些，我們希望做些類似的事，能提供一面
不同的鏡子。

單：紀錄片會有多長？

高：總共4集，每集1小時。即使如此，還是有時間和空間的限
制，而寫書就不必擔心長度。

單：你也編過一些書，其中那本《一個更大的記憶》很特別，
尤其是你所寫的那篇自傳性的後記。

高：《一個更大的記憶》是搭配《一面不同的鏡子》的。在《一
面不同的鏡子》裡，我把不同人的聲音納入我的敘事中；而在《一
個更大的記憶》中，我想要做的就是讓人們訴說自己的生平故事，
所以呈現的是不同的個人訴說一個完整的故事，以及所有這些故事
如何聚合、交織成一個更大的故事。我在《一個更大的記憶》中試
著分享這些故事，因爲藉由分享不同的故事，重新創造出一個具有
更大的記憶之社群。我要它成爲一個更大的記憶──身爲美利堅合
眾國人民的我們的記憶。

單：我記得在你與施萊辛格的辯論之中或之後，你提到他擔心
的是美國的解體，你的作品則是要美國重新團結。能不能就這一點
稍加說明？

高：我要幫美國成爲不同民族共同歸屬的一個國家。我想你知

高木家中懸掛與美國總統柯林頓合照。

道，我曾幫柯林頓總統撰寫他在1997年6月發表的有關種族的重要演說。總統助理打電話給我，告訴我說總統希望有關種族的對話能超越黑白二元對立。她說，你的出席事關重大。於是我到白宮，直接和柯林頓進行腦力激盪。這場聚會總共有18個人，包括了像非裔美國哲學家韋斯特（Cornel West）這樣的學者。我想我是在場唯一代表多元文化角度的人。我是這麼告訴柯林頓的：「總統先生，星期六你來加州演說時，會發現白人在加州已經成為少數民族了──歡迎加入少數民族的行列。」他這人反應很機伶，對我眨眨眼說：「你以為我做這些都是為了什麼？我知道我會成為少數民族。」我接著說：「加州現在這種情況，到了21世紀會席捲全國。」我送他一本《一面不同的鏡子》。這是星期二的事，我急著要聽柯林頓總統星期六的演說，因為我也給了他一句話，希望他會採用。我當時心想

高木與美國副總統高爾合照，右二為非裔美國哲學家韋思特。

的是羅斯福的名言：「除了恐懼本身，我們沒有什麼好恐懼的。」
大家都忘了他在那場演說中所講的，但都記得那句話。因此我心想，
我要給他一句人們會永誌不忘的話，於是想出了這麼一句：「到了
21世紀，我們全都會是少數民族」，這句話甚至還押頭韻呢。
柯林頓總統的那場演講題目是：「21世紀的一個美國：總統的種族
促進方案」。我聆聽他的演講，而他的演講多少讓我想到《一面不
同的鏡子》。他納入了西班牙裔美國人，談到了二次大戰中從軍報
國的日裔美國人，也談到納瓦荷族原住民以及他們如何參戰。他沒
有遺漏美國多元民族中的任何一族。他談到我們在21世紀會如何重
新團結為一個美國。換句話說，他拿我的主題作為他的演講主題。
他在演講中說：「到了21世紀，不會有任何多數民族。」我心想：
「喔，不，他沒有用上我給的那句話。」那是負面的說法，而且語

感稍差。我不曉得他的文膽是誰，但他們沒有接受我的建議：「我們全都會是少數民族。」但他的內容確實採用了我的建議，那就是我努力想做的。我試著要向美國的施萊辛格者流說，如果我們要成為一個民族，就必須把美國歷史當成一個民族的歷史來重寫，把我們全都納入。

單：有沒有一些比你更激進的人批評這種觀念可能是另一種主宰敘事。

高：我認為我的寫作溫和，但立場堅定。我很有禮貌，也很有風度。

單：你先前提到「公共知識分子」一詞，你如何把自己視為公共知識分子？

高：我猜想我與施萊辛格和格雷澤的辯論，就是我身為公共知識分子的實例，換句話說，把我的學術連接上社會議題。

單：那麼寫書和向柯林頓總統獻策呢？

高：也算是，我以公共知識分子的角色，協助形塑決策者的思維和他們的文告。

單：你對小布希總統的批評，也顯示了你在不同情況下的公共知識分子的角色。我想訪談大致到此，不知道你有沒有要補充的？

高：我認為你的訪談面面俱到，該想的、該談的都已經包括了。你幫助我帶入了施萊辛格和格雷澤，讓我的學術與促進社會變遷的擔當相互為用。

單：非常謝謝你。

高：謝謝你傾聽我的故事。

高木出示家中的研究資料。

單德興：現任中央研究院歐美研究所研究員暨靜宜大學英文系兼任
講座教授，曾任中華民國英美文學學會理事長。著有《銘刻與再現：
華裔美國文學與文化論集》、《反動與重演：美國文學史與文化批
評》，譯有《知識分子論》、《格理弗遊記》、《權力、政治與文
化：薩依德訪談集》等。研究領域包括美國文學史、華美文學、比
較文學、文化研究、翻譯研究。

新書序跋

追尋中國醫學的激情：

《生死之域》大陸版導言 李建民

　　為了執行長庚醫學院「中醫藥專家學術檔案」的口述計畫，我與學生長途跋涉南下來到了彰化埤頭。受訪者是鄭木榮老中醫，他穿著自製的白衫現身，不對來訪的客人客套寒暄，彷如獨白般地即刻將平生學習中國醫學的苦心孤詣娓娓道來。

　　鄭老中醫出示他自著手抄稿本《讀內經》、《讀中藏經》、《脈訣常讀》、《草藥秘笈》等；我抬頭輕誦主人客廳懸掛的對聯：「岐黃醫學經天地，靈素玄機緯古今」。在他夫子自道的同時，我忽然想起錢穆先生的一段話：「中國歷史所以能經歷如許大災難大衰亂，而仍然綿延不斷，隱隱中主宰此歷史維持此命脈者，正在此等不得志、不成功和無表現的人物上。」[1]看著一位垂垂老醫，敘述他的行醫經歷與研讀古典的陳年往事，心中感慨豈止萬千。

　　在台灣，中醫可說是舉世禁忌不為之舊學。作為一個研究中國醫學史的小學徒，過去數年間我在二股反中醫的阻力中顛躓前行。一是，最初提倡醫學史研究的學者之一其實是反對中醫者，

1　錢穆，《中國歷史研究法》（北京：三聯書店，2004），頁111。

甚至在研究取向主張以批判中醫為鵠的[2]。醫療的行為與習慣，涉及信任；50年的日本殖民經驗，台灣一般人崇拜西醫、譏訕中醫是不可能一時改過來的歷史習性罷。另一股反中醫的力量，竟是中醫反中醫。在體制內的中醫教育與研究，醫經、醫史無半席之地，而我接觸的中醫界友人更坦承這些學問是無用的。中醫、西醫雙修的學生畢業以後，高達80％甚至更高比率最後棄中醫而選擇當西醫。不知道是功利心，抑或是學了中、西醫之後終於瞭解中醫的真面目，放棄中醫成了大多數學生的路。而醫學史則成為酬庸之學、醫者賺錢之餘的怡情養性之業。這些醫者沒有受過一天的歷史學訓練，竟視史學為「剪刀漿糊」之學。

因此，醫學史作為一門嚴肅的學科只存在歷史學界而不在中醫學界。然受到上述二股反對中醫思潮的波及，十幾年來史學界的醫學史成果也有若干值得反省之處。其一，即是把中國醫學視為所謂下層文化或民俗遺蹟的研究心態。

舉例來說，杜正勝認為中醫學研究應該歸到「民俗」的範疇裡[3]，從歷史、文化中挖掘基層社會的實況。他說：

> 我的研究對象是人群，是比較基層社會的，其實有一個很大的領域我們沒有好好做，籠統說叫做「民俗」，當然這不是指民俗學，我講的「民俗」是涉及最基層的人，而且所觸及的層面是和心態、思考方式比較有關係[4]。

2　杜正勝，《從眉壽到長生——醫療文化與中國古代生命觀》（台北：三民書局，2005），頁76。
3　杜正勝，《新史學之路》（台北：三民書局，2004），頁382。
4　同上，頁381。

把以前研究政治史、制度史當作上層文化，而相對這些領域的研究如社會史、生活史則歸爲「基層」或「下層」，這不能說是一種偏見。彷彿只要不談君王將相的歷史，歷史上所有的知識、發明都與「人民」有關，這不能說是一種妄念。如果仔細把《內經》、《難經》、《傷寒論》、《脈經》等經典讀過一遍，就應該不會簡單地把中國醫學視爲「民俗」。就連我這本書所研究的馬王堆出土醫書及相關文獻的內容與性質，也不是用一句「最基層的人」就可以解釋清楚的[5]。

關於基礎社會的歷史，柳詒徵（1880-1956）的〈中國禮俗史發凡〉一文論及「生活史」爲史學研究的「新史」。所謂「俗」（民俗）離不開「禮」，而最重要的史料是「禮經」。而禮俗最核心的精神是「秩序」，同時通過教育而有所落實。柳詒徵更以爲禮與儀有別；他也別具眼光地注意到研究禮俗史可由器物入手。最後，這篇文章引用曾國藩《原才》之說：「風俗之厚薄奚自乎，自乎一二人之心之所嚮而已。」說到底，人民風俗史其實也就是「一二人」之心史[6]。今人治中國史不能開山採銅，但只剪碎古錢以爲新幣，眼界不免太過短淺；古拉丁的格言「最壞的事情，莫過於最好的東西腐化」（corruptio optimi pessimum est），應該可以貼切地用來形容對「民俗」的誤用罷。

中醫史不等同下層文化史。在我最近一篇探討古典醫學病因觀的論文裡，提出了「被忽略的中層」（neglected middle）的研

---

5 關於生活史具有啓發性的討論，見蒲慕州，《台灣學者中國史研究論叢‧生活與文化》（北京：中國大百科全書出版社，2005）的〈導言〉。

6 柳曾符、柳定生編，《柳詒徵史學論文續集》（上海：上海古籍出版社，1991），頁610-651。

究進路。關於古代醫療心態及思考方式的紀錄，事實上離不開知識菁英留下的文獻。醫者，也是廣義的「士」（知識分子）的一環[7]。透過這些層次不一的技術之士所記錄的醫學知識，很難說即是「下層」人民的真實反映。特別對醫療知識的整理、系統化及進一步從事智性上的融會（intellectual coherence）的工作，往往繫乎「一二人之心」。也許，我們應該在「菁英與大眾」（elites and masses）的上層、下層的虛構，尋求一個大多數及主流的「中層」醫療心態及其實踐。這個「中層」歷史打破官、民的二分，包括了不同階層人共同實踐（common practices）的基礎。嚴格來說，「學術民粹主義」是意識型態的牢籠；而歷史學者可說是追求「真實」最大的敵人[8]。

醫學史研究的另一個迷思是對「經驗」的誤解[9]。不少治《內經》或相關知識的學者，每每對中醫的術語及表達方式感到困惑，但我也聽說一些例子，據稱練了氣功之後，有了經驗忽然就「懂」中醫。我學過一陣子針灸，學習的過程的確有助於我對古典的理解。但什麼是「經驗」？這種「感覺至上」的研究取徑，反映了什麼樣的學術風氣？

「經驗」的英文字experience是從拉丁文experienia而來，可解釋為「由生命之旅而來的事情」（ex-perientia）。它的意思是

7 許倬雲，《求古篇》（台北：聯經出版公司，1982），頁512。
8 李建民，〈先秦兩漢病因觀及其變遷——以鬼祟論為中心〉，收入 Rituals, Pantheos and Technigues: A History of Chinese Religion before the Tang會議論文（Paris, 2006.12.14-16）。
9 代表作如栗山茂久，《身體的語言——從中西文化看身體之謎》（台北：究竟出版社，2001）。

指個體內在生命的感受和情緒[10]。當我們說一個人是「有經驗的醫生」時，是說這個人是經由第一手的實作而學會一門技能。不過，對於「經驗」，在研究上可以有兩種不同的態度。一是將自己的經驗視爲「解釋者」（explicans），也就是說只有練過氣功、會點針灸的人才有資格研究醫學史。然而人的經驗常常是不能準確說明並且缺乏時間感的。另一種態度是視經驗爲「被解釋者」（explicandum）。例如，你怎麼知道自己所體驗的就是中醫所說的「氣」；「身體感」應該是某種需要被解釋的東西，而不是某種自身具有解釋的能力。再回到鄭木榮老中醫身上。他所專長的是台灣本地的青草藥應用；但它的經驗是在《內經》等既有的框架內得以解釋。例如，他示範藥物的辨識在於聞氣、嘗味，有腥味者入肺經之類。台灣青草藥的應用，基本原則是「套病」，即某藥治某病，但涉及解釋則是活用傳統中醫的公式（如五味之說）。鄭老先生還出示手抄的《傷寒金匱要略原文50年前之誦》，並且反覆強調經典的重要性。

　　無可避免，過分強調「經驗」無疑會產生主觀主義（subjectivism）的危險。當然主觀主義並非是一種全然負面的概念，它提示我們與研究的對象之間有一種內在相干性。廖育群說：

> 所謂「家傳一張紙，師傳萬卷書」的區別即在於此——
> 當然這裡所說的「師傳」是指那種學院式的教育。因爲
> 這種知識的本質是「經驗」，而且未必一定要「家傳」，

10　Michael Oakeshott, *Experience and its Modes*（Cambridge:Cambridge University Press, 1933）.

　　真正會治病的老師同樣可以傳授這樣的經驗[11]。

這種說法應用在臨床是可以理解的。但把原來中醫學的精神歸於各家之間的「醫者意也」，而不是系統性探討這門知識在歷史發展的「內在一致性」（internal consistancy），只能說是治學態度的一種倒退罷。家傳的確只有一張紙，因為除了個人經驗，也沒有什麼好傳的。

　　中國古典醫學的思考或論證方式是一種「反溯證據」（retroductive warrants）。中醫學並不只是依賴「經驗」這類輕薄的資源，西醫精微縝密的開刀技藝難道沒有「醫者意也」的一面？古典醫學講究的「證據」是在尊重、回溯原典而產生具有解釋力的推論；當然，這種種推論在不同知識預設的人（如西醫）不見得成立，甚至以為錯誤。而在「反溯證據」的思考方式下，任何個人直覺、零碎的經驗，必須在原典所提供的解釋框架得到證明、修正或者駁斥。若將「個人」的經驗當成一門學問的終極指標，是非常不可靠的，也很難取得他人的信賴。換言之，中醫使用的方法是為「歷史證明法」（historical demonstration）。這也就是《內經》、《傷寒論》在歷代不斷被改編、注解，甚至一直到現代還被閱讀應用的真正原因。最近，我研讀盧崇漢《扶陽講記》一書，這本書不在誇耀自己有一百多年的「世醫」傳統，

11　廖育群，《醫者意也——認識中國傳統醫學》（台北：東大圖書公司，2003），頁34。以個人行醫經驗來研究歷史，有更為嚴重的方法論問題，參見Bruno Latour，"On the Partial Existence of Existing and Nonexisting Objects," in Lorraine Daston（ed.）*Biographies of Scientific Objects*（Chicago: The University of Chicago Press, 2000），pp. 247-269.

也不在推銷他個人使用薑、桂、附子等中藥的獨門經驗，而是強調經典。盧崇漢說：「經典一定要活看。如果是照經典的原文在臨床上去號脈，可能一輩子可以摸到一兩例。但是，只要把它的精髓抽出來，在臨床上可以見到很多符合實際的情況，因為古人只是給出示範給你，古人不可能把所有的情況都一條條列舉出來給你。」[12]臨床經驗可能與經典原文充滿張力，甚至產生弔詭；但經典可以處理個人經驗，詮釋或進一步轉化經驗。這也正是那一天我訪談鄭木榮老醫師前後6小時長談的重點所在。

國際知名的感染症權威何曼德先生，對中醫「科學化」的工作推動不遺餘力。他所說的科學化是指應用英國統計學者布萊佛德—希爾（Austin Braford-Hill,1897-1991）所發展出來的「隨機對照臨床試驗法」。至於中醫理論本身無法科學化。他有一個極為敏銳、正確的觀察：「中醫理論與心理分析學相似，也與中國其他的經典書籍一樣，都是權威性的，都是不容批評或者否定的學問，人們祇能尊敬、接收、了解或為它作見證，這是典型教條主義的學問。」[13]可惜，何先生並沒有討論《內經》等典籍為何或經由何種程序而成為權威性文本[14]。歷來相關典籍的不斷地重編與注釋也是某種程度的批評或否定；特別是中醫有「醫論」、「醫話」之類的體裁，提供醫家在閱讀典籍後得以表達不同的意見。而目前的中醫實驗室方法，多半缺乏歷史的面向。多數中醫藥的實驗報告只有極為簡單的中醫文獻回顧。例如石斛的研究，

---

12 盧崇漢，《扶陽講記》（北京：中國中醫藥出版社，2006），頁82。

13 何曼德，《我的教育、我的醫學之路》（台北：新新聞文化有限公司，2002），頁270。

14 李建民，〈古典醫學的知識形式〉，收入《從醫療看中國史國際研討會論文集》（台北：中央研究院歷史語言研究所，2005.12.13-15）。

首先應將這種藥物在所有中醫典籍出現過的記載作系統的甄別，包括產地、相關疾病及其與其他藥物（不是單一藥物）配伍的原則等；這個歷史研究，除了留意歷代石斛應用的延續性，也留意其間加減的那些成分，也就是變化的機制。從歷史研究到多醣體實驗之間，應該試圖找到連結、轉化的關鍵點。毫無疑問，中醫藥科學化需要醫學史的研究作為基礎。

在上述背景的介紹之下，我希望能在序文的最後稍稍談一下自己的研究。這些年，我透過兩條獨立又相關的線索探討古典醫學：一是重新思考古典醫學核心的文化分類，例如選擇「脈」、「火」、「四時」、「臟象」、「神」[15]五項作為研究重心，本書即是我的早期作品；二是探討「正典」與「正典化」的課題，即醫學的主要理論範疇如何建立知識規範與標準的歷史過程。這裡所謂的「正典」（canon），可以描述為一種基礎（foundational）文本。「基礎」不只是簡單或入門的意思；大凡一門學科都有一些信念與觀念，若要成為可靠的知識，就必須加以證明，但「基礎」則無待驗證而是成為其他信念提供依據。換言之，有些知識（例如「經言」）比另外一些知識（經驗等）更具有根本的意義。黃龍祥說：「中醫理論的演變形式頗像一個集裝箱，歷代醫家不斷地往裡面填入不同的物品——沒有內在聯繫和邏輯關係的部件，而從不從中淘汰對象。對於相同的經驗事實，有多種不同甚至對立的理論假說：新提出的假說並不推翻和排斥原有的假說，諸說之間的關係是平行的。」[16]而我說的「正典化」並不是滾雪

---

15 關於「神」的研究有王敏弘，《黃帝內經有關神的研究》（台中：中國醫藥學院中國醫學研究所，1996），可惜這篇文章沒有把這個重要問題作好。

16 黃龍祥，〈中醫現代化的瓶頸與前景——論中醫理論能否以及如何

球式的越來越多的累積歷程，而是以排除（elimination）爲原則；也就是醫書的數量越來越可觀，但從中挑出「四大經典」或「八大經典」，同時平行競流的學說也有畸輕畸重，絕非一視同仁的。

醫學介入歷史中的生老病死、涉入不同時代的生活態度與健康的追求，包涵它們的宇宙想像與政治意涵，以及醫生團體與其他團體的關係，展現中國歷史多層次的獨特風貌。我們相信，深入這個新領域將重寫中國史研究的預設與眞相[17]。生於大陸、執教於美國的王晴佳對近年台灣醫療史的發展有如此的評價，他說：「作爲一個新興的研究領域，生命醫療史的研究，的確已在目前台灣史學界蔚然成風，卓然成家。」[18]爲數可觀的研究成果證明，尋找新議題、連結醫學史與一般史，瓦解既存的「社會史」、「文化史」的分類框架以及打破研究的實證心態等，正是台灣的醫療史目前的發展新趨向。

《發現古脈》一書，試圖與醫師出身背景所寫的醫學史有所區隔。讀者若期待吹糠見米、在這本書找到臨床的靈感，則不免大失所望。但如果能在醫學內容以外，拾獲得對中國歷史與中國文化的熱情與委身，誠不失作者寫作的初衷了。歷史學者就是那「邊界者」（borderers），確切地立足於歷史事實的世界，卻又渴望超越這種限制──中國醫學史不是、也不會是關乎尋求一連

（續）────────────
　　有效進入實驗室〉，《科學文化評論》1卷3期（2004），頁7。

17　余英時，〈中國古代思想脈絡中的醫學觀念──李建民《生命史學──從醫療看中國歷史》序〉，見氏著，《歷史人物考辨》（桂林：廣西師範大學出版社，2006），頁55-66。

18　王晴佳，〈當代台灣歷史論述的雙重挑戰〉，《歷史與現實》，《思想》第2期（台北：聯經，2006），頁109。

串文獻考證的「過去」，而是關乎還活著、生生不息的文化生命！

李建民：現任中央研究院史語所副研究員，研究中國醫學思想史，著有《生命史學：從醫療看中國歷史》（台北，2005）及專業論文多篇。

來自哲學的啓發：

《愛因斯坦1905》導讀* 高涌泉

　　著名天文學家錢德拉瑟加（S. Chandrasekhar, 1910-1995；1983年諾貝爾物理獎得主）是愛因斯坦的仰慕者。他曾在一場紀念歐本海默的演講中[1]提出了以下的問題：「大家都認爲愛因斯坦在20世紀物理界的地位是獨一無二的。不過或許還是有人要問，爲什麼如此？因爲就物理學家的知識而言，我們其實可以舉出好幾個人，他們的重要貢獻可能比愛因斯坦還來得有用——無論如何，起碼和愛因斯坦的貢獻相當。以下是這類人物的一些例子：羅倫茲（H. Lorentz）、彭卡瑞（H. Poincare）、拉塞福（E. Rutherford）、波爾（N. Bohr）、費米（E. Fermi）、海森堡（W. Heisenberg）、狄拉克（P. A. M. Dirac）、薛丁格（E. Schrodinger）。」

　　錢德拉瑟加自己對這個問題的回答是：「毫無疑問的，愛因斯坦獨特之處在於：他除了對狹義相對論、布朗運動，以及光子概念的貢獻之外，還是廣義相對論唯一的發現者。」雖然廣義相對論未必和原子論一樣，應成爲每個物理學家的必備知識，但是

＊　約翰・瑞登著，施新、甘錫安、詹傳宗譯，《愛因斯坦1905》（台北：聯經出版公司，2006）。

1　*Am. J. Phys.* 47, 212（1979）.

研讀過這個理論的人都會同意大數
學家懷爾（H. Weyl）對它的評價：
「廣義相對論是人類推理思維能力
最偉大的例子」。錢德拉瑟加本人
是相對論專家，很能體會愛因斯坦
在廣義相對論上所表現出來的偉大
創造力與卓越思維能力，所以會以
廣義相對論這項工作，來區別愛因
斯坦與其他大物理學家。

　　就愛因斯坦的成就如何超越其
他人而言，我當然認同錢德拉瑟加
的答案，不過這個答案並沒有回答大家其實更感興趣的問題：愛
因斯坦的天才如何與眾不同？但是這個問題不會有什麼客觀、有
意思的答案，甚至可能有人會覺得愛因斯坦根本並沒有比——譬
如說——狄拉克來得聰明。可是如果我們問：愛因斯坦在氣質
上、在提問題的方式上與其他一流物理學家有什麼不同？這個問
題就值得討論了。

　　我以為，愛因斯坦在氣質上與其他著名物理學家確有相當不
同之處，尤其是小他一輩以上的海森堡、狄拉克、費米，以及二
次大戰後成名的許文格（J. Schwinger）、費曼（R. Feynman）、葛爾
曼（M. Gell-Mann）、萬伯格（S. Weinberg），乃至當紅的葛羅斯（D.
Gross）、威爾切克（F. Wilczek）、維頓（E. Witten）等人。相異之處
主要在於，愛因斯坦遠比他們更像是位哲學家。愛因斯坦的哲學
涵養非常深厚，而且這種涵養清楚地呈現在他的物理研究上，例
如對於相對論以及量子力學的研究。

　　愛因斯坦在其〈自傳筆記〉一文中，對於如何發現狹義相對

論有這樣的說明：「我16歲時已經想到（關於馬克斯威爾方程式的）一種弔詭：如果我以速度C（光在眞空中的速度）去追一束光，則我應該看到一束靜止的光，也就是在空間中來回震盪的電磁場。但是，無論就經驗或是就馬克斯威爾方程式而言，這種現象似乎並不存在。」愛因斯坦在16歲便能設想出如此出色的「想像實驗」，已展現其哲學慧根。愛因斯坦又繼續寫說：「我們看到，狹義相對論的根源已經包含在這個弔詭之中。當然，今天每個人都知道，只要時間的絕對性——亦即同時性的絕對性——這項假設依然不自覺地留在我們潛意識之中，則一切想要圓滿澄清這個弔詭的企圖都注定失敗。只要能認清時間的絕對性其實只不過是任意的假設，就已看出了問題的答案。發現這項關鍵點所需要的那種批判性思考，就我而言，基本上來自於閱讀休姆與馬赫（E. Mach）的哲學性作品。」

早在1915年，愛因斯坦便已在信中[2]對朋友許立克（M. Schlick）說，他狹義相對論的思想受到了馬赫的影響，又說「而休姆的影響更大，因爲就在發現狹義相對論之前不久，我認眞地研讀了休姆《人性論》（1739）的德文翻譯。如果沒有研讀這些哲學作品，我便非常可能會找不到答案。」愛因斯坦究竟從休姆與馬赫那裡得到什麼啓發呢？我們知道休、馬二人的哲學立場是，任何觀念必須立基於知覺經驗之上，一切超越經驗之外的觀念都必須質疑。絕對時間的概念是一種沒有經過檢驗的假設，愛因斯坦之所以能在1905年毅然地拋掉這個大家習以爲常的假設，靈感就來自休、馬的哲學思想。他於1924年回憶說：「在思考了7年

2　*The Collected Papers of Albert Einstein*, vol. 8A, R. Schulman, A. J. Fox, J. Illy, eds.,（Princeton U. Press），p. 220.

(1898-1905)但一無所獲之後，忽然間我想出了答案，那就是我們對於空間與時間的觀念與定律，除非它們是清楚地立基於經驗之上，否則是無效的；而且經驗極可能會改變（我們對於時間與空間的）觀念與定律。在將同時性的概念修正成較恰當的形式之後，我便得到了狹義相對論。」一但推翻了絕對時間的概念，光速在各個座標中都是定值這件事，就不是吊詭之事了。愛因斯坦便是如此想出他的狹義相對論，其中來自哲學的啟發是關鍵。

除了狹義相對論，廣義相對論的發展與哲學也是密切相關：在還沒有徹底了解廣義相對論之前，愛因斯坦曾深深困惑於他自己設想出來的「空穴論證」（Hole Argument）。大略地講，這個論證所涉及的即是：數學上所謂「微分同胚不變性」（Diffeomorphism Invariance）的物理意義究竟是什麼，也就是說：時空點到底是不是只有相對性意義（如萊布尼茲主張）而已的問題。此外，眾所周知，愛因斯坦一直不肯接受量子力學。他對於量子力學的詭異之處，看得比任何人都來得透徹，這種批判態度當然源自於哲學思維。

愛因斯坦曾說，哲學所追求的是最一般性、最全面性的知識，因此哲學是所有科學之母。既然他對於哲學有如此認知，也對於宇宙最深刻的結構感到興趣，他投注時間與精力在哲學上便可以理解了。愛因斯坦在瑞士伯恩專利局工作期間，曾和好友索羅芬（M. Solovine）與哈比契特（C. Habicht）共同成立「奧林匹亞學院」（Olympia Academy），一起討論學問。他們談論的主題非常廣，根據索羅芬的回憶，閱讀書單中包括大量的哲學性著作：例如，彭卡瑞的《科學與假設》、彌爾的《邏輯系統》、皮爾遜（K. Pearson）的《科學的文理》（*Grammar of Science*）、馬赫的《知覺的分析以及物理世界與心靈世界的關係》、亞維納留斯（R.

Avenarius)的《純經驗批判》，以及先前已提過的休姆的《人性論》等等[3]。根據朋友的說法，愛因斯坦在晚年依然喜歡閱讀休姆的作品，以爲娛樂。

總之，愛因斯坦在哲學中吸取靈感是不爭的事實，他的思維帶有濃厚的哲學氣息也是相當明顯的。可是前面提過，當代物理學家之中，罕見像愛氏這樣愛好哲學的人，爲什麼會這樣？愛因斯坦在1936年寫了篇文章〈物理與實在〉(*Physics and Reality*)，裡頭或許有這個問題的答案。愛因斯坦寫道：「我們常聽到一種說法，這種說法不能說沒有道理，那就是科學家是糟糕的哲學家。如果眞是這樣，那爲什麼物理學家不乾脆把哲學留給哲學家去做就好？假如物理學家相信他已經擁有了一套固定的基本觀念與基本定律，而且這一套系統非常牢靠，完全無可懷疑，那麼在這種時候，物理學家的確不必去擔心哲學問題。但是如果他們所處的時代正好是物理根基出問題的時候，就像是現在，那麼物理學家便不能不理會哲學。目前實驗結果逼迫我們去追尋更新穎、更穩固的基礎，在這樣的情況下，物理學家就不可以把對於理論基礎的批判性思考丟給哲學家，因爲物理學家自己最清楚鞋子那裡穿起來不舒服。在尋找新基礎的時候，他應該試著在腦子中想清楚，所使用的觀念有那些是靠得住的，因此是必要的。」

毫無疑問的，愛因斯坦這段話全然是基於自己的經驗。如果他的看法確有些道理，那麼當代物理學家之所以不看重哲學，原因便在於他們已經有了「穩固的基礎」，例如像量子場論這種適用範圍極廣的理論架構。既然現今的專業科學家可以依循明確的

3　*Albert Einstein as a Philosopher of Science*, Don A. Howard, *Phys. Today*, Dec. 2005, p. 34.

法則來處理所面對的問題，他們和愛因斯坦相比，難免會顯得匠氣較重。愛因斯坦曾經對朋友抱怨這種狀況：「今天很多人，甚至是專業科學家，在我看來，就像是雖看過上千株樹，但卻沒見過森林的人。科學家如果了解科學知識的歷史與哲學背景，就能夠擁有某種獨立性，讓他免於他那一時代多數科學家所陷入的偏見。這種由哲學洞見所產生出來的獨立精神，依我的意見，可以區分一個人究竟僅僅是位工匠或專家，還是一位真正的真理追求者。」

愛因斯坦雖然喜好哲學，但很清楚哲學思維有其局限，物理學家有時必須是個「機會主義者」，得要不按牌理出牌，才能繼續走下去。例如他知道自己所提出的「光子」假說，不折不扣是個革命性的概念，因為這個假說背後並沒有一個和相對論一樣能夠自圓其說的理論。儘管其他物理學家已欣然地接受了光子說，愛因斯坦的哲學素養反而促使他持續地去尋找答案，因而他後來才會說：「我思索光量子的時間遠多過我思索相對論的時間。」

我們永遠不會知道愛因斯坦的天才是怎麼來的，不過我們可以看到他那親近哲學的態度，的確與眾不同。而這種對於哲學的喜好，直接、間接地幫助了他克服觀念上的障礙，提出新問題。

高涌泉：現任台灣大學物理系教授，專長為量子場論，著有《另一種鼓聲》。

思想采風

從《大國崛起》看改革意識形態的生成邏輯

張志強

　　最近，北京的中央電視臺一台在黃金時段播放了電視記錄片
《大國崛起》，引起熱烈反響。緊接著又在中央電視臺二台重播，
一時間輿論界和互聯網上評論如潮。不管對該片持何種評論態
度，該片的製作和播放，看起來似乎觸動了當下中國的某根敏感
神經。

　　《大國崛起》共12集，分別對15世紀以來具有世界性意義的
九個強國（葡、西、荷、英、法、德、日、俄、美）的興起歷史
進行了描述和分析。不過，這種描述和分析卻並非如《探索》《發
現》式的歷史知識科普，而是採取了一種由當代中國電視運動所
獨創的歷史政論片形式。這種電視片體裁，據說創自八十年代轟
動一時的《河殤》，在九十年代又爲主旋律題材的《偉人毛澤東》
和《偉人鄧小平》以及《東方之光》等電視片所運用，收視率極
高。該片的主撰稿人陳晉，是中央文獻研究室的著名黨史專家，
也曾是以上幾部電視片的主創人員。

　　與《河殤》的創作方式有些類似，該片在歷史腳本階段，有
北京大學和中國社會科學院世界史所等學術單位的眾多學者參
與，同時在片中也採訪了國內外十數位世界史領域的知名專家
（其中包括耶魯大學的保羅・甘迺迪，他所著《大國的興衰》一

書在大陸曾多次再版）。據本片編導說，該片的最初創意，得自於2003年底中共中央政治局一次例行集體學習。在那次集體學習上，胡錦濤總書記帶領政治局全部委員，聽取了首都師範大學著名的世界史專家齊世榮教授和北京大學歷史系錢乘旦教授所做的關於「15世紀以來世界九強的歷史演變」的報告，而錢乘旦教授便是該片的學術總指導。

該片熱播所引起的強烈反響，或許可以看做是近年來思想理論界的大國「論述」及其背後的「大國」情結，以歷史性和具象化的方式，在民眾心理層次上的引爆。不錯，近期以來，在一系列內政外交上，似乎看到某種對於中國自身歷史地位和世界地位的主體性自覺，這樣一種意識似乎表明，改革開放20年來所依循的鄧小平「韜光養晦」的隱忍發展戰略有所改變。特別是最近一個時期以來，「不出頭」的外交政策，被一系列縱橫捭闔的大國外交所替代，中國逐漸具有了某種全球性的戰略眼光和戰略布局。同時，對中國和平崛起的訴求，或者說是對和平崛起必要性的認識，似乎也召喚出對崛起的決心。而由這種決心所表現的自我期待，實質上似乎已經具備了某種民族主義式的政治操演性格。不過，該片的意義，可能還有許多超出當前大陸政治心理的未盡含義。它的敘述邏輯和論述傾向，在一定程度上是這些年來大陸思想邏輯的某種集中反映，對此尚需進一步整理和反思。

學習世界史上強國歷史經驗及其教訓，胡錦濤說過，目的是爲了「站在世界文明發展的歷史高度，進一步認清當今世界風雲變幻的規律性趨勢，進一步認清我國的基本國情和發展大勢，更好地掌握加快我國發展的主動權。」（2003年11月26日《人民日報》）而學習15世紀以來世界史的必要，是由於只有15世紀地理大發現的海洋時代以來，才眞正形成了一個統一的世界。也因

之，只有15世紀以來的大國，才是具有世界性影響和地位的真正的大國。在一定意義上，甚至可以說，「世界史就是現代史」，因為「世界一體化雖然萌芽於15、16世紀，但最終形成於20世紀，因此在這個意義上，世界史就是現代史。」而同時，「現代史就是世界史」，因為「現代史又只有用世界一體化的眼光才能認清它的特質。」（語見齊世榮《漫談世界史和世界現代史》）世界史與現代史的一體性，說明所謂的世界史其實一方面是現代化的擴散過程，另一方面也就是資本主義全球擴張的過程。關於世界史的有機一體性的認識，是大陸世界史學科成立的前提，而這個前提，當然來自於馬克思主義的洞見。

從這個角度學習世界史上強國歷史的演變，實際上便是通過對現代化進程的整體性把握，來批判性地分析和理解世界形勢，以獲得中國自身的「發展主動權」。但問題是，如何全面理解這種「發展的主動權」的含義？採用何種方式才能真正把握住這種「發展的主動權」？前者涉及當代中國的自我理解的層次和深度的問題，後者則涉及到如何形成多層次有深度的當代中國自我意識的問題。

在《大國崛起》與圍繞學習報告形成的專書《15世紀以來世界九強的歷史演變》之間，敘述重點發生了一些耐人尋味的轉移：由對強國興衰歷史演變的全面批判性分析，轉變成強調列強如何把握住機遇，在對歷史的創造中興起，而列強的衰亡，則被簡化為迎接歷史挑戰的失敗，且不予多加著墨。例如在佔有兩集篇幅的〈英國篇〉中，關於導致英帝國衰落的、與殖民地經營有關的「英國病」問題，基本闕如。在這種敘述重點轉移中，商業精神、海外擴張的冒險精神以及工商業領域的創新精神，作為創造歷史的資本主義精神，受到完全正面的肯定，而對資本主義殖

民擴張帶來的後果，卻甚少批評。例如在關於後發資本主義國家德國和日本興起的描述中，對兩國作為世界大戰發起者的評價，也只是從內部指出其自身由於發展方向和發展策略的錯誤認知，而導致發展的失敗而已，並未深刻檢討兩次大戰爆發與資本主義發展階段及其內在矛盾的關聯。在這樣一種敘述脈絡中，如同《河殤》一樣，該片也只在其是否能夠作為促進資本主義發展的條件的意義上，來評價和看待文化傳統。總之，該片的敘述，基本上是一種大國興起的發展機會論和發展條件論，洋溢著一種機會主義和功利主義氣氛。這種敘述重點的轉變，似乎意味著正統馬克思主義世界史學中尚保持著的民族本位觀和倫理主義的批判精神，逐漸從一種策論式的歷史大勢分析中淡出。

　　嚴格說來，這種敘述轉移並不是偶然的；它是大陸世界史學研究中的研究路向和研究邏輯轉向的後果。而實現這種轉變的中間環節，便是現代化史學對「世界史」學的合邏輯地典範轉換，而正是在這種典範轉換當中，馬克思主義被改造成了一種現代化論。這種改造的理論環節，在於從生產關係和階級革命為中心，轉變為以現代生產力、特別是資本主義現代發展問題為中心。現代化論的代表人物羅榮渠先生在建立自己的現代化史學時，首先便處理了馬克思主義與現代化研究的關係，而且也承認馬克思的現代發展理論的中心部分，正是關於現代社會的發展問題。這種肯認，表明了現代化史學與馬克思主義的世界史學的繼承關係。不過，與正統馬克思主義世界史學不同的是，羅榮渠先生突出了「以生產力標準代替生產關係標準作為衡量社會發展的客觀主導標誌」，按照大生產力型態的演進主線，把現代工業生產力作為第三次社會變革的歷史動力，並且提出了一元多線的歷史發展觀。在羅看來，這是運用歷史唯物主義對現代化這個歷史範疇進

行的新解釋。從羅的努力中，我們可以看到他試圖對馬克思主義做出適應時代需要的調整，以此來為改革時代的意識型態，找到一個歷史觀的形式。

不過，在羅的努力中存在這樣兩種傾向。首先，通過他對現代化歷史進程的模式分析，雖然也質疑了西方理性主義和無限制增長的追求，對由現代化過程內部的矛盾衝突而生發的危機有所批評，但他基本上把現代化過程看成不可阻擋的歷史趨勢。即使並非決定論意義上的歷史規律，卻仍是人類歷史概莫能外的歷史潮流。在這個意義，原本馬克思主義建立在決定論基礎上的作為政治行動支持的倫理主義，便沒有了自己的地位。其次，關於中國的現代化問題，根據他的傳導性現代化模式，是一種外發式而非內源式的現代化進程。用他的話說，這是從世界看中國必然得出的結論。但是，這種看法有其不足。雖然現代化的具體形式有可能是外來的，但現代化更可能是手段，用來解決中國在走向現代的歷史過程中遭遇到的困境和挑戰，因此，所謂的現代化問題，並不盡然是一個外發傳導的現代化。否則，我們將無法解釋傳統中國的衰敗，無法理解衰敗可能恰恰是無法正面迎接發生在內部的現代性挑戰的緣故，而且也因此無法理解，所謂外發的現代化卻有可能是出自解決內部問題的需要，於是，也無法正確評估西方的現代化帶給中國現代化的影響及其後果。或許，作者在通過瞭解世界，並運用世界的眼光來審視中國之後，尚需要同時展開一個由內而外的從中國看世界的認識論視角。有了這個視角，落實現代化歷史進程並進而引導現代化進程的主體性力量，或許才有望找到。

如何協調正統馬克思主義和改革時代的歷史需要，在馬克思主義基礎上建設一種新的改革意識型態，是自八十年代以來一直

貫穿於思想史內部的主題之一。這樣一種意識型態的建設，並不
僅僅在於為國家的建設提供一套意義論述；更重要的，它也為身
處這個時代之中的人，提供一套理解自己的歷史和自己的存在的
意義座標。同樣的努力，其實也發生在李澤厚的思想探索中，而
且具有更為自覺的理論意識。他的人類學歷史本體論，一方面延
續唯物史觀中強調生產力基礎作用的思路，視使用和製造工具的
社會實踐為核心，而把革命論和階級鬥爭理論當做無法從唯物史
觀中邏輯推導出的部分，而給摘除掉，從而把馬克思主義改造為
一種現代化理論；另一方面又以從馬克思回到康德的所謂「從經
驗變先驗」，強調了倫理、美學（或宗教）對於完整人生以及社
會發展目標的意義。總的來說，李澤厚的理論全面而均衡，用一
種通達的歷史主義看待人性，看待人性基礎之上的社會發展。因
此，無論是對「西體」的現代化進程，還是「中用」的中國現代
化建設，他的思想中都籠罩著一種普遍主義的樂觀氣氛。但「中
用」的難度，特別是與「西體」糾纏的困難，並未在理論上受到
足夠的重視。同時，中國人的生活世界問題、現代中國的生存論
困境，被化解成一個「個體之文化選擇」問題。

　　回到康德來建立普遍主義的價值理想，雖然作為理性的先驗
幻相，對歷史會具有某種範導的作用，但由於理性與知性之間的
分化，價值理想能否成為套住歷史前進方向的價值籠頭，還是一
個悲劇性的難題。因此，在人類學本體論基礎上建設的現代化
論，很容易簡單地被置換為一種求富求強、做強做大的發展邏
輯。價值維度如果無法牢牢地建立於歷史進程內部，那麼它也無
法範導地、批判性地調校歷史的方向，同時也無法成為歷史內部
的建設性力量。即使認為文化價值問題乃是分化的現代社會的一
個獨立領域，可望發揮其批判性人文價值功能，實際上也只是在

分化的現代性內部，把文化作爲一個批判性武器來看待。究竟如何能夠讓文化成爲一種社會歷史建設的力量，成爲歷史發展的反身性的力量，或許還有待新的理論突破。《大國崛起》的敘述邏輯，嚴格說來，正是這樣一種缺少歷史發展的反身性認識的情況下形成的歷史認識，而如果缺少了關於歷史發展的價值考量，那麼通過發展而落實的主體是否是值得我們想像的，通過發展而獲得的前景是否是值得我們期待的，還都是問題。通過這部片子，我們或許需要更加迫切地追問，中國的發展，究竟能給中國人自己以及世界帶來什麼的問題。爲回答這樣的問題，我們需要重新回到現代思想的開端處，重新思考現代中國的建設問題。

張志強：中國社會科學院哲學研究所副研究員，主要研究領域是佛教思想史，目前正在從事中國近代思想史和近代佛學的研究。

知識分子總診斷報告

南方朔

　　自從1987年，美國思想家雅可比（Russell Jacoby）出版《最後的知識分子們：學院時代的美國文化》，為知識分子唱出輓歌，並提出「公共知識分子」這個新概念後，「知識分子論」即開始快速擴張，成了當代顯學之一，這方面的著作近年來持續不斷，雅可比教授本人則在1989年出版《烏托邦的終結——冷漠時代的政治與文化》，為他的理論暫時劃下句點。

　　根據雅可比教授的論點，當代由於社會改變，大學擴張、學術瑣碎化與明星化，戰前那種以辦雜誌為基地，直接與人民互動而形成的知識分子早已失去了存在的空間。而校園內的知識分子，則囿於學術的量化生產，以及學術例行活動的頻繁，加上當代的多元異質，已無法再為整個世界探索新的整體意義，於是思想日益飯釘散漫，瑣碎而自以為是的種種拗口術語大盛，虛假而艱澀的激烈言詞蔓延，舉例而言，當代校園知識分子開口閉口「顛覆」，但究竟「顛覆」了什麼？當知識分子在瑣碎問題上用盡力量提出華麗的論說，卻對重大問題保持緘默，這不正是雅可比所謂的「零售清醒，批發瘋狂」，用近視（Myopia）取代了理想國（Utopia）嗎？

　　而在近年來對知識分子反思的眾多著作裡，2004年又增加了

當代英國新銳思想家富瑞迪（Frank Furedi）所著的*Where Have All The Intellectuals Gone?* [1]這部言簡辭深、態度猛烈的著作出版後，曾在英國引發極大的討論。該書就整體意義而言，可說是對當代知識分子社群，包括人文知識研究、活動，以及人文教育，所做的生態總調查和總批判，它列出的知識分子「平庸化」、「弱智化」、「瑣碎化」、「媚俗化」，不但對歐美，甚至對

包括了台灣的全球，都是有如暮鼓晨鐘的當頭棒喝。這部非常綱領式的著作，其實也等於是對當今世界在缺乏了願景之後，日趨疏離、平庸、苟且、因而加速沈淪敗壞，而不公不義之事也大量出現的亂象，做了極佳的注腳。

　　無論西方和東方，在漫長的歷史中，人文知識分子始終扮演著極重要的「人文關懷」的角色，在溫和的部分，它是人間價值的守門人，維繫著公私領域的價值與品質，而在激進的部分，它則表現在「先天下之憂而憂」的介入和參與上，西方的啟蒙理性主義和進步主義傳統即由此而展開。儘管從19世紀開始，即有對啟蒙理性主義提出質疑的反理性主義思想，但它始終無法改變人們對進步的憧憬。

　　不過，這種反啟蒙、反理性的思想，終於在蘇聯瓦解後以排

1　*Where Have All The Intellectuals Gone?* 中譯本《知識分子都到哪裡去了》，戴從容、王晶譯（台北：聯經出版公司，2006）。

山倒海的方式全面展開，並結合過去和現在其他因素而表現為：

——以俄國的失敗，加上諸如德國海德格、施密特等人曾支持納粹的例證，整個否定了知識分子的文化及政治功能，並強調「理性即瘋狂」的詭譎性。這種反理性、反啓蒙的主張，對知識分子的批判角色無疑的具有極大的嚇阻作用。

——隨著大眾媒體的快速興起，「意義」已在日益滋生下變得日益被稀釋，由於知識分子缺乏足夠的能力探索出新的意義，於是帶有虛無性格的價值相對主義遂從哲學這個領域向所有人文項目蔓延。相對主義侵蝕掉了知識分子價值守門的角色和信用，這使得啓蒙成了知識分子的菁英主義殘餘，在這個時代再說啓蒙進步，不但不像以前那樣受到尊敬，反而會招致惡評。在阻力如此巨大之下，知識分子已開始往各個小領域轉進，搔首弄姿地在小觀念上發揮創意，而於攸關天下蒼生的大事則束手旁觀。校園知識分子在環境惡化下所表現的種種弱智化、自我耽溺化，的確已成了當代人文領域的一種奇特、扭曲、如時空錯置的風景。

——在理想、願景、批判等皆失去位置的時代，整個社會遂往工具主義、消費主義，以及由此而造成的媚俗方向發展。世界已被拉平成了無縱深、無差別，無更好更壞的混沌體，金錢和政治權力遂有了可以恣意成長的空間。這種虛無性也影響到知識分子和大眾社群，不再相信知識的權威。由於沒有願景而畏懼變化，知識分子和人文教育在消費主義的市場引導下，向大眾的好奇心諂媚逢迎，變成現狀下的順從之士，一切都因此而日益平庸，生命則簡化成了富裕時代無目的、無意義的活著。

因此，富瑞迪教授所指出的「平庸化」、「弱智化」、「媚俗化」、「瑣碎化」，雖然令人難以忍受，但卻的確是一種新的普世現象。它造成了整體的冷漠與疏離。他在書中指出，這種情

況顯示在愈來愈低的投票率上（例如1960年美國大選仍有62.5％投票率，1988年已降爲51％），還相信政府及政治人物的民眾，1952年時高達75％，現在已降到30％以下，1996年認爲官員不講實話的人竟然高達64％。冷漠、無奈、犬儒、溫馴、無力感，已成了知識分子失位後世界性的「孤寂」。2004年美國大選後曾做過研究，大學院校教職員對民主、共和兩黨的支持度爲七比二。報紙讀者階層則爲二比一，但到大眾投票時卻反轉成了略小於一對略大於一。這樣的數字就是知識分子與大眾斷裂，知識分子徹底邊緣化的表徵，這也是西方知識分子社群普遍認爲自從法國思想家沙特逝世後，所謂的大型知識分子即已宣告結束，近代一些在知識分子社群裡享有極高地位的諸如杭士基、薩伊德等，他們在大社會裡，可能還抵不上一個三線的演員或歌星。

知識分子乃是一種角色，他們儘管不富裕，但傳統上，也正是透過知識分子的連結功能，社會的價值與願景才得以維繫，並讓社會成爲一個有機體，有當知識分子淪爲邊緣化，社會的有機體特性消失，它就難免淪爲英國前首相柴契爾夫人所說的：「沒有社會這樣的東西」、「這是個別無選擇的世界」。當今的西方，人們由社區撤退到家庭，公眾事務卻日益乏人關切，因而顯得更加無序。這時候，社會既有的權力體如政黨公司，反而有了恣意而爲的空間。從這個意義而言，世間的衝突日深，貧富差距無限擴大，人間的不平更增，政治及民主的品質也日趨下降，甚至被認爲相當古老的貪污腐化也都開始趨於張狂，這些現象當然也就不難明瞭了。

也正因此，在這個「知識分子論」再度成爲顯學的時代，它其實也等於是西方社會已警惕到了這種危機，開始期盼另一個知識分子時代的到來。我們當然不能否認，過去的確有過知識分子

以倒砌金字塔的方式，要在人間建造出不可能的理想國的意識型態災難，也的確有過許多知識分子曾為不公不義的邪惡張目之教訓，但這都不足為否定知識分子角色的理由，而只應成為知識分子本身的警惕，並作為再出發的借鏡。這也就是說，如何的不好高騖遠，至少扮演好批判的以及願景功能，已成了知識分子必須深刻反省的第一步。而不耽溺在瑣碎的小觀念中，努力的克服相對主義的思想障礙，嘗試為世界尋找出新的意義，乃是讓知識分子社群重新出現的第一步，否則整個人類社會即難免在日益加深的體制化裡，成為體制裡的命定螺絲釘。

「知識分子論」近年來正快速的發展中，可惜的是這方面的討論，在我們社會裡被引進的並不太多，理解得也不週全，因而富瑞迪這部在英美曾引起相當爭論的《知識分子都到哪裡去了？》倒不妨成為我們社會關切人文者的一個新起點，近年來的台灣，在社會現象及問題徵候上已來愈和西方同步，政治與社會的惡化，人文精神的蕩然，自私自利與貪贓枉法則日趨普遍，而我們的知識分子面對這些危機，也同樣顯示出被邊緣化或自動邊緣化的趨勢，甚至還非常嚴重的出現雙重標準。知識分子的失位失責，將會讓一個社會失去自我檢視修正的能力而讓問題一發不可收拾。今天我們又怎能不和西方一樣，去問同樣的問題呢？——台灣的知識分子都到哪裡去了？

南方朔：本名王杏慶，1946年生。早期是黨外雜誌的健筆，並親身參與抗爭運動，曾任中國時報記者、專欄組主任、副總編輯、主筆等職，以及《新新聞》總主筆。南方朔著有《憤怒之愛》、《另一種英雄》、《文化啟示錄》、《自由主義的反思批判》、《語言是我們的居所》、《詩戀記》、《回到詩》等，以及各書的導讀與評論150多篇。

詮釋人類學大師格爾茲去世

鍾大智

　　2006年11月1日的《紐約時報》報導，著名的人類學家格爾茲（Clifford Geertz）因心臟手術後的併發症於10月30日辭世，享年80歲。格爾茲雖然是因《文化詮釋》、《地方知識》的出版而躍升成為人文與社會科學領域的大師級人物，但是其實自拿到博士學位後，他就一直在美國最頂尖的學術機構任職：社會學大師帕森斯創建的哈佛大學社會關係系、芝加哥大學的新興國家比較研究委員會，以及位在普林斯頓的高等研究院。在人文社會科學領域的追隨者間，格爾茲影響力最大的觀念莫過於「深厚描述」（thick description）。他借用哲學家萊爾（Gilbert Ryle）對twitch（眨眼作為一種肌肉抽搐）與wink（眨眼作為一種饒富意趣的示意）的經典區分，將中後期維根斯坦的反心理主義意義理論，建構成人文社會科學的基本觀點：意義不是一種神秘、理解者必須再生產的心理實體；相反地，意義是公共的，體現在可共享的符號形式上，是交互主體互動中的構成物。文化便是這樣的符號系統與意義的網路，透過它，人們累積出代代相傳的生活秩序、世界觀與集體精神（ethos）。

　　批評一位揚棄實證主義、屬於詮釋學傳統的學者似乎很容易：指出詮釋的確證、過度詮釋，與詮釋理想化的問題；指出它忽略唯物主義取向所強調的權力、宰制、虛假意識與意識型態的神秘化作

用。格爾茲在研討會、在期刊論文中總是不斷受到這樣的批評。然而作爲人文社會科學領域內被引用率最高的作者之一(與馬克思、語言學家兼政論家杭士基、康德、黑格爾等人物並列)，對格爾茲的研究專著相對來說是少得不成比例：具我所知，介紹性的專著與表揚性的論文集只有四本，其中一本還是去年才出版的[1]。我相信一些跟我一樣不是那樣擁戴格爾茲人類學的讀者，應該都有這種感受：你很難花很多的時間討論格爾茲，部分是因爲他書寫的晦澀與非系統化。格爾茲不僅在方法論上反對實證主義追求建立普遍律則的夢想，在書寫上他也揚棄「清晰」、「簡明」這些科學論述的「優點」。這並不奇怪，因爲格爾茲從海軍被送到俄亥俄州的Antioch學院唸書時，開始便是主修文學。但是我希望能對這位剛逝世的學術巨人提出一點個人的批評。

我將採取的策略，正是人類學書寫論派(textualist)與撰寫《作品與人生》(*Works and Lives*)時的格爾茲所常用的。這種曾經在過去十幾年紅極一時的學派，喜歡挑選人類學家的日記、書信與未出版或鮮少被討論的斷簡殘篇，去揭露民族誌作爲一種文學的建構過程，與人類學者在生產知識中不可泯滅的主體性，藉以質疑人類學知識再現異文化社會的認識論權威與客觀主義論述的天眞。我將討論格爾茲兩篇鮮少被注意到的專訪與論文。我的目的，是凸顯一個關於學院論述現實適切性的問題。

《紐約時報》不僅報導格爾茲去世。1998年印尼發生大規模的

---

1 Kenneth Rice , 1980, *Geertz and Culture*, University of Michigan Press. Ortner, Sherry ed., 1999, *The Fate of Culture: Geertz and Beyond*, University of California Press. Fred Inglis , 2000, *Clifford Geertz*, Polity Press. Clifford Geertz , Richard Shweder and Byron Good eds., 2005, *Geertz by his Colleagues*, University of Chicago Press.

反蘇哈托示威與排華暴動時《紐約時報》就專訪過格爾茲。在一篇名爲〈人類學家論印尼暴亂及其根源〉的簡短專訪中[2]，格爾茲強調印尼文化中父親溺愛小孩的常態，要求高度自我節制、表現平和寧靜、避免直接衝突的禮教傳統。在這種文化脈絡中，國際貨幣基金與其他外國銀行對蘇哈托的要求，和他們提出這種要求的無禮方式——結束蘇哈托子女所控制的獨占事業——必然遭到回絕。格爾茲以謙卑的姿態強調，自己雖然在印尼有多年經驗，仍不敢說掌握情勢。但是他表示，所發生的一切確實讓人非常熟悉、「非常爪哇」，就像重演1960年代中期蘇卡諾下台前後的動亂一樣。而且由於印尼文化情感表達的晦暗性，你總是只能等到暴力發生，才知道它發生了，事前沒有任何警訊。

對於全世界的華人來說，印尼發生在1960年代與世紀末的兩次暴亂，都有明顯的排華屬性，儘管它們是出於不同政治動機被操弄或誘發的種族屠殺。我還記得，十多年前上喬健教授的「東南亞華人社會」課程時，他直截了當的表示，蘇卡諾下台前後的共黨政變與清共暴亂，根本就是美國中情局一手策動的。世紀末的悲劇重演，則是透過另一種邏輯：對蘇哈托統治下經濟崩潰的不滿，轉移到控制經濟的少數族群。1998年暴亂中，印尼軍警與特種部隊直接涉入屠殺與輪暴，不禁讓人懷疑蘇哈托政權在多大的程度上主導，將一場反政府危機，轉化爲種族暴亂（儘管一切仍是迷霧重重，有一種可能性甚至是：蘇哈托只不過在沒有中情局的指導下複製了30年前的策略[3]）。當然這不代表我們可以用宏觀的政治經濟因素，或甚至微

2　全文可見於http://www.iwp.uni-linz.ac.at/lxe/sektktf/gg/Geertz Texts/Anthrop_View98.htm

3　請參考中時電子報記者梁東屏的報導。http://blog.chinatimes.com/lonecrane/archive/2005/10/16/20090.html

觀的國際情報政治與印尼宮廷政治，解釋這兩次暴亂。印尼對境內
華人的歧視，一直都是不可能被忽視的生活現實。

　　無論如何，一名以印尼爲主要研究對象的人類學家大師，對於
印尼暴亂只能給出那樣的評論，我相信許多人都跟我一樣感到失
望。在某種理想意義中，人類學家甚至應比當地人更瞭解他們，他
對一個異文化的認識，也比經濟學家、政治學家更爲全面。格爾茲
讓我們失望的可能因素很多：人類學家保護自己代言族群的心態（這
種微妙的心態，你必須長時間跟人類學家相處才能體會）、不願意涉
入一針見血但讓自己陷入危險的政治評論、甚至格爾茲已經離開在
印尼的田野工作20年了。但是我想強調的卻是「學院論述在現實生
活是否適切」這個問題。我希望用另一篇格爾茲鮮少被討論的文章，
來說明這一點。

　　格爾茲曾經在密西根大學的譚納講座（Tanner Lecture）發表演
說，題爲〈多樣性的用處〉[4]。這篇以結構主義大師李維史陀與當代
實用主義代表理查·羅蒂爲批評對象的演說，後來得到羅蒂的回應。
很不幸的，格爾茲沒有繼續與羅蒂對話，這兩位當代思想領袖的短
暫交鋒，也就這樣無疾而終。李維史陀與羅蒂主張一種「反－反種
族中心主義」。對李維史托來說，一種各自爲政、帶著距離看待他
者的集體態度，正是孕育人類文化多樣性的前提，維持這種多樣性
與有距離的對話，又是產生創造性的條件。一旦種族中心主義完全
消失，人類族群間實現了完全溝通，只會摧毀創造性；羅蒂則認爲，
在哲學超驗基礎消解後，如果虛無的相對主義不是一個選項，人們

---

[4]　"The Uses of Diversity," *Michigan Quarterly Review* 25 （1986）:
105-123. 全文亦可見於 http://www.iwp.uni-linz.ac.at/lxe/sektktf/gg/
GeertzTexts/ Uses_Diversity.htm

的尊嚴與道德信心只能來自於自己所屬社群的制度、歷史、藝術跟
其他社群間的對比。但格爾茲認為，抱持這樣的種族中心主義態度，
將無法瞭解自我的界線與限制；而鼓勵文化多樣性，正在於鼓勵人
們去掌握異己的感受與思想模式，在擴大我們道德想像的同時，體
認到自我的界線與限制，自己對世界的獨特態度與關係。格爾茲以
一個因酗酒而必須洗腎的印地安人為例，這位印地安人因為病情嚴
重性與申請順序，獲得去醫院洗腎的資源，但卻不願意配合規定戒
酒。醫生雖然不能接受，卻也不能強制將這名印地安人逐出床位，
否則只會引來大批媒體關注與法律爭議。這位印地安人就這樣繼續
維持了幾年生命。格爾茲說，在強制驅離與冷漠的容忍之外，還有
「務實的選項」，就是讓我們與醫生進入那位印地安人的生命史，
去理解為何他會選擇一種以酗酒結束自己生命的人生（甚至接受醫
療資源只是延長酗酒時間的一種手段），以便獲得那種讓我們具有同
理心的知識。在羅蒂的回應中[5]，羅蒂強調，這個印地安人例子的關
鍵，只在維持程序正義。醫生沒辦法、也不需要像格爾茲那樣想像
這名印地安人的人生，就像一名律師不能太擔心他的顧客是不是真
的無辜，一名老師不能太擔心哪些學生最充分地發揮或浪費教育資
源。對他來說，採取種族主義中心態度，不是一個文化哲學的命題，
而是在哲學基礎主義不再具有說服力的條件下，我們要用什麼態度
或立場接受自由主義布爾喬亞所相信的理性與價值。反－反種族
中心主義，使得自由主義者在承認程序正義與平等這些理念的偶然性
與文化獨特性的同時，又能將它們視為人類的希望並保衛它。

5　"On Ethnocentrism: A Reply to Clifford Geertz." *Michigan Quarterly*
　Review 25（1986）: 525-3. 這篇文章後來被收入他的論文集
　Objectivism, Relativism, and Truth（Cambridge University Press, 1991）.

　　這段夭折的大師對話，或許當視為多元文化主義論述中的重要插曲。我的引述想凸顯的卻是另一個面向：「學院論述在現實生活的適切性」。我並不認為這個問題應該表述為「詮釋學論述在現實生活的適切性」，儘管格爾茲是因為堅持理解這個訴求，而失去其論述的適切性：文化研究學者如果總是堅持流行文化是資本主義維持自我生產的上層結構，便很難跟搖滾樂迷、電玩迷、時尚迷有什麼有意義的持續對話。很明顯的，格爾茲的「務實選項」並不務實。他要求任何認為那位印地安人正在浪費醫療資源（另一位想長久維持生命的候補者，正因為缺乏洗腎機會而有生命的危險）的人，都應該浸淫在一種詮釋學的經驗中去獲得同理心；如果越來越多人像格爾茲所要求的去瞭解這位印地安人，實際上的結果可能是引發許多候補者的抗議，而不是同情的接納；如果這樣的酒癮病患數目夠多，人們可能會認為現有的資源分配制度設計不良，損害追求生命這樣的最高價值，也損害那些願意延續生命與健康的病患之權益。結果，什麼算是程序正義，將必須重新界定。

　　無論如何，印地安人病患藉由洗腎延續生命而繼續酗酒這種事一旦成為公共議題，將是一個極敏感爭議的問題。印尼的種族歧視，與這樣的歧視如何形成、如何被運用亦然，特別是對一個靠許多印尼報導人的貢獻才獲得學術聲望的人類學大師。在這兩個例子中我們應該學習到，雖然學院各派的大師與著名學者很容易發現對方的缺陷，「學院論述在現實生活的適切性」卻可能是各學派共有的盲點。公共領域的議題，正是檢視學院論述的一種寫實手段。學院論述有時候也許能讓人驚喜地為公共爭論注入啟發與創意，但更多時候也許是檢驗學者專業與人性的機會，讓我們突然驚覺，學者好像是一群失去現實感的奇異分子，或是裝腔作勢想要擠出點權威言論的假專家。文人相輕普世皆然，但也許這種公共領域議題的檢驗，

能在常常是故作姿態或拾人牙慧的學術批判之外，判斷誰是我們真正該推崇或感到失望的學者。

作者：鍾大智，清華大學人類學碩士，著有*The Possibility of Anthropological Fideism*（University Press of America, 2004）.

量化實踐的運動觀：
談《捍衛‧生命‧史匹拉》

黃宗潔

　　對於多數人來說，亨利‧史匹拉（Henry Spira）或許是一個陌生的名字；但任何一個有志於從事動物權利或其他社會運動的人，卻不能不正視史匹拉，因為這位平凡的中學教師、業餘的社會運動者，竟能憑著一己之力，挑戰資產數十億美金的企業團體，為動物權利運動打下若干重要且堅實的基礎。彼得‧辛格（Peter Singer）的《捍衛‧生命‧史匹拉》[1]一書，正是要引領讀者看見史匹拉的生命歷程，看見他堅持理想與信念的一生。讀完此書，相信不只是關懷動物權利運動者會深受感動；任何對生命意義感到困惑的現代人，也應能從中找到一些力量。

　　若想真正理解史匹拉在動物權利運動史上的地位，必須先認識下列有關動物實驗或養殖屠宰的「關鍵字」：德雷資測試——為了檢查化妝品或其他物質對眼睛的損害程度，將兔子固定在夾持裝置上，以濃縮的試劑滴入眼內，並以受傷的程度來衡量損害程度的實驗；五成致死劑量測試（LD50）——讓一群動物吃進越來越多的被測物（不論那是清潔劑或油漆稀釋劑），直到牠們當中死去50%的

1　彼得‧辛格著，綠林譯，《捍衛‧生命‧史匹拉》（台北：柿子文化，2006）。

個體量爲止；吊起屠宰法——將處於清醒狀態的大型動物倒吊一隻後腳加以屠宰的方式；牛隻臉部烙印——美國農業部的政策之一，將墨西哥進口的牛隻臉上用烙鐵燙出「M」型字樣以做區隔。只要設想每年原本有數十億隻動物被迫接受上述「酷刑」，但經過史匹拉的四處奔走與大力推動後，仍在身受其虐的動物數量已大幅下降，就可感受到史匹拉在他有限的生命中做了多少事。

然而，史匹拉在動物權利運動上的成功，不僅如本書作者彼得・辛格所言，是善用一些關鍵策略的結果：例如認清現實、選對目標、設定訴求逐步漸進、尋求對話的可能等等。更重要的是，史匹拉身體力行地示範了「道德理想」與「運動成效」之間該如何取得平衡，而這也是所有戮力於社會運動的人，無法迴避的一大難題。或許正因如此，史匹拉爲「減少動物的受苦」所付出的努力，仍引來若干的爭議，關於五成致死劑量測試的替代方案即爲一例。史匹拉支持企業界以近似致死劑量測試、極限測試、「上與下」（up and down）測試等方案來取代LD50，這些替代方案的共同特色在於以較小數量，如6-10隻左右的動物進行實驗，來找出被測物對動物造成毒害的大概範圍。換句話說，史匹拉認爲，如果可以將原本用200隻動物進行實驗的情況，改善爲只需利用6隻動物，那麼這個替代方案就具有可行性。對很多較爲激進的動物權利人士而言，此種主張無異於異端邪說，因爲若從理想性和道德性的角度來考量，所有侵害動物生命與權利的實驗都應該被廢止，何況進行替代方案的6隻動

物仍在受苦亦屬事實。但史匹拉深刻地了解到，沒有任何社會運動是一蹴可幾的，不具任何妥協性的運動目標，反而是不夠實際的，因此他主張：「如果我們能造成一些改變，讓其中一些動物免於受苦的話，我們就應該去做。」

其實，史匹拉並非唯一主張此種「量化實踐的運動觀」的動物權利人士。相較於動物實驗，由關懷經濟動物問題延伸而來的素食考量，由於對大多數的人來說可能都是「陳義（或難度）過高」，因此邇來亦有學者提出「量化素食主義」的實踐方式，亦即：「素食主義要求『效果』而不要求『德性』；它的重點在於減少肉食所造成的具體傷害，而不是塑造出全心吃素的道德聖人。……我們應該減少吃肉，至於減少到甚麼程度，你可以根據自己的處境、能力、感覺與良知去調整。」[2]這樣的觀點看似「退而求其次」，卻能立竿見影地「將痛苦減量」，而這正是史匹拉所堅持的：「讓我們先做今天能做到的事情，然後明天再繼續做更多的事情。」嚴格來說，史匹拉所堅持的理想和希望達成的「終極目標」，可能和大多數動物權利運動人士同樣激進，只是對於達成目標的實踐方式與理念不同。對他來說，動物解放是他「一生所追求的理想的邏輯延伸——就是要和那些沒有權力的弱者、受害者、被支配者和被壓迫者站在一起。」因此他贊同彼得‧辛格以「平等考量」[3]的角度切入動物議

---

2 見錢永祥〈不吃死亡：《深層素食主義》中譯本導讀〉，《台灣動物之聲》38期，2005年3月出版，頁27。量化素食主義的觀點，詳見傅可思（Michael Allen Fox）《深層素食主義》（台北：關懷生命協會，2005）。

3 所謂「平等考量」，簡單來說是指將具有感知痛苦能力的動物列為具有道德地位的個體，並且認為其利益必須受到同等的考量。詳見彼得‧辛格《動物解放》（台北：關懷生命協會，1996）。但平等的考量並非意指一樣的對待方式。舉例來說：在寒冷的冬夜，考量到

題的倫理觀，在這個前提下，試著以各種最有效果的策略來執行。

　　當然，動物權利與倫理是一個複雜的議題，不論哲學家、動物學者或動物保護工作者也未必有共識。若從另一個角度來思考，正義和眞理是可以妥協的嗎？或許這是很多社會運動者在堅持自己的理想時，不免會提出的質疑。但是，儘管史匹拉的做法不見得就必然是「正確」的，卻誠如彼得・辛格所言，他靈活運用各種獨特的方式所減少的動物苦痛，遠遠超過之前50年所有大型動保組織成就的總和。而史匹拉對動物保護運動所提出的若干觀點，或許也正指出某些動物權利運動人士在追求心中理想的終極目標時，行動上的盲點所在。例如：只是寄出某些印有可怕照片——如實驗動物或農場動物受苦慘狀——的文宣是不夠的，因爲公衆對某個議題的認知，會伴隨成功的運動而來，所以掌握足以造成變化、具有贏面的目標與訴求，才是更重要的。與其高喊廢止動物實驗的口號，不如具體抗議某個爲了瑣碎淺薄、甚至莫名其妙的目的所進行的動物實驗；另外他也指出，不要以爲只有經由立法程序或訴訟過程才能解決問題，因爲沒有任何國會法案本身就能解救動物，若是太過投入政治程序，很容易讓運動偏離到政治空談的方向；更要注意的是，別讓不斷擴大的組織成爲人事糾結的官僚體制，因爲如果原本爲動物或其他理想奮鬥的團體，到最後卻爲了「營運」而將大部分的時間花在募款，以維持團體本身龐大的人事開銷，不啻是一大諷刺；而在他的諸多主張當中，對於往往備受社會壓力的動物權利運動人

（續）————————————————————

　　　狗的利益，讓牠在溫暖的房間地板上睡覺；以及考量到小孩的利益，多給他一床被子，雖然兩者得到的「待遇」並不相同，但讓他們「免於寒冷」的考量卻是相同且平等的。請參見錢永祥〈用道德觀點思考動物：啓發與局限〉，「世界文明之窗」系列講座之一，2004年3月27日。

士來說，在實踐上最具難度的或許是：不要把抗爭的對象當成十惡不赦的「壞人」，因爲「從來沒有什麼運動是基於黑白二極化的理念，而能夠贏得勝利的」，只有站在對方的立場設想，雙方才有對話的空間與可能。這些理念，都是史匹拉從豐富的運動經驗中所得出的體悟，也無一不是有心改造社會的人們，在爲理想努力的過程中，應該不時惕厲自己的。

綜觀史匹拉的一生，令人最感動之處，不只在於他對動物權利運動的熱情和貢獻，更在於他如何實踐了一個有意義與目的的生命形式。當他罹患癌症，人生已走到尾聲的時候，他回看自己的一生，仍覺得無限美好：

> 你正在做的事必須是你絕對想要做的事，那不是因爲你覺得這件事不得不做，而是因爲這就是你生命意義的所在。……當我離開人世的時候，我希望可以回首來時路，然後說：「我曾經替其他生靈把這個地方變得更美好一些。」但是這不是來自責任感，而是因爲這就是我想要做的事情。……還有什麼動機，會比盡其所能減少世上的痛苦更大更有力呢？……回頭看看我的一生，我覺得很滿足，我做了很多想做的事，而且從這些事中得到了極大的樂趣。如果可以重頭再來一次的話，我也會用非常類似的辦法再活一次的！

「我會用非常類似的辦法再活一次」，史匹拉的篤定、積極，以及爲了捍衛生命所付出的一切，不只足以成爲一種典範，還讓我們看到「當一個人把理智和同情心結合在一起時，可以成就怎樣的

目標。」[4]更重要的是，他的努力和成就，讓更多想改變現狀、爲這個世界做一些事的人，因此找到了一點堅持的理由。

黃宗潔，現任明志科技大學通識教育中心國文組助理教授。研究方向為當代台灣自然書寫、動物書寫、家族書寫、現代小說等。

---

4 此爲美國防止虐待動物協會前主席約翰・庫勃格（John Kuhberg）
   的推薦語，見《捍衛・生命・史匹拉》書前頁。

鄂蘭的洞見在紛擾的世界中迴響

陳毓麟

2006年是漢娜・鄂蘭（Hannah Arendt）百年冥誕，世界許多地方皆舉辦各項活動來紀念。《紐約時報》的愛德華・羅斯坦（Edward Rothstein）也在去年10月9日撰文討論這位不平凡的思想家。他認為鄂蘭雖然是一位不尋常的哲學家，探討著人類社會的異常事物，但在她百年冥誕之際，她看起來似乎更像是一位探討一般典型現象的哲學家。

羅斯坦指出，鄂蘭之所以研究極權主義，是因為看到故土德國惡夢般的經歷，而開始嘗試瞭解納粹與史達林主義興起的原因。鄂蘭認為這兩者都是前所未有的現象。在《極權主義的起源》（1951）中，她列出它們的特徵：武斷而無所不包的意識型態、死亡與集中營、報復所有臆想中的陰謀、不接受政治上的任何異議。她寫道：這些特徵綜合起來，摧毀了我們原有對政治與政府的熟悉概念：「在合法與非法政府、專擅與正當權力之間的區分。」不合法的事變成合法，專擅的作為變得正當。過去的鑑別標準被打破；而新的標準仍未形成。日後，過去被視為異常的事物將變成新的規範。

羅斯坦認為，在很大的程度上，現實已經變成如此，並帶來各種令人煩惱的後果。無論世界本身是否已經（如同鄂蘭所認為的那樣）改變，或者是我們對它的詮釋已變，現在我們討論政治的時候，

都必然會藉助這些過去曾經被認為十分不尋常的現象，以它們作為類比，並思考鄂蘭從中發展出來的概念。

此刻，從德國到南韓、從科索沃到澳洲，都有會議與演講來紀念鄂蘭的百年冥誕[1]，當中有一個主題不斷的被提起。鄂蘭在分析極權主義的時候，引入「惡之平庸性」的概念，強調私人與公共生活的區別，並試圖在思考與判斷都變得稀有的時代，提出一種將這兩者的本質重新納入思考的新哲學。她好像就是在對著我們的時代發言，處理的則是當前的辯論。

因此，在她去世逾30年之後，在人們討論鄂蘭的重要性時，她對權力與暴力、無國家狀態（statelessness）與極權主義的觀點，經常與伊拉克和恐怖主義的議題連在一起；此事並非偶然，她對悲慘過去的嚴肅評估，變成了對我們眼前不遠將來的警告。這正好也是伊莉沙白‧楊布爾（Elisabeth Young-Bruehl）所寫的新書：《鄂蘭之重要性》（耶魯大學出版社）的部分主題。這位作者過去曾寫過鄂蘭的傳記。

10月27日在紐約巴德學院（鄂蘭與其丈夫漢利許‧布魯徹〔Heinrich Blücher〕皆埋骨於此）開始為期三天的研討會：「在黑暗時代中思考：漢娜‧鄂蘭的遺產」[2]。而在此之前一週，耶魯大學舉行了研討會，會議的主題遙指當前的爭議：「我們共和國的危機」，會中的諸多講者更直接介入了爭議。

然而羅斯坦認為，這類對比有其奇怪之處：拿異常的情況與當代世界做比較，將極端的情況作為了解一般情況的模式。那些史無

1　相關訊息見hannaharendt.org/conferences/conferences.html，此外香港的《二十一世紀》雙月刊在2006年10月號也以6篇文章紀念鄂蘭誕生100週年。

2　相關資訊見www.bard.edu/arendt/overview。

前例的事件不斷地被提出來當做警告和證明，也被當做瞭解政治所
需的導引。即使今天世界上的恐怖已經夠多，即使各種極權主義與
種族屠殺都很容易辨認，這種類比仍蔚爲風氣，將所有的差別都視
爲無物。民主國家中的社會問題或有問題的政策，據說就跟極權主
義的措施一樣罪惡，因爲它們象徵了可能發生的情況。

鄂蘭有時也會持這樣的觀點。譬如她擔心，如果1956年麥卡錫
參議員當上總統，美國便會開始出現極權主義。這項不切實際的擔
憂，與她本人的恐懼有關係，過去她丈夫在德國參加過共產黨，而
她本人則曾受流離失所之苦。最終，她對美國民主具有自我復原能
力的判斷並未失效，但是對鄂蘭還有她許多的左派讀者而言，鄂蘭
從解析極權主義中所學得的重要一課，就是極權主義確實有可能在
美國出現。

這也可能是鄂蘭最受爭議的書《在耶路撒冷的艾克曼》潛藏的
主題之一。在這本書裡，鄂蘭提出「惡之平庸性」（banality of evil）
的概念。她將納粹大屠殺的執行人艾克曼描繪成一個沒有驚人的個
人特質、沒有愛憎激情的官僚，平靜地用公文作業，將數百萬人送
上死亡之途。羅斯坦指出鄂蘭的描述（還有這個概念本身）有許多
的問題，但是它確實具有道德寓言的影響力。聽起來，她似乎是在
說，如果根本的惡（radical evil）會在平凡的官僚身上出現，那麼它
爲何不會出現在別的地方？特別是，以1963年鄂蘭寫作當時的情況
而言，即使是西方的官僚生態，在論者眼中都已開始出現本質上的
缺陷。

這項可能性對耶魯會議中的許多講者而言，也是一項不斷出現
的重要主題。當然，鄂蘭的概念是否適用於當代的情況，有許多問
題。哈佛大學甘乃迪政府學院的莎曼莎‧鮑爾教授說，無國家狀態
與無權力的經驗已是現代境況的一部分，因此無怪乎鄂蘭的想法會

被廣爲引述。但是她的概念適用的程度爲何，而適用的範圍又應爲
何？以政治學家班雅明・巴柏爲例，他就認爲伊斯蘭原教旨主義一
點也算不上極權主義，不過他認爲就美國現在的政府來說，「出現
美國的艾克曼並非完全不可能。」

作家強納遜・謝爾（Jonathan Schell）說，「我覺得在我一生當
中，現在的美利堅共和國正處於最深的危機當中」，他擔心，雖然
美國目前的情況只有部分吻合鄂蘭的極權主義「檢驗清單」，「但
我們正處於那個無底洞的邊緣」。著有《現代思想中的邪惡》一書
的哲學家蘇珊・奈門（Susan Neiman），在討論希特勒與史達林的
罪惡時，也同時思考副總統錢尼或是國防部副部長伍弗維茲在伊拉
克戰爭中犯下的罪，是否更爲嚴重。政治學家喬治・凱特柏（George
Kateb）溫和地討論完鄂蘭的道德觀，要把她的觀點應用到當前局勢
上時，卻變得憤怒起來，因爲他目睹「警察國家在美國的萌芽」，
並發現證據證明這是美國內戰以來最嚴重的憲政危機。

然而這是鄂蘭身後的世界裡經常出現的情況：一旦極端的情況
變成參照的架構，任何與之相似的情形——無論多麼微小而瑣
碎——都會被用最壞的打算來看待。羅斯坦認爲，民主的缺失確實
警告著我們要小心極權主義。然而，即使批評者的評論都正確，如
果任何缺失都代表大難將臨，那爲何不將德行視爲烏托邦天堂的預
兆？這種思考方式，將異常的情況變成一般的典型。鄂蘭有時候也
會做類似的事，但她對其後果十分小心。可是現在許多紀念鄂蘭的
活動，卻憂慮有餘、謹愼不足。

這種過度比附的情形確實不夠允當。極權主義這種極度侵犯人
權的制度，其出現原本即是人類歷史上的一種極端情況，在當代的
多數國家，要加以重現並非容易的事。然而，對許多論者而言，對
人權的侵犯，無論其程度爲何，都會激起他們的義憤。這在情感上

或許是可理解的事，不過在理智方面，引喻失義對現實民主體制的
評估與釐清恐怕助益不大，反而容易蘊生出犬儒與怨懟的種子。

陳毓麟，台大政研所碩士。研究興趣為多元文化主義、民主理
論，目前專注的課題是台灣的轉型正義。

致讀者

　　《思想》創刊至今出版四期，行將進入新的一年。這一點點的里程，當然説不上任何積累。可是就本刊自我設定的目標來説，又只有藉著積累，才能逐漸形成一種思想探討的傳統，議題才能獲得公共的形貌，意見才能相互形成脈絡，從而凝聚成「時代的思想狀況」。本刊盼望在作者與讀者的參與支持之下，繼續向這個目標努力。

　　無庸贅言，一個時代的思想狀況，相當程度上是由先前階段的思想狀況演進發展而成。回顧台灣社會幾十年的思想轉變軌跡，1970年代不能不說別具意義，蕭阿勤先生甚至借用雅斯培的字眼，稱之為台灣戰後史的「軸心時期」，扮演著此後思想發展的樞紐。當時，五十與六十年代的閉鎖禁制仍然延續著，但是上一輩人辛苦散播的火種，終於在戰後新一代——蕭先生稱之為「軸心世代」——的意識裡擴散。六十年代末期東、西方世界同時爆發的動盪和反抗，從外面提供了強大的刺激啓發；島內統治集團的世襲換代，也觸動了一定程度的變革氣氛。各種因素與傾向相互激盪，讓七十年代的台灣呈現著前所未見的文化與觀念的盛景，鄭鴻生先生不吝冠以「文藝復興」的美名。本期專輯「台灣的七十年代」，重新面對了那個時代。鄭鴻生、郭紀舟、詹曜齊三位的報告與敘事，加上蕭阿勤高度分析式的提問，共同構成了本期主題。

　　論述一個時代的意義，自然不是幾篇文章所能竟其功的。我

們的作者視野集中，主要注意當時的刊物、書籍、以及知識界的幾場論戰。這幾篇文章扼要生動地捕捉當時的思想氛圍，但沒有人會說一個時代的內容窮盡於此。不過，一個時代的精神自覺，在此確實可以窺其大貌。僅就論戰來說，當時台灣社會的幾個主要議題，不是在此10年之間都引發過激烈的討論，形成了各種立場的自我界定與相對定位嗎？七十年代的知識分子，歷史經驗比較貧乏、知識資源也很有限。但是論戰所形成的分歧觀點，在後來的時代將繼續發展變化，帶動新的分歧與結合，進一步塑造八十年代之後的各項議題。如果問題意識是在歷史中發展的，七十年代便應是台灣那歷史的啟動時代。

不過，跟八十、九十年代比起來，台灣的七十年代畢竟還顯得生澀、焦躁、「太理想主義」。一個主要的原因殆為，如果說後來兩個十年的思想文化運動，有著社會、政治運動的帶領、呼應與支援，那麼七十年代的知識分子，基本上是孤立的，與社會隔絕的。從《大學雜誌》、校園的各類騷動，到後來的《夏潮》、《文季》、鄉土文學論戰、民歌運動，一路上明顯看到，知識人苦苦呼喚尋找「社會」、「民間」、「鄉土」、「工農」，而竟沒有任何回音。孤立令他們缺乏信心、缺乏方向感；但是孤立疏離卻也讓他們較為自由，能夠忽視現實而去嘗試與衝撞。七十年代的精彩與徒勞，原因大抵在此。到了八十年代末期，人民、鄉土等等想像，終於應族群與本土的召喚現身之時，七十年代人多少有些尷尬與意外。──那葉公所好所畏之龍，竟是生得這般模樣？無論愛之恨之、擁抱還是排斥，似乎都不再是當年的那番滋味了。

為了善盡思想公共平台的責任，《思想》時常準備開拓不同的欄目，盡量讓各類議題與文體進入共同的對話空間。繼上一期

增設「思想狀況」之後，本期增加了「新書序跋」，讓新書的作者、譯者、編者、推薦者多一個管道介紹書籍、呈現觀點。歡迎各方人士積極參與。此外，本刊與台灣哲學學會合辦的「主體性」徵文活動，經過慎重縝密的評選過程，由吳豐維先生入選。吳先生的大作，也在本期發表，請各位留意。2006年是漢娜鄂蘭誕生一百週年。這位在1975年去世的思想家，身後的影響力猶過於生前。蔡英文先生當年迻譯她的《極權主義》等名著，開中文世界之先河。如今由他來為文紀念，特別有意義。還需一提的是，鍾大智先生紀念格爾茲去世、張志強先生論《大國崛起》電視影集，雖然文章較短，卻都有獨特的分析與完整的觀點，值得讀者正視。

　　最後，值此送舊迎新的年關，《思想》編委會謹借刊物一角，敬祝我們所有的作者、讀者，以及聯經出版公司的協力同仁新年平安、如意。

編者

2006年歲杪

第1期：思想的求索（2006年3月出版）

第2期：歷史與現實（2006年6月出版）

第3期：天下、東亞、台灣（2006年10月出版）

魯迅與中國現代思想文化：去世70週年的回顧／錢理群

歷史與自然：劍橋紀／李淑珍

對民主與市場的反思：一個政治學者在21世紀開端的沉痛思考
　　／朱雲漢

歷史意識的合理性／葉新雲

台灣後殖民論綱：一個黨派性的觀點／吳叡人

19世紀中日韓的天下觀及甲午戰爭的爆發／劉青峰、金觀濤

東亞地域秩序：超越帝國，走向東亞共同體／白永瑞

日本關於「東亞」的思考／陳瑋芬

如何從台灣思考東亞／張崑將

「文化政治」的魅力與貧困／蕭高彥

文化政治與現代性問題之眞僞／高全喜

馬華人文思想的焦灼與孤寂／潘永強

危險的愉悅：從上海一場「八十年代」座談會說起／唐小兵

歧路、窮途、刺叢：略談當代思想和思想史，兼答幾位批評者
　　／王超華

從甘陽看大陸文化研究背後的政治思潮／成慶

歷史脈絡下的猶太大屠殺／魏楚陽

性、肉食、動物權：凱默勒評《肉食與色情》／黃宗慧

拉丁美洲的兩種左派／鍾大智

任意與流動：介紹沈恩新著《身分與暴力》／林曉欽

文化的誘拐／彭淮棟

思想4
台灣的七十年代

2007年1月初版　　　　　　　　　　　　定價：新臺幣360元
有著作權・翻印必究
Printed in Taiwan.

編　　　者　思　想　編　委　會
發　行　人　林　載　爵

出　版　者　聯經出版事業股份有限公司　　叢書主編　沙　淑　芬
台 北 市 忠 孝 東 路 四 段 5 5 5 號　　校　對　李　國　維
編 輯 部 地 址：台北市忠孝東路四段561號4樓　　封面設計　陳　玉　嵐
叢 書 主 編 電 話：(02)27634300轉5226
台 北 發 行 所 地 址：台北縣汐止市大同路一段367號
　　　　　電話：(0 2) 2 6 4 1 8 6 6 1
台北忠孝門市地址：台北市忠孝東路四段561號1-2樓
　　　　　電話：(0 2) 2 7 6 8 3 7 0 8
台北新生門市地址：台 北 市 新 生 南 路 三 段 9 4 號
　　　　　電話：(0 2) 2 3 6 2 0 3 0 8
台 中 門 市 地 址：台 中 市 健 行 路 3 2 1 號
台 中 分 公 司 電 話：(0 4) 2 2 3 1 2 0 2 3
高 雄 門 市 地 址：高 雄 市 成 功 一 路 3 6 3 號
　　　　　電話：(0 7) 2 4 1 2 8 0 2
郵 政 劃 撥 帳 戶 第 0 1 0 0 5 5 9 - 3 號
郵 撥 電 話：2 6 4 1 8 6 6 2
印 刷 者 世 和 印 製 企 業 有 限 公 司

行政院新聞局出版事業登記證局版臺業字第0130號

聯經出版公司信用卡訂購單

信用卡別： ☐VISA CARD ☐MASTER CARD ☐聯合信用卡

訂購人姓名： _____

訂購日期： _____年_____月_____日

信用卡號： _____ _____ _____ _____

信用卡簽名： _____(與信用卡上簽名同)

信用卡有效期限： _____年_____月止

聯絡電話： 日(O)_____夜(H)_____

聯絡地址： ☐ ☐☐_____

訂購金額： 新台幣_____元整

（訂購金額 500 元以下，請加付掛號郵資 50 元）

發票： ☐二聯式 ☐三聯式

發票抬頭： _____

統一編號： _____

發票地址： _____

如收件人或收件地址不同時，請填：

收件人姓名： ☐先生

_____☐小姐

聯絡電話： 日(O)_____夜(H)_____

收貨地址： _____

・ 茲訂購下列書種・帳款由本人信用卡帳戶支付・

書名	數量	單價	合計
		總計	

訂購辦法填妥後

直接傳真 FAX：(02)8692-1268 或(02)2648-7859

洽詢專線：(02)26418662 或(02)26422629 轉 241

網上訂購，請上聯經網站：www.linkingbooks.com.tw